ALIBABA

阿里巴巴
B2B电商算法实战

阿里集团 新零售技术事业群 CBU技术部◎著

机械工业出版社
CHINA MACHINE PRESS

图书在版编目（CIP）数据

阿里巴巴 B2B 电商算法实战 / 阿里集团 新零售技术事业群 CBU 技术部著 . —北京：机械工业出版社，2020.7（2023.11 重印）

ISBN 978-7-111-65784-2

I. 阿… II. 阿… III. 电子商务 – 研究 IV. F713.36

中国版本图书馆 CIP 数据核字（2020）第 095978 号

阿里巴巴 B2B 电商算法实战

出版发行：机械工业出版社（北京市西城区百万庄大街 22 号　邮政编码：100037）

责任编辑：韩　蕊　　　　　　　　　　　责任校对：李秋荣

印　　刷：北京建宏印刷有限公司　　　　版　　次：2023 年 11 月第 1 版第 5 次印刷

开　　本：186mm×240mm　1/16　　　　印　　张：20.5

书　　号：ISBN 978-7-111-65784-2　　　定　　价：99.00 元

客服电话：（010）88361066　68326294

任卫军，阿里巴巴研究员，2006 年 4 月入职淘宝技术部，分别在淘宝和中台技术部门负责交易和营销的研发工作，对整个 To C 电商技术体系有深度洞察。2017 年作为事业部 CTO，负责阿里 CBU&C2M 技术部，聚焦 B 类业务技术体系建设。

霍承富，阿里巴巴资深算法专家，2012 年毕业于中国科学技术大学，博士学位，毕业后加入阿里巴巴，从事搜索、推荐、广告、营销、用户增长等相关的算法工作，目前担任阿里集团新零售技术事业群 CBU 技术部算法团队 Leader；发表多篇学术论文，提交发明专利十余篇。

翁晨玮，阿里巴巴算法专家，2012 年毕业于浙江大学，硕士学位，曾在百度、腾讯等公司从事搜索推荐算法相关工作，于 2017 年加入阿里巴巴，目前担任阿里集团新零售技术事业群 CBU 技术部搜索和用户增长算法团队 Leader。

卢小康，阿里巴巴技术专家，2010 年毕业于杭州电子科技大学，硕士学位，毕业后加入阿里巴巴，从事搜索引擎工程和算法工程相关工作，目前担任阿里集团新零售技术事业群 CBU 技术部算法工程策略团队 Leader。

董宇，阿里巴巴高级算法专家，毕业于北京航空航天大学，硕士学位，2014 年加入阿里巴巴。

赵玉姣，阿里巴巴算法专家，2015 年毕业于天津大学，硕士学位，毕业后加入阿里巴巴，从事搜索、用户增长等相关的算法工作。

贺星星，阿里巴巴高级算法工程师，2010 年毕业于大连理工大学，硕士学位，先后在中兴通讯、三星电子、亚信数据从事 3G/4G 通信、智能终端、智能图像算法相关工作，2018 年加入阿里巴巴，从事搜索、用户增长相关的算法工作。

陈曦，阿里巴巴高级算法工程师，2014 年毕业于浙江大学，硕士学位，2018 年加入阿里巴巴，从事 C2M 产地供应链相关的算法工作。

林瀚驰，阿里巴巴高级算法工程师，2016 年毕业于北京大学，硕士学位，毕业后加入深信服，从事 webshell 查杀、网页篡改检测等安全相关算法工作，2018 年加入阿里巴巴，从事搜索相关的算法工作。

茹江涛，阿里巴巴高级算法工程师，2017 年毕业于南京航空航天大学，硕士学位，毕业后加入腾讯，从事游戏安全相关的算法工作，2019 年加入阿里巴巴，从事搜索相关的算法工作。

张吉豪，阿里巴巴技术专家，从事网络游戏研发近 9 年，作为服务端负责人研发了《勇者大冒险》《寻仙手游》两款作品。2018 年加入阿里巴巴，从事搜索、推荐、实时计算相关的数据及工程工作，提交发明专利 3 篇。

谷伟，阿里巴巴高级开发工程师，2016 年毕业于东南大学，硕士学位，毕业后加入趋势科技从事邮件服务器安全防护工作，2018 年加入阿里巴巴从事搜索和推荐相关的算法工程工作，提交发明专利 3 篇。

杨帅，阿里巴巴技术专家，2011 年毕业于武汉工程大学，学士学位，毕业后加入网易网络从事云网络安全 DDOS 防御等相关工作，2019 年加入阿里巴巴从事搜索和推荐算法工程相关工作，目前负责搜索引擎相关工作。

张波，阿里巴巴高级开发工程师，2013 年毕业于哈尔滨工业大学，硕士学位，毕业后主要在前程无忧公司从事搜索引擎相关工作，2018 年加入阿里巴巴从事搜索和推荐相关的算法工程工作。

张贺，阿里巴巴高级开发工程师，2016 年毕业于深圳大学，硕士学位，毕业后加入腾讯从事主机反入侵方面的工作，2018 年加入阿里巴巴从事搜索和推荐等相关的算法工程工作，提交 GitHub 开源项目一项，提交发明专利 3 篇。

王修充，毕业于北京航空航天大学，硕士学位，先后在京东推荐算法团队、阿里 CBU 技术部承担推荐算法的工作，目前主要的工作方向为直播、短视频电商内容推荐，研究兴趣为多目标学习、图网络在推荐算法中的应用。

何珂，阿里巴巴高级算法工程师，毕业于北京邮电大学，硕士学位，2018 年入职阿里。

娄琦，阿里巴巴高级算法工程师，毕业于杭州电子科技大学，硕士学位，2018 年入职阿里。

吕泽，毕业于西安电子科技大学，硕士学位，2017 年入职阿里，1688 猜你喜欢算法负责人，曾在 AAAI 等学术会议和期刊上发表论文。

徐传宇，阿里巴巴推荐算法工程师，毕业于厦门大学数学科学学院，理学硕士学位，2019 年 7 月入职阿里巴巴。

叶梦贤，阿里巴巴高级算法工程师，毕业于荷兰伊拉斯姆斯大学，硕士学位，2019 年入职阿里。

顾海倩，阿里巴巴推荐算法工程师，毕业于北京邮电大学，硕士学位，2019 年入职阿里。

韩乔，阿里巴巴高级算法工程师，2017 年毕业于新加坡国立大学，硕士学位，2019 年入职阿里。

林源远，毕业于中南大学，硕士学位，2018 年入职阿里，负责推荐算法相关的工作。

陈起进，阿里巴巴高级算法专家，毕业于浙江大学，硕士学位，2019 年入职阿里，研究方向包括 NLP/NLG/ 知识图谱，目前主要负责电商知识图谱建设、内容理解、可解释模型及智能助理相关工作。

王姿雯，阿里巴巴算法工程师，毕业于北京邮电大学，硕士学位，2019 年入职阿里。

任伟龙，阿里巴巴高级算法工程师，毕业于中国人民解放军火箭军工程大学，博士学位，2019 年入职阿里，主要技术方向为运筹优化算法，在流量分配、智能定价等领域应用优化算法提升效率和营收，同时最小化运营成本。

张进，阿里巴巴算法专家，毕业于英国布里斯托大学，硕士学位，2017 年入职阿里。

张涛，阿里巴巴高级算法工程师，毕业于北京邮电大学，硕士学位，2018 年入职阿里，研究方向包括 NLP、NLG、GAN、ML 等。在顶级学术会议和 SCI 期刊中发表过多篇学术文章，目前主要从事 B 类知识图谱建设和商品企划链路升级。

宁振，阿里巴巴高级算法工程师，毕业于南昌大学，硕士学位，2019 年入职阿里，主要从事 NLP 相关技术如文本理解、知识图谱的研究和应用。

孙刘诚，阿里巴巴高级算法工程师，2019 年毕业于同济大学，博士学位，毕业后加入阿里巴巴，从事用户增长等相关的算法工作，同时是浙江大学 - 阿里巴巴联合培养博士后，发表多篇学术论文。

刘祥宇，阿里巴巴技术专家，毕业于中国科学技术大学，硕士学位，2015 年入职阿里，主要方向是研究电商导购领域的相关工程研发工作。

互联网创业潮

互联网是 20 世纪最伟大的技术发明之一。在 20 世纪 60 年代至 80 年代，各种互联网核心技术突飞猛进。从 20 世纪 90 年代开始，基于互联网的商业创新层出不穷，伴随技术变革而产生的创新商业模式已经完全改变了人们的衣、食、住、行、社交、消费等生活方式，在技术的驱动下，商业在不断为人们创造美好的生活。中国互联网的商业化始于 1994 年，20 世纪 90 年代最后 5 年创建的互联网公司奠定了后续 20 年中国互联网的商业格局，其中不乏成长为商业巨头的公司，如阿里巴巴和腾讯。互联网商业化在中国演进的近 30 年历史中，经历了 3 次大的浪潮。

第一次浪潮：PC 互联网（1995—2000）

20 世纪 90 年代最后的 5 年，以网易、搜狐、新浪为代表的门户网站纷纷成立，并在后续 5 年改变了人们获取信息的方式。同时，阿里巴巴（电商）、腾讯（社交）、百度（搜索）、携程（出行）也先后于这段时期创立。延续第一次浪潮的余波，2005 年，Web 2.0 开始在中国绽放，天涯社区、人人网、QQ 空间等与传统门户网站不同的新的内容生产和消费形式陆续出现，网民从信息接收者和消费者变为内容生产者，为后续自媒体和移动化社交的进一步发展埋下伏笔。

第二次浪潮：移动互联网（2009—2015）

随着 4G 网络和智能手机的普及，2012 年手机网民数量达到 4.2 亿，超过 PC 网民数量。移动互联网的爆发，激发了新的商业模式和生活方式，成就了手机淘宝、微信等超级 App。延续移动互联网浪潮，移动出行、共享单车、团购、外卖又引爆了一波创业浪潮，滴滴与快的、摩拜与 ofo、美团与大众点评，商战交锋，跌宕起伏。

第三次浪潮：产业互联网（2015 年至今）

2015 年，"互联网＋"的概念首次被提出，产业互联网已逐渐成为行业聚焦点，移动互联网、云计算、大数据与工业制作结合，促进了现代制造企业的转型升级。消费互联网以在线个性化的方式将商品推送给消费者；产业互联网则从更上游切入，聚焦基于下游需求洞察的柔性生产制造供应链升级。其中，典型的案例是电商界的"黑马"拼多多。拼多多聚焦下沉市场，撼动了整个电商格局。拼多多当下正致力于 C2M 转型和品牌升级，推出了"新品牌"计划。当然，阿里巴巴和京东作为电商行业的领跑者也不会静观其变，分别推出了"厂销通"和"厂直优品"计划。优质供给产业链的竞争又必将是一场腥风血雨。

互联网江湖的故事，远不止这些。像阿里巴巴和腾讯这样的互联网巨头，一方面会借助沉淀的平台能力和规模效应在已知领域碾压竞争对手，一方面也会时刻对未知的领域保持警惕，避免踏空。继往开来，5G、IoT、AI 和区块链等新技术逐渐进入商业场景，这必将成就一批新的创业公司。让我们拭目以待！

电商生态

互联网中最丰富的资源是流量，而流量变现最直接的方式是电商，所以放眼当前各个主流 App，诸如今日头条、快手、微信等，都在尝试直播带货和社交分销的运营模式。当然，以电商为核心商业模式的平台 App，也都在以各种形式构建自己独特的营销玩法和商业壁垒。正如本书书名所表明的，本书内容强调阿里巴巴 B2B 商业模式背后的算法技术支撑力和驱动力。在正文开始之前，我们先简要介绍主流的电商业态以及相应的核心算法和技术能力，以便读者迅速了解全貌。

平台模式是当下主流电商形态，即便是以社交电商自居的拼多多也绕不开平台模式，笔者认为其背后的关键是基于平台中心化流量的强抓手和强管控特性，设计商业化变现机制，从而实现商业营收、资本回报。整体而言，打造有竞争力的平台，核心切入点是实现供需两端的匹配。在供给端，寻找优质供给商家和工厂，通过算法技术提供商品数字化、线上化的工具，并且通过平台流量分发机制给予增量买家扶持。在需求端，洞察消费者需求，通过算法技术提供搜索和推荐触达方式，提供更精准、优质的服务。对于匹配机制，结合商家能力、商品特性、买家身份和行为偏好，构建以点击率和转化率为变量因子的匹配模型。当然，深耕平台价值，还需要关注外围电商基础设施的建设，包括商家和商品的质量认证体系、交易担保体系、供应链履约体系等。以阿里巴巴为例，集团内部有"平台质量"一级部门来把控整体质量风险。2004 年，支付宝的出现，简化了交易流程；2014 年，菜鸟物流的出现，标志着完备的智能物流体系已构建好。

电商业态主要分为 B2B（Business to Business）、B2C（Business to Customer）和 C2C（Customer to Customer）3 种模式。

B2B 平台的参与方通常都是商家，平台的核心价值是工具化赋能供需两端，其商业化变现方法是收取会员费和增值服务费。典型代表公司是阿里巴巴 CBU 事业部、慧聪网、敦煌网。

B2C 平台将商家生产的具有品牌价值的商品传递给消费者，平台的核心价值体现为降本提效，其商业变现方法是佣金提成。典型代表公司是京东和天猫，这两家公司在整个 B2C 市场中的份额超过 80%。

C2C 平台的绝对领导者是淘宝，2019 年"双十一"大促期间，整个淘宝系电商平台的 GMV（成交总额）达到了 2684 亿元。除了在算法技术层面对搜索和推荐功能持续深度优化外，淘宝也在强化内容带货的价值，主流玩法包括淘宝直播和哇哦视频。

除了上述 3 种典型模式，同时串联起 B2B、B2C、C2C 模式的 C2M 模式也逐渐成为当下各主流电商平台的争夺点，平台基于大数据智能洞察和挖掘市场机会，并通过集单议价牵引供给，为买家提供极具性价比的供给，为工厂卖家提供货品销售的更多机会，同时也为中小工厂开店、选品、营销提供全方位的技术支持。

毫不夸张地说，阿里巴巴的发家史就是中国电商的演进史，阿里人始终直面"战争"，通过商战赢得胜利，同时也助推经济发展和产业升级。阿里 CBU 和淘宝分别成为当下 B2B 和 C2C 市场的第一梯队领跑者，它们近 20 年的核心技术发展历程如下图所示，并且两者在 2019 年形成合力，互通供需两个主赛道。

阿里电商核心技术发展历程

本书内容

回顾近 30 年的互联网创业潮，其内在驱动力都可以归因于科技进步。从技术角度看，互联网的变迁可分为以下阶段。

- ❑ 第一阶段：门户时代，核心技术是分类索引。
- ❑ 第二阶段：搜索时代，核心技术是搜索引擎。
- ❑ 第三阶段：SNS 时代，核心技术是关系图谱。
- ❑ 第四阶段：信息时代，核心技术是推荐算法。

阿里巴巴 CBU 事业部（1688.com）深耕中国内贸 B2B 平台商业模式，在战略形态上经历了信息平台、交易平台和营销平台的升级迭代。

在信息和交易平台阶段，平台的客户价值主要体现在深度挖掘工具价值，以赋能商家深度链接老用户，强依赖工程系统，弱依赖算法模型。

在营销平台阶段，平台的客户价值主要体现在帮助买家获得优质供给，帮助卖家获得开源买家，切入点是构建更多新买卖关系，技术上实现全域实时个性化分发，弱依赖工程系统，强依赖算法模型。

因此，本书聚焦营销平台商业形态背后的算法技术，试图从技术和商业相互驱动的视角阐述如何用技术赋能业务，并且结合阿里巴巴集团在基础设施领域和算法创新上的沉淀，打造智能 B2B 商业操作系统。

本书将回顾近两年来阿里巴巴 CBU 算法团队开展的实践工作，分享落实技术创造业务增量价值的经验。

第 1 章主要介绍电商四位一体的人、货、场、商核心要素。

第 2 章重点讲解算法落地依赖的系统工程，包括搜索工程、推荐工程和实时数据工程。

第 3 章聚焦搜索算法，这里主要介绍两种：基于 Query 理解的导航和搜索排序算法。

第 4 章重点剖析推荐算法，从召回和排序两个环节展开。

第 5 章介绍任何商业平台都离不开的营销算法。

第 6 章从电商平台发展趋势的角度，分享当前各个电商平台的新兴模式，包括直播、短视频、端智能等。

第 7 章以知识图谱为开篇，重点讲述我们在电商结构化信息挖掘和场景应用等方面的相关工作。

第 8 章从流量效率最大化的角度阐述全域中控技术框架和核心算法。

致谢

本书成稿离不开很多人的帮助，在此表示感谢。

感谢阿里巴巴新零售技术事业群总裁吴泽明、CBU 事业部总裁汪海的支持，感谢 CBU 技术部算法团队所有同学以及家人的理解和付出，感谢阿里巴巴同事周荣茂、金高平、金群群、熊岚曦的全程协助，感谢阿里巴巴同事叶舒亚以及数据委员会同学对初稿的审阅和建议。

最后，感谢机械工业出版社编辑杨福川和罗词亮帮助本书顺利出版。

第 1 章

电商四位一体

阿里巴巴是中国电商的缔造者和领军者，很多经典电商理念都是阿里巴巴提出的。"人–货–场"是阿里巴巴面向 C 端（消费者）提出的三位一体理念，将消费者（人）和商品（货）通过运营和算法精准匹配到线上页面（场），从而提升消费效率。而对于阿里巴巴 CBU 事业部而言，除了关注"人–货–场"，还要关注货背后的"商"，所以提出了"人–货–场–商"四位一体理念，目的是希望能够触达供给源头，提升商 / 厂效率，变革业态。

1.1 人——买家

用户增长是电商平台的核心，如今电商平台不只关心用户规模，更追求用户心智、产生交易的质量健康度，以及对目标用户群体的渗透程度，并从规模化流量运营升级为以留存转化为长期目标的精细化用户运营。从规模、质量、成本三维视角出发，一方面通过站外引流带动整体大盘增长，另一方面打造贯穿用户行为全链路的主体心智，实现目标用户牵引，提高人群转化效率。

用户增长是各子系统相互影响的庞大系统性工程，需要数据驱动，业务和技术深度合作，有策略、有重点，包括站外引流、搭建拉新全链路服务；站内主客提高转化率，各个策略交互有融合，合力构建一个长期的、有质量的、健康的增长状态，落地到各个业务场景中，营造平台整体大繁荣。

用户增长应基于基础用户客群画像，洞察买家行为意图，刻画客群偏好，沉淀 B 类特色的垂直集采和行家领采客群场景（见图 1-1）。综合考虑买家身份偏好和地域偏好，智能化地为买家推荐具有确定性、个性化的商品，提高 B 类买家采购销量，从而优化场景效能。在此基础上，按照买家分布、成长、价值分层运营，针对不同用户制定不同运营目标，如对新用户做好新人承接转化，对低活和沉睡用户做促活留存，对拉新做拉新中控，对流失买家做流失预警。

为实现整体提高用户黏性、留存、活跃、转化的目标，在实现用户增长时需要思考如何服务好用户这一核心问题。以阿里巴巴 B2B 平台 CBU 主客 App 为例，用户打开首页，首先看到的是搜索功能及八门洞推荐。将不同的用户引导到各自感兴趣的场景，是 UI 设计师和算法工程师的职责。从页面交互结构设计角度考虑，底纹的作用就是猜用户意图，并启发和唤醒用户的潜意识，引导用户到达搜索场景。我们知道，目标明确的场景更容易促转化，为此，除了商品排序，算法还为用户量身打造了智能锦囊（包含"细选"锦囊、"相关推荐"锦囊、"榜单"锦囊、热词等）、八门洞及"猜你喜欢"场景，为用户提供喜欢的商品；同时向用户提供了"为你推荐"锦囊，每个锦囊展现与用户最相关的多个主题 Query（意图查询词），通过点击这些主题 Query 可以引导用户到搜索场景，由搜索做精准意图承接。

另外，我们的技术也支持为业务提供外部引流，为平台拉取新用户，包含 SEO 网页引导和信息流 App 主客引导，并且通过消息推送平台让爆款商品和营销折扣商品触达用户，吸引用户跳转到相应场景，通过与用户保持互动，激活沉睡用户，促活低活用户。

1.1.1 开源引流

1. 搜索引擎优化

搜索引擎优化（Search Engine Optimization，SEO）是生态式的自我营销，通过提高用户搜索引擎内的自然排名，从搜索引擎中获得尽可能多的免费流量。SEO 流程包括：发现→抓取→解析→索引→排名（前 70 页→前 3 页→第 1 页→第 1 名）→展现→转化（见图 1-2）。

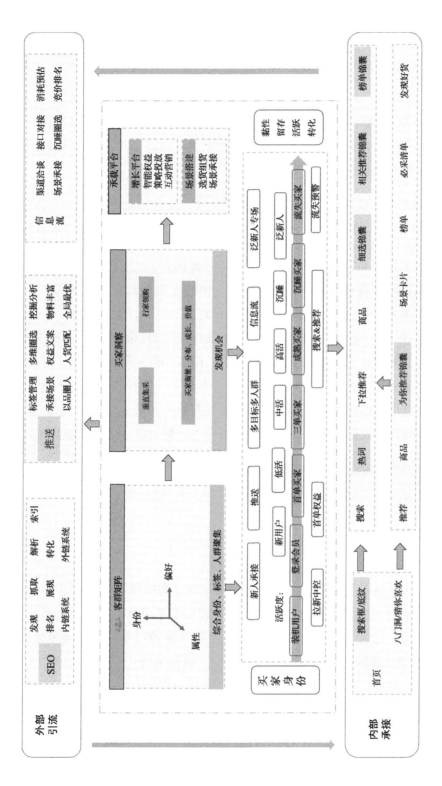

图 1-1　用户增长概况

图 1-2　SEO 流程

就 SEO 方法论而言，内链系统是指基于爬虫体系获取互联网网站资源，并基于文本和语义相关性构建彼此之间的跳转链接的系统，因此，优化 SEO 内链系统对于 SEO 站内优化非常重要。

为了让内链系统既能贴近当前页面的相关性，又能增加其他相关栏目的推荐，提升本类栏目收录率，SEO 在技术上重新规划和落实了页面模板中内链推荐的逻辑。

SEO 内链系统基础版本覆盖 1688 站内千万级词库，主要是基于 MapReduce 架构计算文本编辑距离度量相似性，将计算好的离线词典加载到引擎索引中，向用户提供在线查询服务。这种方法的缺点是内链覆盖率不足、计算效率低。千万级词库频道内推词离线计算一次需 2 个小时，而目前 SEO 词库规模数亿且要归类到十几个频道（如娱乐、体育），这些频道间互相推词的计算时间将呈指数增长，存储量也会爆炸式增长。因此，我们提出了一种新的解决方案——在线召回推荐内链系统，将所有关键词向量化，然后构建索引，具体召回机制框架如图 1-3 所示。核心算法技术点包括 Query 和商品标题分词和向量化、向量索引引擎构建、在线匹配召回。

这个新解决方案的在线召回时间是毫秒级，性能符合在线服务预期：相关性为 98%、成功率为 100%、覆盖率为 98%，且分布均匀。爬虫量提升 50%，索引量提升 6 倍。

2. 信息流

信息流（feed 流）投放由 Facebook 在 2006 年首先推出，主要指在社交媒体动态流或者资讯媒体内容流中投放图片、图文、视频等形式的广告，目的是提高广告主的 ROI（拉新、促活）。在移动互联网时代，信息流投放量迎来了爆发式的增长，基本所有的大型互联网公司都会有类似的广告。对比传统广告，信息流广告有如下优势。

（1）用户友好。相比传统广告，信息流广告更容易被用户接受。传统广告在用户阅读或者操作的时候出现，容易引起用户的反感，而信息流广告的形式是将高质量的内容由系统主动推送到用户阅读的内容流中，且大多数广告都与用户相关。

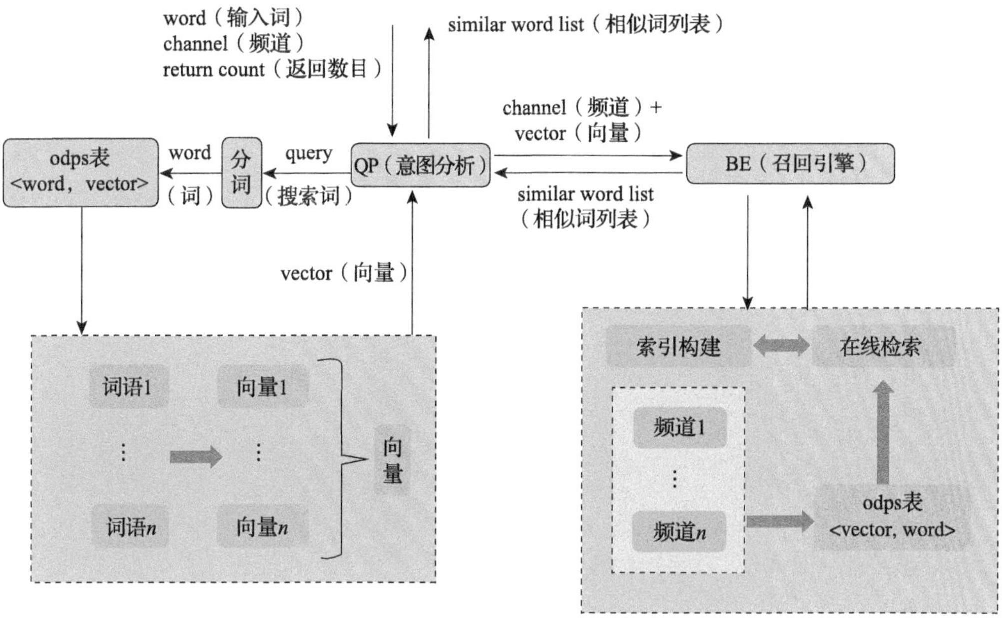

图 1-3　SEO 内链系统召回机制框架图

（2）广告主收益高。优质媒体会根据用户画像及用户实时查看的上下文信息对用户进行精准推荐。这种投用户所好的形式，能够给广告主带来更大的 ROI。

（3）广告生态良性发展。要想信息流广告效果好，广告主就必须优化自己的广告质量，让广告真正成为内容的一部分，促进整个广告行业的发展。

信息流广告的投放方式主要有媒体直投、RTB（Real Time Bidding，实时竞价）和 RTA（Real Time API，实时应用接口）3 种。媒体直投可以按照转化目标出价，但是主要依赖媒体的算法能力且广告主需要输出较多数据。RTB 是一种实时竞价的购买方式。广告主在广告交易平台中设定广告流量底价，当有流量过来时，与其他广告主一起对流量出价，广告交易平台收到各广告主出价后进行比价，价高者获得流量并同步竞价成功的结果。这种竞价方式对广告主的数据和算法能力有较高要求，不足是无法使用媒体方的数据和算法。RTA 是一种更好的竞价购买方式，它和 RTB 的主要区别在于，RTA 可以使用媒体方的数据和算法在广告主竞价前实时进行流量判断。通过实时获取数据，广告主可以对用户进行进一步筛选，实现人群精准定向、数据赋能，有利于提升广告投放的效果。

信息流广告投放计费模式主要是 CPC（Cost Per Click，点击扣费），在 RTA 模式下，计费模式升级为 OCPC（Optimized CPC，优化点击扣费），其本质是经过优化的 CPC。

阿里巴巴 CBU 事业部也在持续建设自己的信息流广告，目前主要通过自建 DSP 结合阿里巴巴集团大数据能力及不同媒体自身的数据进行 RTA 投放，投放渠道有广点通、小米、趣头条等。信息流广告承担着 App 的拉新和促活任务。

CBU 信息流在今日头条投放的样例如图 1-4 所示。

信息流投放的核心是为用户增长服务，其目标为广告获客召回，拉新、提升 App 的留存和活跃用户，我们关注的最终指标为 DAU（日活）和 MAU（月活）。根据用户的月活，我们可以将用户分为以下几类：新用户、低活用户、中活用户、中高活用户、高活用户和沉睡用户。事实证明，高活用户对于 App 使用已经有了比较成熟的心智，平台即使不做任何策略也会回访；而沉睡用户有可能已经卸载 App 了，这种用户的召回难度太大。因此，用户增长 ROI 最高的还是新用户和中低活用户。这些用户处于熟悉平台的过程中，需要平台用一些

图 1-4　CBU 信息流投放样例

策略对其进行召回和培养，提升他们的留存，防止他们变成流失用户或者沉睡用户，把他们往高活上去迁移。

下面我们从媒体渠道接入、算法能力、在线投放策略、数据监控 4 个角度阐述如何进行信息流投放。

（1）媒体渠道接入

要覆盖更多更全的用户，需要接入尽可能多的媒体渠道，市面上有很多媒体渠道，除了阿里巴巴 Tanx，类似的还有今日头条、百度、腾讯、快手、趣头条、vivo

等渠道。业务和技术需要评估不同渠道的优劣，进而指导我们确定不同媒体渠道的预算优先级。整体来说，我们会对比不同渠道下的分发流量 UV、UV 点击率、App 唤起率 / 安装率、转化率及留存率，然后进行综合评估，最后确定最佳的投放组合和预算分配方案。

（2）算法能力

信息流投放会对接很多渠道，不同渠道的数据、用户群体都不一致，需要针对不同渠道进行建模。

传统的 CPC 广告是以每点击一次计费，然而对于不同质量的流量应有不同的价格，对于广告主而言，更好的定价方式是让出价与点击的价值更加匹配。假设我们把流量的高质量定义为在 App 端的转化率（CVR），报价（bidprice）就是关于转化率的函数。由于无法知道真实的 CVR，我们通常采用机器学习方法得到预估转化率（PCVR）。

$$\text{bidprice} = f(\text{pcvr})$$

但是，对于一个高质量的流量，出价也是有限度的。这里需要对广告投放的收益进行定义，一般称之为 ROI。通常一个广告的点击 ROI 可以定义为：

$$\text{ROI}_i = \frac{p_a \sum\limits_u n_u \cdot p(c\,|\,u,a)}{b_a \sum\limits_u n_u} = \frac{p_a E(p(c\,|\,u,a))}{b_a}$$

其中，p_a 表示用户进入 App 后购买商品的单价，n_u 表示点击次数，b_a 表示单次点击消耗，$p(c\,|\,u,a)$ 表示转化率。

商品的价格对同一个广告而言一般为一个定值，所以影响 ROI 的两个重要因素就是转化率 $p(c\,|\,u,a)$ 和出价 b_a，我们假设转化率 $p(c\,|\,u,a)$ 与出价 b_a 的比值为定值。那么对于一个广告的出价：

$$\frac{p(c\,|\,u,a)}{B_a} \geqslant \frac{\text{ROI}_i}{p_a} = \frac{E(p(c\,|\,u,a))}{b_a}$$

变换一下得到：

$$\frac{B_a}{b_a} \leqslant \frac{p(c\,|\,u,a)}{E(p(c\,|\,u,a))}$$

其中，B_a 为 OCPC 调整后的出价，b_a 为广告的原始出价，$p(c\,|\,u,a)$ 为实时预测的广告的转化率，$E(p(c\,|\,u,a))$ 为历史统计的转化率的平均值。

（3）在线投放策略

在线投放策略主要包括素材投放、频次控制、预算平滑控制 3 部分。

1）素材投放

一个在线广告可能会有多个素材，我们需要在线实时选择最佳素材进行投放。主流的解决方案分为随机投放和赛马策略两种。随机投放的优点是实现简单、接入快速，缺点是无法获得最大化收益（点击）。赛马策略的核心思想是给点击率高的素材更多曝光，给点击率低的素材较少曝光或者无曝光，这是典型的 EE 问题（Exploration and Exploitation）。我们使用 Bandit 算法来进行探索，汤普森采样是其中一种常用的实现方式，算法流程如下：

for $t=1,2,\cdots$,do

   for do

      Sample $\hat{\theta}_k \sim \text{Beta}(\alpha_k, \beta_k)$

end for

//*select and apply action:*

$a_t \leftarrow \arg\max_k \hat{\theta}_{k|}$

Apply and observer r_t

//*update distribution*:

$(\alpha_{a_t}, \beta_{a_t}) \leftarrow (\alpha_{a_t} + r_t, \beta_{a_t} + 1 - r_t)$

end for

其中，$\theta = (\theta_1, \theta_2, \cdots, \theta_k)$ 表示符合贝塔分布的收益，r_t 表示观察到的真实收益。

2）频次控制

频次控制从投放效率和疲劳度两个角度出发，主要解决如下问题：已向同一个用户展现过多广告，就没有必要重复投放了；当天点击过该广告的用户，为防止其疲劳，不再对其进行投放；当天打开过 CBU 主客 App 的用户，没有必要对其进行投放。

3）预算平滑控制

预算平滑控制主要是为了防止每天的广告预算消耗过快或者过慢，常用的策略有以下几种。

- **平均投放**：把预算按一天 24 小时平均切割。这种方案没有考虑流量大小和转化效率，会出现某个时间段的预算很快花完或者某个时间段预算花不出去的情况。
- **按流量投放**：根据历史流量和实时流量，对预算进行实时修正，使之满足在流量大的时候预算高、流量小的时候预算低。这种方案比第一种方案合理，但是也有缺陷，因为我们投放时最关注的其实是流量的 ROI。
- **按流量效率投放**：根据历史流量效率和实时流量效率来进行预算分配。这种方案的优点在于可以最大化预算收益。

（4）数据监控

数据监控的目的是了解整体投放漏斗的效率、及时发现并修复投放问题。整体流量的链路为：媒体下放量→参与竞价量→竞价成功量→展现量→点击量→唤起 / 安装 App 量→转化量→留存。通过这一整条数据漏斗，可以清晰地知道每个媒体能给平台带来多少收益，并且对于不同的链路，我们可以有相应的优化措施。

- 参与竞价量主要是告诉我们每天报价多少次，代表整个广告的基数。
- 竞价成功量与多个因素有关，主要包括两个因素：出价是否合适；出价延时。一般不同的媒体会有自己不同的竞价最高延时限制，竞价延时过高可能会导致出价失败。
- 点击量不仅与算法推荐的准确率有关，同时也与推荐的素材有关，比如图片、标题、内容是否吸引人等。
- 留存则更多与用户在 App 上的体验及获得的权益有关。

3. 拉新中控

目前国内各种应用市场、信息流渠道百花齐放，是各用户增长团队引流的主要渠道，也成为各个 App 争夺新用户的重要战场。广告主在第三方渠道投入一部分费用，设置相应的出价，便能够获取一定的曝光和点击，从而赢得装机用户。以小米渠道为例，CBU 能够获取装机量的途径如图 1-5 所示。

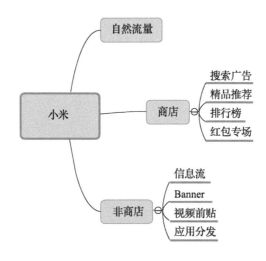

图 1-5　小米渠道装机量途径示例

在同一渠道下，加大预算投入有机会赢得更多的装机量，但是显而易见的是，这种正向效果是有上限的，并且随着边际效应逐渐递减，预算与装机量关系将不成正比，同时高预算下获取的用户质量也会相对较低（我们不妨用登录率和留存率来表示用户质量）。另外，不同渠道用户心智不同，回报效果也不同。因此，如何在总预算限制下分配在各个渠道的预算，在保证用户质量的同时获取更高的装机量，是实现用户增长时需要考虑的重要问题。以往预算分配方案主要依靠经验，人工制定，而一套智能、稳定的推荐辅助系统可以取得更佳的引流效果，并可提升投放效率、节省人力资源。

（1）拉新思路与挑战

用向量 X 表示在各个渠道的预算投入，B 表示总预算，T_1 表示登录率下界，T_2 表示留存率下界，$f(X)$、$g(X)$ 和 $h(X)$ 分别代表在预算 X 下的装机量、登录率和留存率，则整体问题可以建模为一个全局优化问题：

$$\max f(X)$$

$$X^{\mathrm{T}}e \leq B$$

$$g(X) \geq T_1$$

$$h(X) \geqslant T_2$$
$$X \geqslant 0$$

为了求得上述问题的最优解，我们需要明确 $f(X)$、$g(X)$ 和 $h(X)$ 的具体含义。各渠道间的相互影响可以忽略不计，因此也就只需要获取各渠道在给定预算下所能得到的装机量、登录量和留存量的数学关系。

同样以小米为例，它包含的非自然流量来源包括搜索广告、精品推荐、排行榜、红包专场、信息流、Banner、视频前贴、应用分发等，这些我们统称为投放位。一个渠道有多个投放位，因此渠道的预算需要进一步拆解：每个投放位都要设置预算和相应出价。

梳理一下某投放位的预算投入装机数量、质量产出的完整流程：在投放位的出价得到曝光，曝光会转化为点击，从而获得装机量；装机之后通过监测登录量、留存量，获取质量信息。在点击付费的模式下，预算实际上近似于出价与点击量的乘积。整个流程如图 1-6 所示。

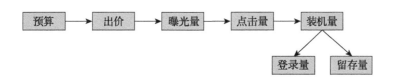

图 1-6　预算投入产出流程图

一种很自然的想法是直接建模出价与装机量、登录量和留存量的关系。然而，曝光、点击行为的数据记录在第三方渠道，装机行为的数据记录在 1688 平台，而数据并没有且不太可能完全打通，所以我们只能粗略地获取用户装机来自哪一个渠道的数据，而无法细化到投放位。所以，在这种数据追溯缺失的情况下，直接建模的方式是行不通的。

在第三方渠道的投放位的曝光和点击数据是我们可以获取并加以运用的，因此，为了获取装机量、登录量和留存量与预算间的关系，我们需要一些细致的数据分析和合理的假设逐步建模，包括点击量与装机量、登录量、留存量的关系，出价与点击量的关系，以及如何进行预算分配。后续章节将介绍相应的模型与算法。

（2）拉新建模方法

1）点击量与装机量、登录量、留存量关系模型

虽然投放位粒度的点击到装机的数据无法在全渠道获取，但幸运的是，我们积累了一批在某渠道只投入过一个投放位的历史数据，也就是说，该投放位的点击和装机、登录、留存信息是可以完全获取到的，所以我们可以从中发现它们之间的规律。点击量业务指标定性关系如图 1-7 所示。

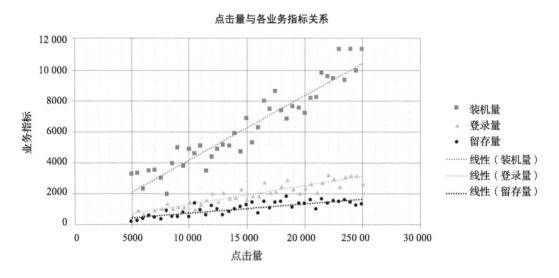

图 1-7　点击量业务指标定性关系图

由定性关系图可以看出，投放位点击量与装机量、登录量、留存量呈非常强的线性关系。基于我们的分析，图 1-7 中的斜率实际上反映了一个投放位的固有质量属性，由此可以进一步将这种线性关系推广到每一个渠道的投放位，我们可以对每个渠道做线性回归，如图 1-8 所示。

其中，参数 θ 表示投放位的固有属性，截距 b 可以理解为渠道的自然装机量，数据 x、y 都可以从第三方渠道或者 1688 平台获取。同理，点击量—登录量、点击量—留存量的关系也可以通过类似方法进行建模。

最后，为了验证这一模型，我们在 2 个渠道上进行拟合测试获得仿真数据，如图 1-9 所示，横坐标表示时间（天），纵坐标表示该渠道某天的装机量，表明该模型的有效性（隐去了坐标轴数据）。

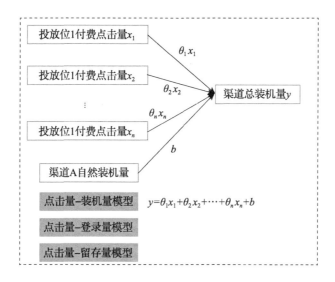

图 1-8　点击与目标行为建模关系示意图

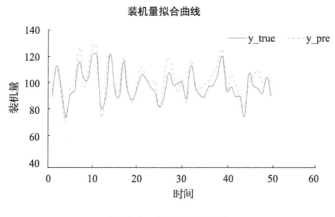

图 1-9　装机量趋势图

2）出价模型

在分析出价—点击量关系之前，先分析曝光量—点击量的关系，它实际上是点击率（点击量 / 曝光量）的体现。图 1-10 所示为某投放位上二者的关系。

由图 1-10 可以看出，它们也呈现一个比较强的线性关系。也就是说，点击率相对稳定，其实这从侧面反映了 CBU 主客 App 自身的质量。因此我们认为每个投放位点击量与曝光量均成正比。而在出价—曝光概率关系中，我们试图采用如下公式表示：

$$y = \frac{x}{x+c}$$

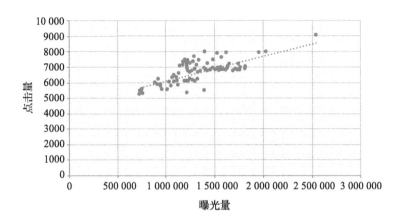

图 1-10　曝光量—点击量相关图

在点击量与曝光量成正比的假设下，出价—点击量的关系满足：

$$y = \frac{ax}{x+c}$$

然而，由于一些原因，我们的历史出价数据并不丰富，因此很难完美拟合出上述公式的曲线（见图 1-11a）。于是我们采取了线性假设以及 Boxing 的方式处理，即假设出价—点击量关系在某个小区间内满足 $y = kx$，如图 1-11b 所示。另外，按点击付费的模式可知，预算可以通过出价（x）乘以点击量（kx）计算，其表达式为 $g = kx^2$。

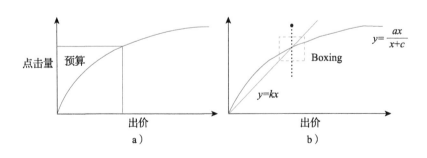

图 1-11　出价—点击量相关图

3）预算分配模型

根据以上分析，预算与装机量、登录率、留存率的关系逐渐明朗，在利用上述方法求得各投放位的系数后，我们可以通过解析表达式展示上文的全局优化模型，即

$$\min -\sum_i \text{activateRate}_i x_i$$

$$\sum_i k_i x_i^2 \leqslant \text{Budget}$$

$$\sum_i (\text{activateRate}_i \cdot \text{loginMin} - \text{loginRate}_i) x_i \leqslant \text{loginNatural} - \text{activateNatural} \cdot \text{loginMin}$$

$$\sum_i (\text{activateRate}_i \cdot \text{remainMin} - \text{remainRate}_i) x_i \leqslant \text{remainNatural} - \text{activateNatural} \cdot \text{remainMin}$$

$$0 \leqslant x_i \leqslant U_i, \forall i$$

其中，x_i 表示第 i 个投放位的出价。

用一些符号简化以上模型：

$$\min -\sum_i a_i x_i$$

$$\sum_i k_i x_i^2 \leqslant B$$

$$\sum_i b_i x_i \leqslant M$$

$$\sum_i c_i x_i \leqslant N$$

$$0 \leqslant x_i \leqslant U_i, \forall i$$

这是一个特殊的带二次约束的二次规划问题，可以通过 KKT 条件和对偶问题求得最优解。对偶问题为：

$$\min_{\alpha,\beta,\gamma,\theta \geqslant 0} \frac{(a_i - \theta_i - \beta b_i - \gamma c_i)^2}{4\alpha k_i} + \left(\alpha B + \beta M + \gamma N + \sum_i \theta_i U_i\right)$$

利用梯度下降即可求得对偶变量的最优值。KKT 条件则刻画了 x_i 与对偶变量的关系：

$$x_i = \frac{a_i - \theta_i - \beta b_i - \gamma c_i}{2\alpha k_i}$$

利用该式可得到原问题的解。

（3）小结

在实践中，尤其是在与第三方的合作过程中，经常会由于各种数据原因，不能很顺利地直接建立想要的模型。但是我们仍可以通过一些细致的数据分析和逻辑梳理，抽丝剥茧，达到目的。

4. 个性化消息推送

在过去很长一段时间里，因为电商本身的强运营特性，个性化推送大部分时候是作为一个活动通知的通道来运营，对重要活动进行通投引流。然而在整个新零售和数字化营销改造的趋势下，我们希望它也能具备精细化用户运营和千人千面内容投放的能力。

于是从 2019 年下半年开始，CBU 技术部全面发起整个个性化推送的平台产品、技术架构和算法的升级改造计划，使其能够承担起个性化营销、用户促活和业务导流等多种角色。

主体的投放流量经历了从通投到定投、从劳动密集型到智能自动化投放的转变，目前的主要流量已经从定投切换到了个性化投放。对个性化投放而言，可以从本质上释放算法的千人千面能力，以最高的效率来为用户推送相关度更高和用户更感兴趣的内容。

个性化推送智能触达用户，整体概况如图 1-12 所示。电商以场景为介质，承载用户和商家商品的交互，基于此推送以场景商品为基础，匹配和召回对商品感兴趣的用户，即以品圈人，以更好地触达用户，提升用户的心智。对召回用户分配最感兴趣的商品，提供人货精准匹配，形成智能化文案内容，以更高概率命中用户心智。

整体流程从场景搭建数据流系统到以品圈人、人货匹配对接数据系统，形成管道输出到推送平台分发，最终触达用户。为避免打扰到用户，设置推送频率，避免用户感知疲劳；在有效分发的前提下，更精准的匹配为用户带来更有价值的信息，引导更多高价值用户到电商平台。

链路完全智能化，无须人工参与，每天为业务推送数百万条信息，承接着同用户活跃交互、为用户带去更多资讯、为场景导入流量的使命。

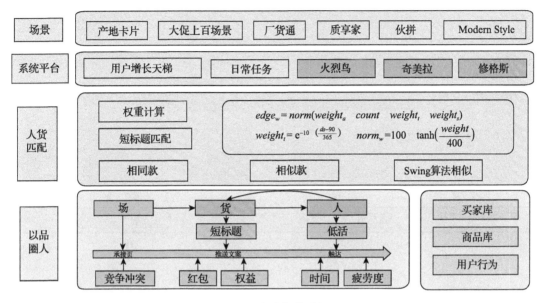

图 1-12　个性化推送框架

1.1.2　客群画像

阿里巴巴一直在面向未来探索 B 类新电商模式，并从 2019 年开始重点构建"新供给、新链接、新营销"三新体系。买家是三新体系的核心，缺少买家维度的数字化经营体系是不完整的。平台场景目标群体及场景间买家差异性尚不明确，客群矩阵就是为场景中控解决这一业务痛点、提高场货分发效能而专门设置的算法研究主题。同时，客群矩阵也是用户增长和算法特征的核心数据。鉴于客群矩阵如此重要且拥有诸多应用，其构建迫在眉睫。

阿里巴巴意在将客群矩阵打造成平台的一个风向标，以便业务有目标、有层次、有差异、高效地选品和进行场景运营及商家运营，为用户增长和算法模型优化提供动力，为数字化运营提供依据。我们主要围绕人、货、场、商 4 个维度构建，客群矩阵概况如图 1-13 所示。

客群矩阵同场景矩阵叠加，在构建场景目标用户、衡量场景差异性的同时，也能提高场景效能，有效引导目标流量，进而为各类业务场景的算法建模提供底层数据基础。

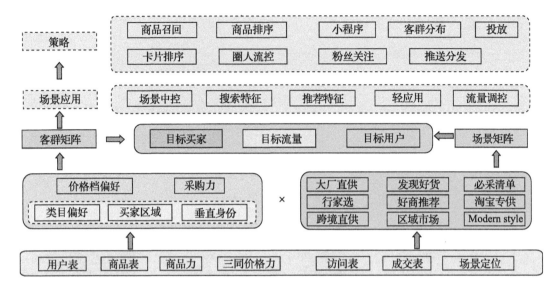

图 1-13　客群矩阵概况

1. 采购力

B 类买家不像 C 类买家有明确的年龄、性别等基础坐标维度，B 类用户多是企业或者批发商，如何刻画 B 类特色的客群矩阵，这对于 B 类电商非常重要，也是 B 类电商"小二"一直在思考的问题。

既然 B 类用户群体主要是企业和批发商，那么如何准确地描述客群矩阵呢？采购力就是突出的表征，采购力包含采购金额和采购频率，从采购力可以看出用户的经营规模和消耗能力。因此，我们将采购力作为基础坐标维度，分层提供精准差异化服务。

采购金额主要是一定周期内用户采购的金额。为了规避不同品类价格差异较大带来的分层干扰，首先分类目对采购金额划档，然后再按照金额档不分类目看，占比最多的金额档就是此用户的采购金额档层。

采购频率是一定周期内用户的采购频次。将用户按照采购时间排序，然后计算用户在一定时间周期内采购的频次。将所有用户按照高斯分布比例划分出高、中、低档，作为采购频率的分层档次。

2. 生命周期

无论是 To B 还是 To C，所有电商用户都有一定的生命周期，包括新装机、新用户、低活、中活、中高活、高活、沉睡、流失等阶段，该生命周期主要是按照用户在电商平台的活跃度来划分的，其中也融入了部分业务知识。例如，新装机用户是指刚装机的用户，新用户是指成交在 2 单以内的用户，低活是指一个月访问天数在 2 天以内的用户等。

从交易周期分析用户生命周期，如图 1-14 所示，包括新装机激活用户、登录用户、首单用户、活跃买家（高采购力买家、潜力买家）、潜睡买家、深睡买家等阶段，各个生命周期阶段之间的转换关系在图中也有直观呈现。精准化用户运营根据买家生命周期阶段不同而调整目标，所采取的策略也会相应调整。

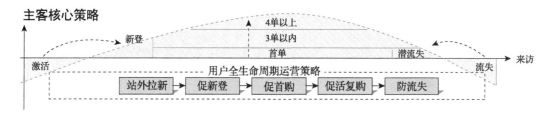

图 1-14　用户生命周期

了解了用户生命周期，就可以有针对性地做用户拉新、促活、留存，以提高用户黏性：对于新装机和新用户，主要是提高他们的用户体验，培养用户的消费习惯，做留存转化；对于中低活用户，主要是促活、留存；对于中高活用户，主要是维持用户的习惯，加强黏性；对于沉睡和流失用户，主要是通过红包权益等方式促活。用户生命周期的维护对于电商持续用户增长发挥着至关重要的作用。

3. 核心主营

CBU 作为 B2B 电商平台的典型代表，一直致力于服务全球亿万 B 类买家用户。用户核实身份与主营类目（如进口母婴店店主、精品女装店店主、微商兼职、小超市店主等）作为 B 类用户画像最为核心的属性之一，不仅代表着用户的线下实体身份，还直接影响着用户在电商平台上的行为偏好、采购周期及对商家服务能力的诉求等，因此一直是 B 类电商平台致力于深耕与运营的核心用户画像属性之一。

大多数 C 类用户画像属性可以直接基于用户在网站上的历史行为进行建模，但 B 类用户画像则不同。因为要核实用户核身身份以及对主营类目有精准性的要求，一般 B 类电商平台主要以用户自填表单的形式进行用户核实身份的确定。这种用户自填方式结果准确度较高，但位置隐蔽、链路冗长、没有利益点的引导，不仅用户填写率低，而且与场景结合力不足。

为解决原表单式核身用户操作成本高的问题，阿里巴巴 CBU 电商平台通过用户核身组件借力算法模型对用户核身进行预测，依据置信度排序，为用户推出 Top K 个选项供用户点选。整体算法解决方案如下。

（1）数据源

1）用户站内行为

用户站内行为是用户需求与偏好的第一反馈基地，是算法需要着重去挖掘的数据源。相对其他偏好类画像属性来说，用户核身是一个相对稳定和长期的用户属性，因此在算法应用中，我们选取了用户最近半年的站内全域行为作为底层数据。定义半年的长时间窗口选取主要有两方面考虑：一是目前网站商品丰富、优质，搜索与推荐算法日渐精进，用户浏览各类商品的成本较低，所以 B 类用户在网站上的注意力难以保持专注，用户 B 类 /C 类的需求与行为混杂，数据较脏，较长的时间窗口有利于滤除干扰，捕获用户更为长期和稳定的需求；二是用户行为数据，特别是采购行为，相对稀疏，然而 B 类用户的采购行为是反映用户核身身份最为核心的特征之一，且用户采购行为又具有一定的周期性，因此长期的时间窗口能够帮助算法更加全面地认识用户。

2）用户站外上下游身份

不同于很多偏好类用户画像属性，用户核身身份能够与用户在现实中的身份产生真实的映射关系，如奶茶店店主—喜茶店主、烘焙店店主—宝岛金典店主、精品女装店店主—淘宝女装店店主等。因此，用户站外上下游的身份映射关系，能够辅助我们进一步完善用户核身身份的预测，提高覆盖率和准确率。

3）行业知识

鉴于用户在网站上 B 类 /C 类行为混杂，噪声较多，B 类用户核身偏好易受网站热门类目与商品的干扰，因此我们也引入了大量行业知识作为指导来协助完成 B 类用户核身身份的预测，并基于此沉淀下来一份核身偏好类目数据。

（2）算法方案

利用以上用户站内行为、站外上下游身份和行业知识的数据，算法端可以通过以下几个步骤实现用户核身身份的预测工作，预测流程如图 1-15 所示。

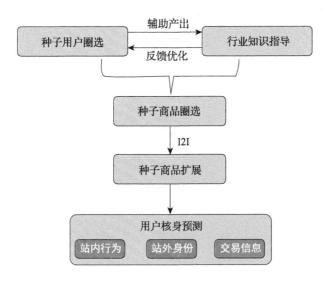

图 1-15　用户核身预测流程图

1）种子用户圈选

种子用户主要定义为站内已核身用户及站外上下游有映射关系的核身信息的用户。

2）行业知识指导

我们基于种子用户最近一段时间的站内行为数据，挖掘识别显著性特征，提供给运营同事，对种子用户再进行一轮划拨，把日常核心行为与行业偏好明显不符合的用户排除，优化种子用户的圈选。

3）种子商品圈选

以行业偏好类目作为门槛，筛选出种子用户在门槛下最近半年内采购过的商品作为种子商品。

4）种子商品扩展

基于团队沉淀现有商品的 I2I 表，利用种子商品作为 trigger 触发 Key，对种子商品进行扩展，扩展种子商品的偏好分等于商品 I2I 相似分与 trigger 种子商品偏好分的乘积。

5）用户核身预测

对于一个用户的核身预测，我们选取其最近半年的行为数据进行建模打分。然后基于打好分的用户行为商品计算用户对每一个可能的核身身份的偏好置信度，并用以区分用户的个人采购行为和 B 类采购行为，降低用户的个人采购行为对预测结果的影响，加大用户的 B 类采购行为的权重。

1.2 货——货源

优质货源是所有电商平台的核心竞争力，CBU 作为 B2B 属性的事业部，尤其关注其平台货源的竞争力。从消费者心理的角度出发，"低价"和"新款"永远是核心诉求，因此我们聚焦在价格力和趋势力两个维度的数据挖掘和算法建模。

1.2.1 价格力

价格力作为 CBU 源头厂货面向次终端的核心抓手，精准预估不同价格段商品的市场需求是牵引新供给的关键信息。传统的销量预测模型只对训练数据准确度负责，忽略了价格与其他特征的相互影响，预测结果往往对商品价格变动并不敏感，模拟商品变价时会有较大偏差。

为了解决这一问题，我们分别采用基于价格弹性的量价模型与价格归因—销量预测模型进行分析。相比传统销量预测，量价模型更能够捕捉"价格"因子的影响力，更具可解释性、低价泛化性和牵引能力。

1. 基于价格弹性的量价模型

需求价格弹性是计量经济学中常见的概念，用来描述商品成交价与销量的关系，定义为销量变化比例与价格变化比例的比值，即需求价格弹性 ε 满足关系：

$$\frac{\mathrm{d}Q}{Q} = \varepsilon \frac{\mathrm{d}P}{P}$$

积分式为：

$$\log\left(\frac{Q}{Q_0}\right) = \varepsilon \log\left(\frac{P}{P_0}\right)$$

可知在价格弹性固定时，销量是价格的幂函数。由于弹性可能随着外部的指标（如流量状态、促销状态）而改变，对于适宜使用需求价格弹性模型的商品，销量和价格往往呈幂函数簇的映射关系。

图 1-16 是从 CBU 网站上随机选取的 16 个头部商品的每日销量与日平均成交价的定性关系，对于大多数 1688 网站上的头部商品，随着日均成交价的降低，日销量会加速上升，呈现幂函数簇的映射关系，因此适用于价格弹性模型。

假设价格弹性固定不变，问题可简化为销量与价格的对数回归。为了保证特征在对数变换后依然保持无偏性，一般采用泊松回归。泊松回归假设销量满足泊松分布，即：

$$\text{Prob}(Q = k) = \frac{\lambda^k}{k!}\text{e}^{-\lambda}$$

其概率密度函数可表示为：

$$\text{Prob}(Q \mid \theta, x) = \frac{\text{e}^{Q\theta x}\text{e}^{-\text{e}^{\theta x}}}{Q!}$$

并通过极大似然方法求解，相当于最小化损失函数：

$$\text{loss function} = \text{e}^{\hat{y}-\log Q} - (\hat{y} - \log Q)$$

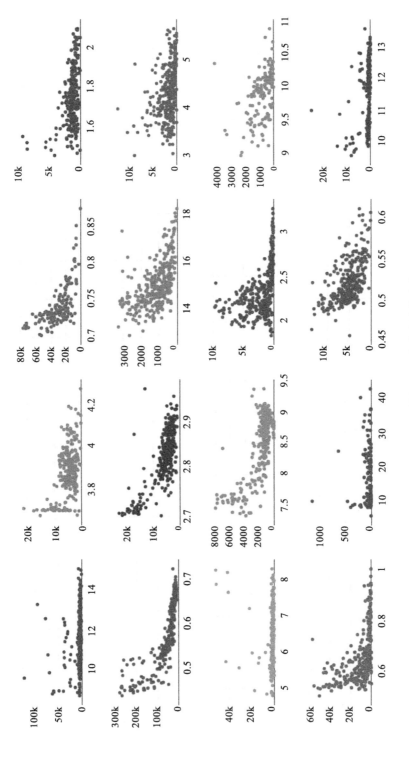

图 1-16 日销量 – 平均成交价散点图

损失函数与回归偏差的关系如图 1-17 所示。

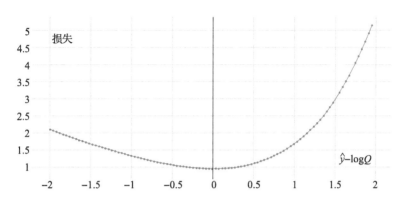

图 1-17　损失函数 – 回归偏差

可以看出，在该损失函数下，回归结果对低估容忍度较高，对高估容忍度较低，这保证了在指数变换后销量预估的无偏性。在泊松回归时，我们假设价格弹性固定不变，但实际上，价格弹性受诸多因素影响，比如所处流量状态、促销状态、类目属性及时间等。先通过神经网络拟合价格弹性系数，并代入泊松回归进行销量预测，即为深度泊松回归（见图 1-18），预测结果呈幂函数簇的形式。

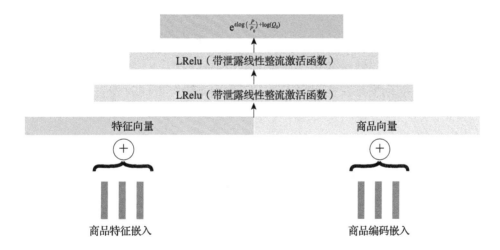

图 1-18　深度泊松回归网络

图 1-19 为某头部商品不同流量状态下日均成交价与日销量的定性量化分布图，3 条曲线为固定其他特征后深度泊松模型的拟合结果。

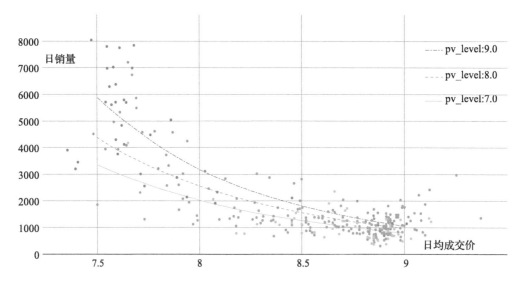

图 1-19 日均成交价 – 日销量分布图

价格弹性模型除了有较强的解释性和牵引能力外，其本身明晰的结构也使其可以更好地应用于大规模优化问题，如动态定价、营销配置等，从而大大降低了求解复杂度。

2. 价格归因

传统的销量预测模型本质上是对商品销量的准确估计，而量价模型却是要准确衡量价格变动所引起的销量变化。在需求价格弹性模型中，我们人为确定了指数函数簇来描述这一变化关系，这相当于引入了先验知识，但同时丧失了一定的模型自由度。价格归因—销量预测模型基于更自由的销量预测模型（如 GBDT），但在此基础上，它会考察特征的独立性与共线性，挖掘价格对其他浅层特征的影响，并基于贝叶斯网络与工具变量，归纳价格对销量多层级的影响，从而更准确地估计价格变动与销量的关系（见图 1-20）。

假设存在特征 P 来描述商品的相对价格或相对价格变化，X 为其他特征的集合，对于一个销量预测的机器学习模型，满足：

$$Q = f(P, X)$$

很多模型在训练时存在特征独立性的基本假设，但在实际模型构建中很难兼顾这一点。假设在 X 中存在一个特征 X_i，满足 $\text{COV}(P, X_i) \neq 0$，则说明 P 与 X_i 存在内生性或共线性。如果协方差比较大，那么两个特征间往往存在因果性或相互性的影响，比如价格折扣影响点击率，点击率影响销量，或者某些类目有固有的价格变动周期。针对这种情况，我们构建工具变量来去除可能存在的内生性，对 X_i 与 P 做线性回归，即：

$$X_i = \alpha P + \beta + \varepsilon_i$$

其中，回归残差 ε_i 可以描述成 X_i 脱离 P 相互影响后对销量进行的独立影响。以 ε_i 替换 X_i，则在 P 因子上，归纳了 $P - X_i - Q$ 链路与 $P - Q$ 链路两条"贝叶斯链"的影响，此时 X_i 起到了工具变量的作用。

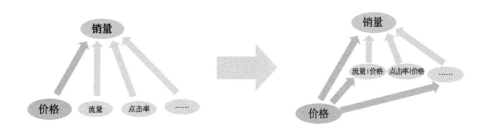

图 1-20　价格 – 销量关系

工具变量的选择需要业务侧与数据侧共同的洞察，一个好的工具变量可以提升相对价格特征的重要性，进一步捕捉价格因子对销量的影响。为了进一步直观地对模型效果进行说明，我们随机选取了 CBU 电商平台 9 个大促期间销量较好的头部商品，并固定大促期间其他特征，调整商品价格来预测销量。图 1-21 为商品处于低价状态下（当前展示价格的 0.6~1.0 倍）不同模型的预测结果，实线为量价归因推理模型，虚线为同特征 GBDT 销量预测模型。

可以看出，在一般的销量预测中，销量对价格并不敏感，甚至预测与业务直观感受相反，这是因为其他特征与价格间存在共线性影响，固定其他特征忽略了这种影响。而在归因推理模型中，销量会随着价格降低而得到较为显著的提升，更加符合业务认知。

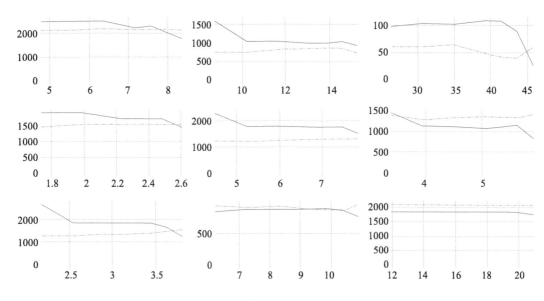

图 1-21   低价状态多模型预测结果

1.2.2   趋势力

随着阿里巴巴集团新零售业务的发展及新零售技术事业群的不断发展壮大，算法在日常业务中的重要性越来越高，在品类、营销、供应链、搜索推荐等业务上都发挥着非常重要的作用。销量预测是电子商务的重要诉求，是商品供应链管理与平台流量分发的核心，可以指导商家和平台更好地设计商品在未来周期的流量扶持、打爆、备货与补货策略等，对平台供应链管理意义重大。

本节首先介绍销量预测常用的模型与算法，主要包括回归类的机器学习模型、深度学习模型和时间序列模型。之后，基于商品未来 30 天销量预测与供应链仓级别销量序列预测两个场景，介绍销量预测常见的业务形态和算法方案。

1. 销量预测

预测，即通过历史数据或其他外部因素构建模型，学习其变化"模式"，利用该模式对未来事务进行预测的过程。预测有个特点，即短期预测的准确率高于长期预测的。而一般机器学习问题中所说的预测环节，比如图像分类等，在这里不归于预测。一般用回归或者时间序列的方法来解决经典的预测问题。

- **回归**：包括基础的线性回归、GBM 类树回归、DNN 类回归，比较适合单品级别基于商品特征工程的模型构建。
- **时间序列**：包括传统的 Arima、Holt-Winters 时间序列方法，Facebook 新公开的 Prophet 方法，以及一些深度的 Seq2Seq 类时序预测方法（LSTM、Wavenet CNN），一般来说，较适合某些聚合维度的预测，比如类目、整个大盘的销量趋势预测等，在序列有趋势性、季节性时效果会很好。

下面我们基于两个经典的业务场景，未来 30 天单品销量预测与供应链仓级别的销量预测，来分别介绍回归和时间序列两类模型在具体业务中的使用。

2. 回归模型场景应用

未来 30 天的销量预测，在业务上一般属于商品的长期销量预测，即预测每个单品（SKU）在未来 30 天的销量总和。平台单品级别的销量预测更多的是对存量品的预测，由于能获取到大量商品的流量特征，因此效果最优的模型一般为采用基于特征工程的机器学习与深度学习模型。

这里我们采用几种不同的回归模型来建模，包括销量预测算法问题的训练目标、评估函数、算法模型、特征工程与实验设计。

（1）训练目标

这里的训练目标是每个单品在未来 30 天的销量。

（2）评估函数

评估函数采用了加权准确率：

$$\text{WMAPE} = 1 - \frac{\sum\limits_{i=1}^{n} |y_i - \hat{y}_i|}{\sum\limits_{i=1}^{n} y_i}$$

其中 y_i 为某 SKU 实际销量，$\hat{y}_i$ 为某 SKU 预测销量，n 为评估的 SKU 数。注意，上式右边的分子为全部预测样本的绝对误差之和，分母为全部预测样本的真实值之和，对于固定的验证样本集合来说是一定的。所以，该评估指标会偏向头部和腰部商品的预测结果。

（3）算法模型

GBDT（Gradient Boosting Decision Tree，梯度提升树）：是一个以回归树模型为基本单元器、以 Boosting 为框架的集成学习模型。GBDT 具有既可做分类任务又可做回归任务、对数据特征的尺度不敏感、可自动填补缺失特征、可以做特征筛选、效果较为突出等几大优点，是传统机器学习算法在工业界最为流行的算法之一，并且在各大数据竞赛中大放异彩。

LightGBM：LightGBM 是对 GBDT 的高效实现，由微软提供。LightGBM 原理上与 GBDT 类似，均采用损失函数的负梯度作为当前决策树的残差近似值，去拟合新的决策树。LightGBM 具有更快的训练效率、更高的准确率、可以直接支持 ID 类特征的特点。

Wide&Deep：Google 在 2016 年提出的一类用于分类和回归的深度学习模型，目前在 Google Play 应用商店的推荐场景中有使用。Wide&Deep 模型的核心思想是结合线性模型的记忆能力（Memorization）和 DNN 模型的泛化能力（Generalization），在训练过程中同时优化两个模型的参数，从而达到整体模型的预测能力最优。在销量预测任务中使用 Wide&Deep 模型，既可以加入传统特征工程，又可以把 ID 类特征引入模型中，在训练中自动学习 Embedding，且受益于 DNN 类模型较强的拟合效果，达到更准确的预测效果。

（4）特征工程

销量预测建模过程中使用的特征工程如图 1-22 所示。

1）类别型离散特征（Categorical Feature）：GBDT 类的模型在销量预测等回归问题中一般有着非常好的效果，但是对大规模的稀疏特征及离散的 ID 特征支持并不好，而在电商中，单品有着大量的 ID 特征，如类目 ID、品牌 ID、店铺 ID 等，因此这里我们将 ID 特征预先处理成连续的 Embedding 特征。这里采用了经典的 item2vec 方法：基于用户在电商上的行为序列，如用户在类目上的序列 cate1..cate2..cate3.. cateN，采用 word2vec 的训练方法 SGNS（Skip-Gram + Negative Sampling），将有用的 ID 特征均 Embedding 到一个低维向量（这里为 8 维）中，再当作商品的连续特征输入到后续的模型里。对于 DNN 类的模型，如 Wide&Deep，可以直接将 ID 类特征连结一层 Embedding 层，端到端地训练出 ID 的 Embedding。

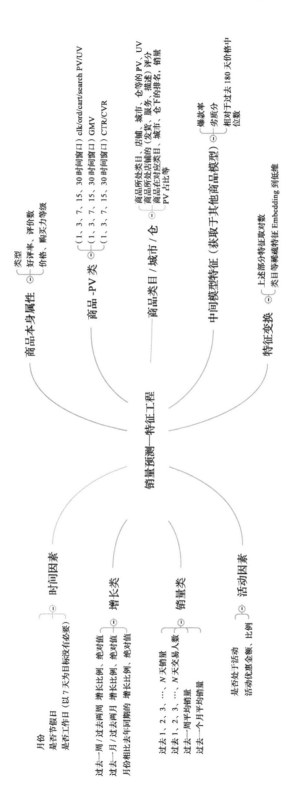

图 1-22　预测特征工程

2）比例类特征：在商品的静态特征中，为了反映商品的趋势或效率，我们会用到大量的比例类特征，如增长率、CTR、好评率等。比例类特征会涉及分子分母的量纲问题，如单品粒度的增长率（商品本周比商品过去一周销量）特征。对于商品 A，从 100 增长到 150，增长绝对值为 50，增长率为 1.5；对于商品 B，从 1 增长到 5，增长绝对值为 4，增长率为 5。在这样的情况下，直接使用增长率作为特征，会产生量纲变化过大的问题。下面介绍两种方法来处理这种问题。

方法一：贝叶斯平滑

贝叶斯平滑的思想是，在分子分母上分别加一个先验的常数，该常数可以由整体数据集的均值统计出来：

$$\text{Feature}_{\text{Growth}} = \frac{m}{n} = \frac{m+k}{n+k}$$

对于模型的均值来说，本周与过去一周销量均值均为 100，对于上述的两个商品，A 商品由 100 增长到 150，增长率 $\frac{150}{100} \to \frac{150+100}{100+100} = 1.25$；B 商品由 1 增长到 5，增长率 $\frac{5}{1} \to \frac{5+100}{1+100} = 1.04$。这样得出新的增长率分别为 1.25 和 1.04，可以将增长率拉回到一个平滑且可比的水平。

方法二：威尔森区间下界

威尔森区间下界一般用于点击率、好评率等统计特征，其思想为计算以 95% 的概率落入区间 [A, B] 的特征的比例，并以该区间的下界作为该特征取值，计算公式如下：

$$\frac{p + \frac{1}{2n}z_{1-\frac{a}{2}}^2 \pm z_{1-\frac{a}{2}}^2 \sqrt{\frac{p(1-p)}{n} + \frac{z_{1-\frac{a}{2}}^2}{4n^2}}}{1 + \frac{1}{n}z_{1-\frac{a}{2}}^2}$$

其中 p 为好评率或点击率，n 为样本量，z 为置信水平的 z 统计量 1.96。

（5）实验设计

预测未来 30 天的销量，即需要构建商品在当前的特征情况下，未来 30 天销量为 label 的样本。这里要注意业务日期的穿越问题，即测试样本与训练样本要严格按时间分割，而不能使用常见的 K-Folds Cross Validation，即测试样本的特征日期要大于训练样本的 label 日期，这样才符合真实的业务场景。例如，在 7 月 1 日预测未来 30 天的商品销量，能拿到最近的训练样本是以 6 月 1 日至 6 月 30 日的商品销量为 label 的样本。

训练样本：特征 2019.6.1，label 2019.6.30

测试样本：特征 2019.7.1，label 2019.7.30

基于准确的特征与样本构建情况下，我们就可以评估不同模型和参数的效果，且均可保证与线上实际效果一致。在我们的实验里，采用了下面几种方法。

- ❑ Baseline（基线）：基于规则的方法，即直接拿商品过去 N 天的销量当作商品未来 N 天的销量。
- ❑ GBDT：梯度提升树的方法，主要采用统计特征和预训练的 Embedding 特征。
- ❑ DNN：这里采用了 Wide&Deep 方法，Wide 侧为统计特征归一化之后的特征，Deep 侧为归一化的统计特征结合 ID 类特征的 Embedding。

在我们的实验中，GBDT 方法的预测准确率比 Baseline 提升 18%，Wide&Deep 方法的预测准确率比 GBDT 方法提升 2%。

3. 时间序列模型场景应用

供应链仓级别的销量预测的目的为预测某个仓未来一段时间内每天的销量，属于单一曲线未来 N 个时间点的销量预测，即一个时间序列的预测问题。传统的统计学时间序列方法，特点为通过参数的学习，将一条序列拆解为趋势性＋季节性＋噪声波动几部分。一般仅考虑序列本身的特征，而较少考虑外部因素，具有人工工作少、建模迅速、参数都为自动学习的优点，且可解释性效果较好。缺点为理论较为复杂，同时泛化性较差。不同于大家熟悉的复用在所有序列上的机器学习模型，统计时间序列一般需要针对每一条序列单独建立一个模型（即学习一套模型参数）。下面我们简单介绍 ARIMA 和 Holt-Winters 这两个经典的时间序列方法及其在业务中的效果。

（1）ARIMA

ARIMA 方法是一种结合了 AR（Auto Regression，自回归）和 MA（Moving Average，移动平均）的经典时间序列方法。下面简单介绍我们的建模实践。

y_t：时间序列的观测序列。

e_t：未观测到的白噪声序列。

AR(p)（Auto Regression，自回归模型），下个预测值是前 p 个观测值的线性组合：

$$y_t = \alpha_1 y_{t-1} + \alpha_2 y_{t-2} + \cdots + \alpha_p y_{t-p} + e_t$$

其中，e_t 是白噪声序列。MA(q)（Moving Average，移动平均模型），下个预测值是白噪声序列前 q 项的线性组合：

$$y_t = e_t - \beta_1 e_{t-1} - \beta_2 e_{t-2} - \cdots - \beta_q e_{t-q}$$

可逆 MA(q) 过程可以转成 AR 过程，同时在之后求解参数时会求出每一项噪声序列。

ARMA(p, q)，自回归移动平均模型，是 AR 与 MA 的结合：

$$y_t = \alpha_1 y_{t-1} + \alpha_2 y_{t-2} + \cdots + \alpha_p y_{t-p} + e_t - \beta_1 e_{t-1} - \beta_2 e_{t-2} - \cdots - \beta_q e_{t-q}$$

P 阶 AR 和 q 阶 MA 均要求序列平稳（不随时间改变的均值与方差）、可逆。

ARIMA(p, d, q)，差分自回归移动平均模型：先将序列进行 d 阶差分，使序列平稳，再执行 ARMA(p,q) 模型。

差分：消除趋势性、季节性。

$\Delta y_t = y_t - y_{t-1}$　　前后 1 个时间窗口的差分消除趋势性。

$\Delta y_t = y_t - y_{t-s}$　　前后 s 个时间窗口的差分消除季节性。

ARIMA 模型建模步骤如下：

- 差分使序列平稳，差分次数 d 由人工观察序列的趋势性和季节性来确定；
- 模式识别 ARMA(p, q)，人工定阶通过观察自相关 ACF 与偏自相关图 PACF，自动定阶通过 grid search(p, q) 计算模型 AIC 与 BIC 最小的参数（auto arima）；
- 参数估计：识别回归项的系数，方法有矩估计、最小二乘法等；
- 残差分析：残差 = 预测值 - 真实值，判断残差是否为白噪声序列；
- 预测：根据模型的递推公式预测未来每一步的值。

（2）Holt-Winters

Holt-Winters 方法即三次指数平滑的方法，将一条序列分解为历史各个时间点的加权递推。

（3）业务算法效果

业务场景为预测 40 多个仓，每个仓未来 7 天和 30 天内每个时间点的 GMV。对比的方法包括如下几种。

- Baseline：周同比。拿过去星期同比的 N 个时间点的平均值当作未来 N 个时间点的预测，如预测下周四的销量时，使用过去 4 个周四的销量的均值。
- ARIMA/Holt-Winters：经典的时间序列模型。
- 多模型 ensemble：这里模型的 ensemble 方法借鉴 AdaBoost，对模型的历史权重和本次误差做平衡加权。

$$\alpha_i = \frac{1}{2} \ln \frac{1 - \varepsilon_i^2}{\varepsilon_i^2}$$

$$Z = \sum_i \lambda_i \mathrm{e}^{\alpha_i}$$

$$\lambda_i = \frac{\lambda_i \mathrm{e}^{\alpha_i}}{Z}$$

其中，ε_i 为模型 i 预测的误差，α_i 为基于模型 i 的误差计算该模型的权重，误差 ε_i 越小的模型，话语权 α_i 越大。Z 为归一化因子表征所有模型的总加权权重（基于模型当前归一化权重 λ_i 和话语权计算得到），λ_i 为模型 i 在当前的归一化加权权重。

图 1-23 展示了各种方法的对比效果，在时序预测问题上，周同比已经是个较强的 Baseline。在我们的实验里，Holt-Winters 单模型可以比 Baseline 准确率提升 2.4%，

ARIMA、Holt-Winters 与周同比多模型的 ensemble 可以比 Baseline 准确率提升 6.7%，达到较好效果。

至此，我们总结了在新零售业务中常见的销量预测问题的解决方法，介绍了单品维度的基于回归机器学习模型的销量预测，以及聚合维度如仓维度、类目维度的基于时间序列的预测模型。

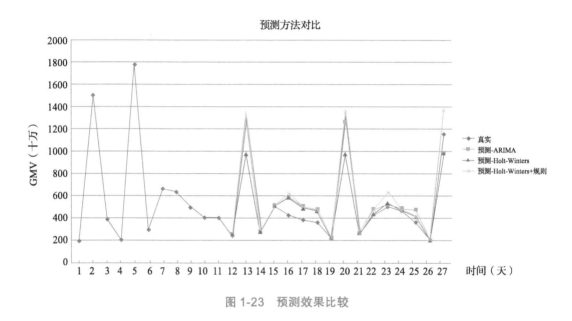

图 1-23　预测效果比较

1.3　场——内容

目前互联网趋向于内容化发展。社区化和内容化是未来电商吸引用户、争取用户停留时间的主要手段。越来越多的导购网站聘请有经验的运营达人、写手生产详细的商品文案数据，来引起用户对商品的兴趣。但是对于像阿里巴巴网站这种商品数量上亿的公司来说，运营人员人工写作内容生成能力无法匹配商品的新增速度。尤其对于目前的 1688.com 导购场景，对内容化文案的沉淀比较稀缺，急需通过算法的手段，丰富商品的营销内容，抓住用户的眼球。

为使买家的搜索词尽可能多地匹配到自己的商品标题，卖家在设计商品标题时往往会罗列多项相关的热搜词，这导致商品标题不够通顺，且缺少用户针对性，对买家缺少吸引力。

目前，淘宝系购物平台主要依靠淘宝达人撰写商品推荐文案以吸引买家，但这项工作需要高昂的人力成本，且对于同一件商品，无法为偏好不同的买家创作有针对性的推荐文案。而 1688 网站作为阿里巴巴 B2B 的平台，面向的用户是以商人为主体的买家，此前在个性化推荐方面数据积累方面处于空白状态，靠人力来填补这一空白并不现实，因此，智能文案生成将在此发挥巨大作用。

1.3.1　智能文案

自然语言生成（NLG）技术已被广泛应用于对话系统、文本摘要、图像描述等领域。自 Seq2Seq 模型提出以来，学术界与工业界都以此为基础做了很多改进，如 Attention（注意力机制）的引入、Copy（复制机制）的触发、Coverage（覆盖度）的限制等。本节以带 Attention 机制的 Seq2Seq 模型为 Baseline（基线）。在训练时，为了保证效率，我们需要压缩词表，一些低频长尾词就会变成 unknown，为了解决这种未登录词的问题，Abigail See 等人提出了 Pointer-Gnerator[⊖]，其本质是带 Attention 的 Seq2Seq 模型与 Pointer network 的融合模型，一方面通过 Seq2Seq 部分保持模型的抽象能力，另一方面通过 Pointer network，按一定概率直接从原文中取词，缓解 OOV（Out of Vacabulary）问题，提高准确度。比如标题中出现的品牌词、属性词，以及当下热点比如抖音、ins 上的新词，在生成推荐文案时就可以直接采用。Pointer-Generator 模型的网络结构如图 1-24 所示，图中 ATT 即为 Attention 机制模块。

模型的编码器部分采用一个单层双向的 LSTM（Long Short Time Memory），输入嵌入式词向量序列，输出编码后的状态序列；解码器部分采用一个单层单向 LSTM，输出解码的状态序列，用于当前步的预测；Attention 是针对原文的概率分布，目的是告诉模型在当前步的预测过程中，原文的哪些词更重要，其计算公式为：

$$e_i^t = v^{\mathrm{T}}\tanh(W_h h_i + W_s s_t + b_{\mathrm{attn}})$$
$$a^t = \mathrm{softmax}(e^t)$$

在计算出当前步的 Attention 分布后，对编码器输出的隐层做加权求和，获得原文的动态表示，称为语境向量：

$$h_i^* = \sum_i a_i^t h_i$$

⊖　Abigail See, Peter J. Liu and Christopher D. Manning. Get to The Point: Summarization with Ponter-Gnerator Networks[C]. In Proceedings of the 55th Annual Meeting of the Association for Computational Linguistics, pp. 1073-1083, July 2017.

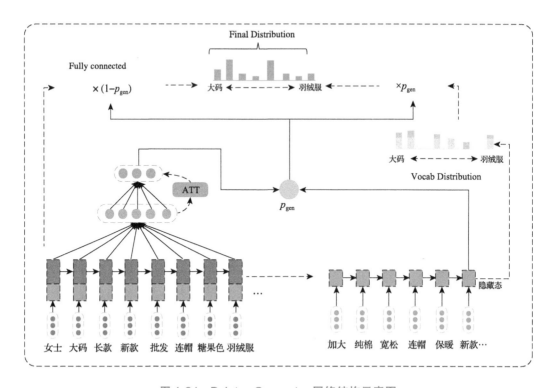

图 1-24　Pointer-Generator 网络结构示意图

Seq2Seq 部分预测得到的词表概率分布由解码器输出的解码状态序列和语境向量共同决定：

$$P_{\text{vocab}} = \text{softmax}(W_h h_i + W_s s_t + b_{\text{attn}})$$

模型最终的词表概率分布，由 Seq2Seq 部分与 Pointer network 部分分别输出的词表分布按概率组合得到，其中，Pointer network 部分的输出直接采用了前面计算的 Attention 分布，实现了参数复用：

$$P(w) = p_{\text{gen}} P_{\text{vocab}}(w) + (1 - p_{\text{gen}}) \sum_{i:w_i} a_i^t$$

其中生成概率 p_{gen} 由预测的每一步动态计算得到：

$$p_{\text{gen}} = \sigma(w_h^{\text{T}} h_t^* + w_s^{\text{T}} s_t + w_x^{\text{T}} x_t + b_{\text{attn}})$$

自然语言生成一直是 NLP 领域比较核心的研究方向，主流的方案都是从机器翻译、摘要生成的方法论中迁移过来的。但是由于文本对齐的方式不一致，盲目迁移这些方法会有以下问题。

- 不同于翻译和摘要生成，文案生成的两端的词对齐有很多发散性的映射，比如"甜美"到"公主风"，这样的匹配会影响文案的生成准确性。
- 传统端到端的生成模型大多采用 Seq2Seq 这种结构，但这种模型在学习过程中会更偏向于生成一种比较保守的结构，缺乏多样性。
- 基于模型生成文案的风格和长度并不是可控的，传统的推演方法很难在Beamsearch（分支查找）的过程中平滑地干预搜索的路径。

基于这些问题，我们提出了一种风格可控的文案生成方法，并落地到 1688.com的导购场景中。

1. 风格可控智能文案

用户自定义的风格化文案生成算法为 CBU 算法团队自研算法，目前已经被计算机领域国际顶级学术会议（CCF A 类会议）WWW 2019 接收，整体算法模型网络结构如图 1-25 所示。

（1）模型迭代

我们前期尝试了很多生成模型作为基线方案，重点关心的问题是准确性、多样性和重复问题，并得到了一定程度的改善，基础版模型是一个 Pointer-generator 的网络，编码器嵌套一个 Text-CNN 提取 n-gram 特征。整个模型的复杂度较高，需要对词向量进行微调，训练难度比较大，对调参的经验要求比较高。所以，我们在此基础上对模型整体做了新的改进，并着重考虑风格控制的切入点。

（2）模型结构

网络整体分 4 个模块：协同编码器、风格分类器、风格控制模块和带复制机制的解码器模块。这 4 个模块共同组成我们的文案生成模型框架如图 1-25 所示。

1）协同编码器（Coordinate Encoder）

为了增加编码器的特征抽取能力，我们使用了两个经典的编码器：变换编码器[⊖]

⊖　Ashish Vaswani, Noam Shazeer, Niki Parmar, Jakob Uszkoreit, Llion Jones,Aidan N Gomez, Łukasz Kaiser, and Illia Polosukhin. Attention is all you need[C]. In Advances in Neural Information Processing Systems, pp. 5998–6008, 2017.

和门控 CNN[⊖]去做特征编码。和传统 RNN 编码器不同的是，这两种编码器都是可以并行运行的，大大提升了编码速度。最近的研究[⊖]表明，一个变换编码器和 RNN 解码器结构的效果会超过一个纯粹的变换编码器结构。CNN 这里是为了更多地提取局部相关性，增加文案生成时的多样性。

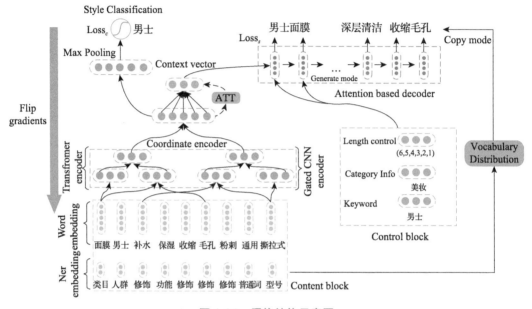

图 1-25 网络结构示意图

2）变换编码器（Transformer Encoder）

变换编码器计算隐状态时主要依赖自注意力机制：

$$h_i^l = h_i^{l-1} + f(\text{self\_attention}(h_i^{l-1}))$$

可缩放点积注意力机制（scaled dot-product attention）是 Transformer 的一个基本的 Attention 计算单元，首先在编码器到解码器的地方使用了多头 Attention 进行连接，K、V、Q 分别是编码器的层输出（这里 K=V）和解码器中多头 Attention 的输入。其实就和主流机器翻译模型中的 Attention 一样，利用解码器和编码器 Attention 来进行翻译对齐。然后在编码器和解码器中都使用了多头自注意力 Self-attention 来

⊖ Jonas Gehring, Michael Auli, David Grangier, Denis Yarats, and Yann NDauphin. Convolutional sequence to sequence learning[C]. arXiv preprintarXiv:1705.03122 (2017).

⊖ Gongbo Tang, Mathias Müller, Annette Rios, and Rico Sennrich. 2018. Why SelfAttention? A Targeted Evaluation of Neural Machine Translation Architectures[C]. arXiv preprint arXiv:1808.08946 (2018).

学习文本的表示。Self-attention 即 $K=V=Q$，例如输入一个句子，那么里面的每个词都要和该句中的所有词进行 Attention 计算，目的是学习句子内部的词依赖关系，捕获句子的内部结构：

$$attention(Q,K,V) = softmax(W_h h_i + W_s s_t + b_{attn})$$

3）卷积编码器（Convolutional Encoder）

CNN 能够并行处理数据，计算更加高效。此外，CNN 是层级结构，与循环网络建模的链结构相比，层级结构提供了一种较短的路径来捕获词之间远程的依赖关系，因此也可以更好地捕捉更复杂的关系。为了保证编码器的输出和输入维度一致，这里在卷积的每一层都加上补齐（Padding），并且在每一层都添加残差单元，保证数据完整性。

$$h_i^l = h_i^{l-1} + f_{cnn}\left(W^l \left[h_{i-\lfloor \frac{k}{2} \rfloor}^{l-1}, \cdots, [h_{i+\lfloor \frac{k}{2} \rfloor}^{l-1} + b^l] \right] \right)$$

ConvS2S 网络选择的便是门控单元（Gated Linear Unit，GLU）[⊖]，其实也就是 ReLu 的一个变种结构，Attention 部分采用的是多跳注意（Multi-hop Attention），也即在解码器的每一个卷积层都会进行 Attention 操作，并将结果输入下一层。

$$f([A,B]) = A \otimes \sigma(B)$$

A 和 B 是层叠卷积网络的输出单元，$\otimes$ 是点乘，门单元 $\sigma(B)$ 可以控制哪些和上下文相关的 A 可以输出到下一层。需要注意的是，和机器翻译中的编码器不同的是，我们的模型没有使用 Position-Embedding 的信息，主要是因为我们的输入数据大多是标签级别的数据，一部分是商品标题结构化的标签数据，一部分是清单级别的关键词标签数据，这些数据本身大多是无序的，引入 Position 信息反倒会引入一些错误的先验知识，影响模型的训练收敛效果。

4）基于注意力的解码器（Attention based Decoder）

重复问题会严重影响文案的生成质量，这里我们使用 Coverage mode 去解决这个问

⊖　Yann N Dauphin, Angela Fan, Michael Auli, and David Grangier. 2016. Language modeling with gated convolutional networks[C]. arXiv preprint arXiv:1612.08083(2016).

题[一]，通过 Coverage 向量 c^t 来记录哪些单词已经在解码阶段被翻译（Cover）过。

$$c^t = \sum_{t'=0}^{t-1} a^{t'}$$

这里 $a^{t'}$ 表示 Attention 的值。初始化的时候，Coverage 的大小为 0，随着解码进行，Coverage 会记录下 Attention 的值的变化。

$$e_i^t = v^{\mathrm{T}}\tanh(W_h h_i + W_s s_t + w_c c_i^t + b_{\mathrm{attn}})$$

Coverage 向量也会在每一个解码阶段影响 Attention 的计算，从而让 Attention 更多地关注那些未被翻译的单词。

Attention 使用的是经典的 Soft Attention 结构，计算方式如下：

$$a^t = \mathrm{softmax}(e^t)$$

另外，谷歌的机器翻译模型[二]给出了 Coverage penalty 和 Length normalization 的计算经验：

$$s(Y,X) = \frac{\log(P(Y\,|\,X))}{lp(Y)} + cp(X;Y)$$

相关细节这里不再赘述。

5）控制模块（Control Block）

控制模块是我们文案生成中的"指挥官"，主要负责对文案生成样式的干预，这里的控制主要关注 3 个方面：风格控制、长度控制、类目控制。

风格控制主要使用风格关键词来进行语义的干预。这里的风格借助的是 Alinlp 工具包的电商命名体识别来抽取的电商风格、材质等修饰词。在模型中，风格关键词和输入的词表共享 Embedding 空间。值得注意的是，这里我们在每个单词的 Embedding 上加入了一些词的命名体识别信息 Ner：

$$k_i = E_{ki} + \mathrm{Ner}_{ki}$$

———————————

⊖ Abigail See, Peter J Liu, and Christopher D Manning. Get to the point: Summarization with pointer-generator networks[C]. arXiv preprint arXiv:1704.04368(2017).

⊖ Wu, Yonghui, et al. Google's neural machine translation system: Bridging the gap between human and machine translation[R]. arXiv preprint arXiv:1609.08144 (2016).

在长度控制上，用向量 L 表示每个 Inference 的单词到文章结尾 <EOS> 的距离。假设我们要生成的文案长度是 n，那么 L 可以表示为：

$$L=(L_0, L_1, \cdots, L_i, \cdots, L_n)$$

这里 L_i = distance(i, <EOS>)，表示的是第 i 个单词到结尾的距离。在解码阶段，L_0 初始化为 n，之后在每个 timestep 阶段，L_i 的值会依次减一，告知模型离结束的距离越来越近，这样相当于将长度信息作为先验知识灌入模型中去，使得解码阶段能够平滑地进行语句的收尾，而不会有明显强制截断的痕迹。

对于类目控制和风格控制，我们主要也是通过在解码阶段截断引入外部信息进行干预：

$$p_{gen} = \sigma(w_i^T C_t + w_s^T S_t + w_x^T x_t + w_L^T EL + w_{cate}^T \text{cate}_t + w_k^T k_t + b_{attn})$$

6）分类模块（Classification Block）

文献[一]提出了一种通过在梯度上取反数的方法来更新网络参数，从而使网络向远离优化目标的方向更新。Loss_S 和 Loss_C 是两个不同预测任务的损失函数，S 表示的是文案生成的 Loss，C 是风格分类的 Loss，这样我们就将两个损失函数组合成一个多任务学习的任务：$\text{Loss}=\text{Loss}_S + \text{Loss}_C$。分类任务的损失函数 Loss_C 可以表示为：

$$\text{Loss}_C = \mathbb{E}_{h^i \mathcal{H}}[-\log p_c(k_j | h^i)]$$

k 是风格关键词，表示输入描述的风格。不同的是，在做梯度回传的时候，将编码部分回传的梯度进行反转，这表明我们的网络虽然在预测风格，但是编码偏向于学习一种和风格无关的表示，我们希望这样的训练模式可以帮助我们获得一个 Style-invariant 的编码向量表示。然后可以利用这个 Pure context 向量去生成指定风格的文案。

（3）风格控制

目前我们也在做基于 VAE（Variational AutoEncoder，变分自编码器）的风格剥离相关的技术迭代，主要思路是通过 VAE 分离类目、风格和文案内容之间的关系，

⊖　Shai Ben-David, John Blitzer, Koby Crammer, and Fernando Pereira. Analysis of representations for domain adaptation[C]. In Advances in neural informationprocessing systems, pp.137–144, 2007.

从而在采样的过程中，依据不同风格或者类目的条件生成不同类型的文案。目前已经有了一些工作上的初步产出，效果如图 1-26 所示。

韩版连衣裙榜	韩版 宽松 学生 连衣裙，秒变 韩剧 女主	韩版 羊绒 针织 连衣裙，时尚 又 减龄
韩版连衣裙榜	韩版 宽松 学生 连衣裙，秒变 韩剧 女主	韩版 春季 连衣裙，穿出 可爱 气质
韩版连衣裙榜	韩版 宽松 学生 连衣裙，秒变 韩剧 女主	韩版 春季 连衣裙，特显 知性 气质
韩版连衣裙榜	韩版 宽松 学生 连衣裙，秒变 韩剧 女主	韩版 春季 连衣裙，穿出 可爱 气质
韩版连衣裙榜	韩版 宽松 学生 连衣裙，秒变 韩剧 女主	韩版 连衣裙，穿出 不一样 的 自己

图 1-26　风格化文案示意图

变分自编码机可以通过输入一个低维空间的 Z，获得映射到高维空间的真实数据。它的本质是在我们常规的自编码器的基础上，对编码器的结果加上"高斯噪声"，即 KL-loss 那部分的正则项，使得结果解码器能够对噪声有鲁棒性。损失函数如下：

$$\mathcal{L}(\varphi, \theta; x) = -D_{KL}(q_\varnothing(z|x) \| p(z)) + \mathbb{E}_{q_\varnothing(z|x)}[\log p_\theta(x|z)]$$

值得注意的是，VAE 本身就有一个重采样的过程，这一步的随机性会大大提高文案生成的多样性。

在样本数据上，我们整理了比较丰富的文案数据，经过了比较复杂的数据清理工作，因为本身训练样本的数据质量会严重影响最终生成文案的质量。这里的处理主要包括源达人数据的解析、脏语料的剔除、异常字符的过滤、长度的限制、无关语料信息的过滤等，另外还有一些风格化的命名体识别和标注工作。最终我们的样本数据有以下 7 种类型：商品短亮点、商品长亮点、商品设计亮点、商品功能效果、商品材质解析、商品特征、商品品牌信息。

此外，在模型的训练上，我们并没有使用阿里巴巴机器学习平台 PAI 上的分布式框架，而是使用基于 Model Average 参数共享的分布式结构，因为对 NMT 模型的收敛效果不是很好，需要较多的调参经验，所以最终我们在模型训练上维持单 worker 的训练方式，对 500 万条训练语料，大概 4 天完成数据的训练。需要注意的是，在以 batch 方式注入语料的时候，需要尽可能将长度接近的样本输入模型里，同时又要保证连续 batch 中文案的多样性，比如跨类目。这样能帮助我们的模型减少 pad 的数目，更快地收敛。

（4）文案生成样例

风格控制的文案生成如图 1-27 所示，左边为关键词信息，右边为生成的文案。

标　　题	风　格	文　案
羊毛呢 毛领 时尚 斐女 大衣 大码 外套 厚 连帽	爆款	这才是爆款的正确打开方式
	折扣	年末折扣大作战，毛领大衣来帮你
	简约	连帽棉服，简约不单调的穿搭
	小公主	大毛领外套，做个温暖系的小公主
伊利 原味 发酵乳 安慕希 常温 早餐 营养	爆款	爆款网红爆款食品，赶紧来囤吧
	折扣	这些国产零食，折扣仅限双11（920）优惠
	瘦身	这样吃，不仅瘦身还能美容养颜
	儿童	儿童营养早餐，牛奶花生牛奶吐司杯

图 1-27　风格控制示意图

长度控制的文案生成如图 1-28 所示，这里的长度控制主要基于词的个数。

商品标题	阳台 户外 藤编家具 别墅花园 组合 休闲 圆床 藤条 躺床 沙发
词数：5（含标点）	复古 的 中式 风格
词数：10	这 款 休闲 圆床 藤条 藤编家具 组合 休闲 沙发
词数：18	经典 的 中式 传统 风格 的 一款 沙发，整体 造型 简约 大气，非常 适合 小户型
词数：19	经典 的 中式 传统 风格 的 一款 沙发，整体 造型 设计 简约 大气，非常 百搭
词数：20	经典 的 中式 传统 风格 的 一款 沙发，整体 造型 简约 大气，彰显 时尚 品位

图 1-28　长度控制文案示意图

这样，基于不同的业务需求，我们可以通过模型参数对生成的文案样式进行控制，让生成的文案更贴近业务的要求。

2. 智能文案业务应用

目前智能文案在 1688 网站已经落地到很多场景，主要涉及的文案类型有两种：

❑ 短标题文案（榜单短标题）
❑ 长亮点文案（商品推荐理由）

在各个业务中，如图 1-29 所示，智能文案对 1688 网站导购场景的内容丰富化起到了画龙点睛的作用。文案主要输出在场景短标题和商品描述中，对于标题内容，尤其类似榜单这种场景，我们通过榜单的关键词信息对榜单文案风格进行控制，形成一套自己的基于细分市场的聚类算法构造 1688 网站的榜单。

大促当天榜单在预热期进行了智能文案与模板文案的 A/B 测试，测试结果表明，智能文案的累积点击转化相比模板文案提升 10% 左右。

商机场景围绕 1688 网站商品力中的趋势力场景展开，2018 年主要围绕商机日报场景做了一些内容方面的生成，在生成的基础上，我们嵌套一些具有 B 类特色的模板文案。在接下来 1688 网站商品趋势力 2.0 的项目里，我们会围绕更多的趋势热词，去生成一些类型更丰富、更契合潮流的文案。

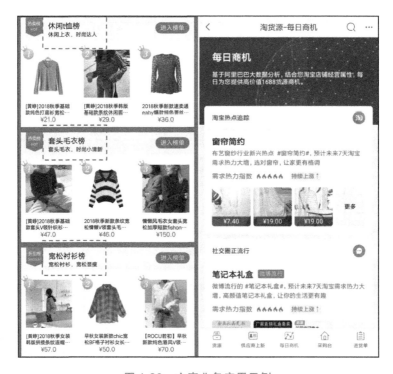

图 1-29 文案业务应用示例

必采清单的定位类似于淘宝系的必买清单，主打富有价格力的商品，通过在清单页展示商品的亮点文案，吸引买家的眼球，提高导购场景的点击转化，页面呈现如图 1-30 所示。

以上是智能文案生成在业务场景的落地情况，我们同时也在文案标签化方面做了一些比较有意思的工作。

1.3.2 文案标签化

文案的生成过程，其实就是通过 Seq2Seq 的结构，构建一种基于上下文的语言模型，其实质是将单词到单词的映射关系，通过上下文预测接下来的单词，以某种形式进行组合，且符合当前语料中语法的习惯。值得注意的是，我们的网络中存在 Attention 的结构，这一层实际上表明的就是解码时，编码器端标题中每个词对当前步骤生成文案的词的贡献程度，当前步骤中某个词关注度越大，说明这个词和预测出的文案词相关度越高。

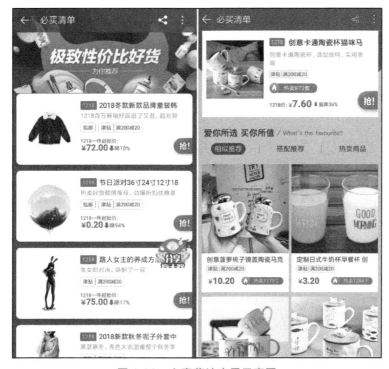

图 1-30　文案落地应用示意图

我们设想通过训练好的文案模型，对 1688 网站商品生成文案，并记录下每个文案生成过程中的 Attention 矩阵。我们希望找到淘宝系达人文案中的热点词和 1688 网站商品中关键词的映射关系，从而勾选标签市场的选品 tag2tag 的关系。具体逻辑如图 1-31 所示。

首先我们通过新词发现方法，挖掘出达人文案中的新词或者组合新词搭配，如"宫廷风格""潮人百搭"等。然后，基于这些词汇通过 Attention 矩阵找到每个解码器对应的 Top1 的标题关键词（即将 Soft Attention 转化为 Hard Attention，方便 tag2tag 矩阵的构建），以此建立 tag2tag 的关系。对于这些标题标签词，以文案关键词作为 key 组装解码器，计算 tf-idf 作为权重，再构建出标签加权的 word2vec 值，以此作为标签的向量进行商品召回。分解结果权重如图 1-32 所示。

图 1-31　Attention 分解示意图

图 1-32　Attention 分解结果

图 1-33 所示为最终上线到 1688 网站淘货源的标签市场场景，左边标签列为从达人文案中挖掘的新词，右边为通过达人词汇的 Attention 向量召回的商品。

图 1-33　Attention 向量召回结果

这种标签联想的召回方式不同于以往的关键词召回或者主题召回，而是一种语言模型上的语义召回，附加的商业价值是针对达人数据中的新词及时发现市场上可以挂载的商品，构建热点市场。

1.3.3　模型工程优化

1. 单 GPU 多 Worker 分布式预测

借助集团 PAI 平台的系统能力，我们对模型预测的效率进行了优化，因为之前文案在预测时只能单步执行，预测效率比较低，一次生成一条文案并写入 IO 会非常耗时。套用 TensorFlow 分布式训练的架构，采用多 Worker 的方式，但因为 Inference 时没有梯度同步的概念，Worker 间不再需要进行通信，所以可以去掉 PS（Parameter Server，参数服务器）的功能。目前使用 10 个 Worker 的方式训练，分片读写数据，效率上比之前快了 10 倍，解决了离线上生产文案较慢的问题，100 万个榜单文案可以在一天内生产完成（由于计算资源的限制，我们维持在 10 个 Worker 进行离线文案的增量生成，这种方案的生产速度会随着 Worker 数量的增加而提高）。

2. Beam Search 图化

因为我们的模型有很多自定义的算子，比如 Attention 的计算、解码中 Pointer 模型的复制概率计算，以及 Coverage model 的计算，所以在 Inference 时有比较复杂的计算逻辑。在之前的模型 Inference 中，我们采用的是单步的方式解码，每次解码只执行一个步骤，通过之前步骤的结果，选择当前步骤中后验概率最大的结果。这种方式会大大限制模型 Inference 时的效率，如果解码长度为 8，就需要执行 8 次图，且 Beam Search 中间搜索的执行是在 Python 中进行的，在 CPU 和 GPU 中数据的切换会降低 Inference 的速率。

为解决这个问题，我们通过将 Beam Search 的方法写进 TensorFlow 图里，将搜索过程图化以降低 Inference 的时间。对比图形化前后的响应时间（Response Time，RT），速率提升将近 2 倍，效果十分明显。

1.3.4　展望规划

智能化文案目前还停留在文案的生成层面，阿里电商生态中有大量的用户行为数据，这些数据在搜索推荐中发挥着巨大的作用。将用户的行为合理地加入文案生成的过程一直是我们在不断努力深挖的方向，目前我们构想的目标如图 1-34 所示。

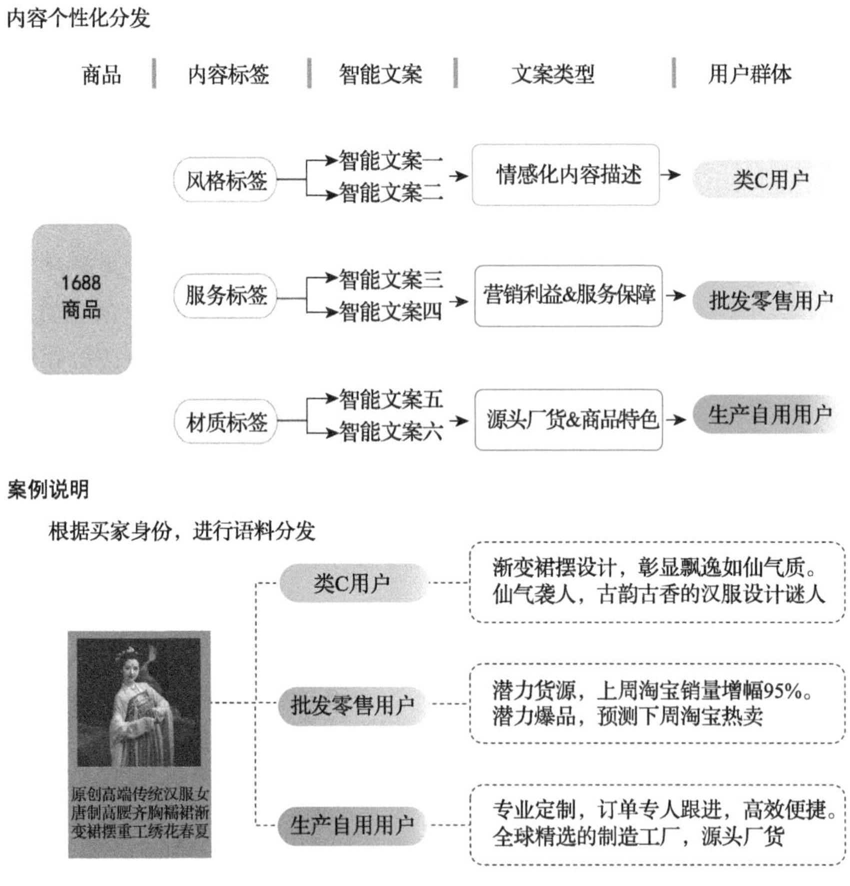

图 1-34　未来规划示意图

我们希望借助 1688 网站商品标签体系，根据不同的用户身份类型，生成不同类型的文案，依托源头厂货的大方向，为特定用户打造不同类型的文案。这里也希望可以在内容知识层面上借助集团其他团队的力量，共同构建 1688 网站的 B 类内容化平台。

1.4　商——企划

供需关系是新零售的重要一环，随着电商的无线化、多元化发展，传统的零售行业经验无法应对新业务发展的需求，如何引导工厂上货、备货及生产制造成为电商平台需要帮助中小企业解决的主要问题。

1.4.1　品类规划定义

品类规划是一种零售企划解决方案，商家在了解和把握消费者需求的基础上，把商品品类作为经营单位，通过分析销售数据和市场数据，寻找适合自己的个性化商品经营方案。品类规划是高效消费者回应（ECR）的重要策略之一，是扩大需求、最大化资源的重要手段。

首先来了解一下品类是什么。品类即商品的分类，一个分类代表消费者的一种需求，它是类目体系的延续和细化。电商平台的类目体系通常包括 3 级类目，例如：第一级为服饰、第二级为女装、第三级为连衣裙。对于越来越精细化发展的消费者运营，这种粗粒度很难完成品类细分。因此我们通过算法模型挖掘各个类目的关键属性，通过组合关键属性和类目定义出消费者强诉求的机会市场，即品类。举例来说，通过建模消费者的浏览和购买行为，用决策树模型挖掘影响消费者购买决策行为的关键属性，如挖掘出"连衣裙"类目下的 30 元价格和碎花，那么定义出的机会品类就是 30 元价格 – 碎花款 – 连衣裙，这样就可以从价格和款式细粒度维度定义商品，更贴合消费者意图。

下面介绍几个关于品类的基本概念。

品类评估：水这个品类又可以分为矿泉水、矿物质水等，矿泉水又可以细分为不同的品牌、不同的功能，针对消费者对品类需求的偏好及消费者特征等，对品类进行更好的评估，从而优化商品结构，实现更高的利润。

品类策略：通过找到哪些品类最受消费者喜欢，进一步决定采用何种策略来提升竞争力，比如增加顾客购买次数、吸引更多人群、增加留存的时间等。

品类战术：包括高效的产品组合、相似、关联，高效的定价与促销，高效的新品引进等。高效产品组合的目的是增加产品的多样性，降低产品的重复性。

品类实施：根据不同品类的利润贡献率或者策略重要性，可以将商品分类为最优选、满意选、较佳选和一般选 4 种。最优选品类即持续令顾客有物超所值的感觉的品类；满意选品类即能持续令顾客有满意的感觉的品类；较佳选品类即能让顾客有不吃亏的感觉的品类；一般选品类即令顾客感觉还算差强人意的品类。

基于消费者需求对整个平台的各个层级品类的交易规模、交易增长速度、商家/商品规模、买家规模等维度进行宏观分析，就能够更好地判断哪一个品类更适合消费者需求。品类宏观分析的定性，需要有参照物，各个细分品类分析的参照物就是其父品类。父品类表示整个品类的市场规模，子品类表示该品类整个市场的一部分。有了参照物，就能够分析出哪个子品类是更优秀的。图 1-35 是一个饮料品类示例，其中对饮料品类进行了结构化细分（示例仅供参考，非真实数据）。

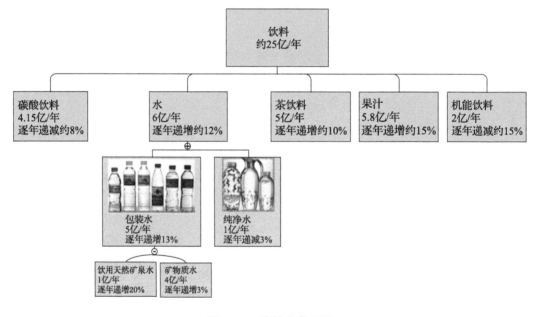

图 1-35　饮料品类示例

通过这样的结构化分析，我们可以知道水在整个饮料市场的占比和市场增速，通过波士顿矩阵（稍后介绍）可以来定性评估该市场属于优质、成熟、新兴、问题市场中的哪一类。比如图 1-35 显示饮用天然矿泉水市场份额为 20%，但增速为 20%，那么这块市场就是一个新兴市场。

品类结构化分析的合理性基于以下几点：

❑ 品类是基于消费者需求来进行分类的，每一类代表了消费者的一个需求，代表了一个市场；

- 市场具备一定交易规模、商家规模和买家规模；
- 市场的定量和定性评估是以总的市场作为参照物进行的，对比强烈，从宏观分析角度看比较客观合理。

1.4.2　波士顿矩阵

波士顿矩阵（BCG Matrix），又称市场增长率 – 相对市场份额矩阵、波士顿咨询集团法、四象限分析法、产品系列结构管理法等。通过分析该矩阵，能够掌握产品结构的现状，预测未来市场的变化，进而有效合理地分配企业经营资源。淘宝、天猫目前已经基于波士顿矩阵实现了品类评估，1688 平台也会构建与本平台相符的波士顿矩阵来实现品类评估。

利用波士顿矩阵可以定量和定性地分析出哪些商品是高增长且具有潜力的，哪些商品是有问题的。在品类规划上，波士顿矩阵的本质是从消费者需求的角度来分析品类。

品类划分会根据不同平台提供不同的方法，如波士顿矩阵的 X、Y 轴，可以根据不同平台的需求进行不同的定义，也可以通过几个波士顿矩阵的分析从不同角度来分析市场。1688 平台波士顿矩阵的 X、Y 轴根据 B 类特色进行自定义，甚至可以考虑下游淘宝、AE、天猫市场的情况，叠加本市场的评估结果。

波士顿矩阵的 X、Y 轴的出发点可以基于以下 3 个问题来考虑。

- 选品导向，是以 GMV 为导向，还是其他偏好？
- 我们最期望将什么产品展示给用户？
- 我们最不希望将什么产品展示给用户？

这 3 个问题会随着平台的不同发展阶段而变化。我们可以带着这 3 个问题来构建波士顿矩阵。此外，波士顿矩阵可以是多个，分别从不同的角度来进行分析。

1.4.3　CBU 品类规划

CBU 平台（1688.com）品类规划是基于经典的品类规划方法论实现的，以市场作为商品分类的依据。市场是存在供需关系的商品集合，在"行业＋一级类目"下由算法进行聚类分析。该项目提供了品类定义、品类评估、品类决策、品类运营和上下游联动分析等功能，通过建立基于品类的宏观数据分析方法，并结合上下游的联动分析，为平台用户提供了具有良好商机的机会市场以及对风险市场的预警，帮助运营构建了更加丰富、精准的营销场景，为 CBU 平台提供了数字化与智能化运营的能力。

该平台目前主要面向运营"小二"，帮助运营人员发现市场。通过市场评估以及结合上下游市场的对比分析，为运营人员提供潜在的机会市场发掘、风险市场预警，并基于市场提供多个维度的分析，包括市场—人群、市场—地域、市场—价格带、市场—生命周期、上下游市场联动，为运营提供数字化决策的能力，帮助运营实现精准的营销场景搭建。CBU 平台品类规划的主要流程如图 1-36 所示。

品类 & 市场定义、品类 & 市场评估、下游市场对接是品类规划平台的基石，同时也会围绕买家、商品、市场三者进行联合闭环构建，保证数据流的前后端运转，以及市场的正向反馈和反向牵引，如图 1-37 所示。

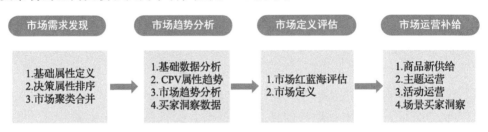

图 1-36　品类规划主要流程

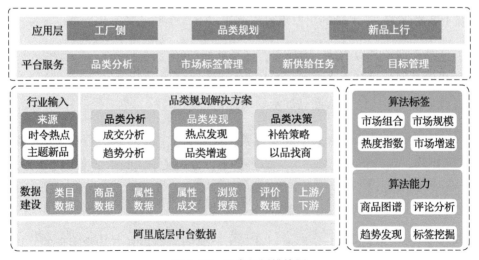

图 1-37　品类规划模块图

1. 市场定义

市场是存在供需关系的商品集合，它是介于单个商品和类目之间的抽象数据结构。我们所定义的市场是一些类似商品的集合（拥有一组共同的属性，如图 1-38 所示），但较类目具有更明确的市场运营导向，例如，"公主范连衣裙"是各式各样偏可爱风格的连衣裙商品的抽象，又较一级类目（女装）有明确的运营抓手。市场划分的方法目前有类目＋属性、算法聚类。市场是在"行业＋叶子类目"下发现的，算法会通过分析商品的标题、属性等信息定义品类，使用品类＋风格／材质等关键属性来定义市场，这里我们用 CPV（Category + Property + Value）表示。通常一个市场的 CPV 在一定时期内是比较稳定的，比如短袖连衣裙市场，在 4～9 月间商品、卖家在一定程度上稳定。

市场定义通过算法产出，输入为商品、类目、Query、类目映射，输出为市场和商品的关系。这里的一级类目是行业下的一级类目，此外，标签包含一个"品类"标签。市场一般存在多个标签，但是也存在单标签市场，即只包含品类的标签。

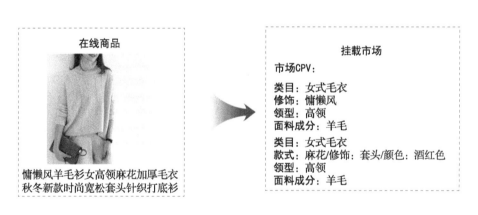

图 1-38　市场组成

市场是通过算法进行海量文本聚类生成的。我们使用的语料包括站内庞大的终端用户搜索 Query 日志、海量的商品成交日志、商品标题、商品属性、用户行为等，具体流程如图 1-39 所示。

2. 市场评估

市场评估是在"行业＋一级类目"这个大的范围内进行分析的，即分析对比的范围为 1688 二级类目下的所有商品交易规模，这意味着所有的市场定性是在 1688 二级类目范围下来实现的。市场评估基于波士顿矩阵方法，波士顿矩阵的 X、Y 轴的取值为 0~1，0.5 为中值，通过中值划分为 4 个象限，图 1-40 所示为一个示例。

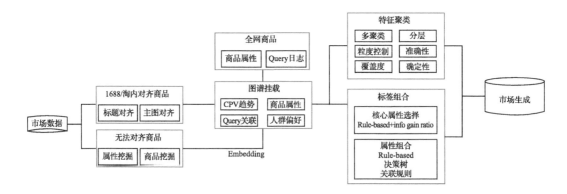

图 1-39 市场生成流程图

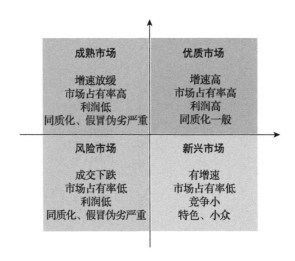

图 1-40 市场评估策略

（1）基础函数

为了清晰地进行指标对比，需要对不同域的数值进行标准化。

标准化函数：

```
func_scale(A) { (A-avg(A))/std(A) }
```

异常值处理函数：

```
func_outlier(A) {
    if A is null then null
    if A >= avg(A) + 3*std(A) then avg(A) + 3*std(A)
    if A <= avg(A) - 3*std(A) then avg(A) - 3*std(A)
    else A
}
```

min-max 转换并映射到 [−1, 1] 区间：

```
func_min_max(A) = 2 * [A - min(A)]/[max(A) - min(A)] - 1
```

（2）X、Y 轴计算方法

假设 X 轴有 x1, x2, ⋯, xn 几个指标。每一个市场 X 轴的值计算方法如下。

❑ 对 N 个基础指标分别进行标准化，然后取算数平均值，得到 X_1：

$$X\_1 = \{func\_scale(x1)+func\_scale(x2)+\cdots+func\_scale(xn)\}/n$$

❑ 对 X_1 进行边界值处理，将超出 3 个标准差的部分均置为边界值，得到 X_2：

$$X\_2 = func\_outlier(X\_1)$$

❑ 对 X_2 做 min-max 转换，把值映射到 [−1, 1]，空值部分直接置为 1：

```
case when X_2 is null then 1
    else func_min_max(X_2)
end as X_index
```

类似地，可以计算每一个市场 Y 轴的值。

（3）定性计算

函数说明：rank(X, desc)，将列 X 倒序排列；n()，参与排序的总样本数。

X 轴分位：rank(x_index,desc)/n()

Y 轴分位：rank(y_index,desc)/n()

优质市场：X 分位 ≤ 0.5 且 Y 分位 ≤ 0.5

成熟 / 饱和市场：X 分位 >0.5 且 Y 分位 ≤ 0.5

风险市场：X 分位 >0.5 且 Y 分位 >0.5

新兴 / 淘汰市场：X 分位 ≤ 0.5 且 Y 分位 >0.5

（4）可扩展的波士顿矩阵

市场的评估会受到运营目标导向、行业、行业产品生命周期等因素的影响。例如，女装行业和百货行业所关注的 X、Y 轴的维度是不同的；运营目标导向会影响市场评估方法，比如以交易为导向、以提升客单价为导向等；不同行业评估周期长短不同，有些市场的商品生命周期比较短，有些则比较长。因此，市场划分相对固化，市场评估需要扩展，上层应用可以定制。

3. 1688 波士顿矩阵评估指标

（1）常用评估指标

- ❏ 发展维度：包括占有率 / 增速。
- ❏ 健康维度：通过退款率 / 退款件进行评估。
- ❏ 评估周期：评估周期会受到行业、市场商品不同生命周期影响，有些市场的商品一年都基本没有变化，而有些商品则可能一周会爆发。
- ❏ 市场增速：将同比上期的增长速度，比如 GMV、核心买家数的增速。

（2）核心指标组

考虑到市场的商品规模、交易规模分布不均，有些划分的市场商品数量达到数百万，有些市场商品只有几十。因此，在指标计算的时候，需要有合理对比度才能更加合理评估。市场商品规模越大，其变化趋势可能越趋于平缓。最终确定的核心指标组如下。

- ❏ 发展维度：GMV 增速。
- ❏ 健康维度：退款率、同质化。
- ❏ 占有率：市场成交商品数、市场 GMV、市场成交买家数。
- ❏ 相对指标：一级类目的平均值。

4. 市场画像

（1）市场—买家侧画像

市场—买家侧分析从买家的特征入手，对市场画像进行定义，比如买家的身份特征是淘卖、跨境、微供，我们可以将占有率最多的身份用于刻画市场—买家画像，这样可以定义出淘卖市场、跨境市场、微供市场等。目前定义的买家画像主要有以下几个基本维度。

- ❑ 买家身份
- ❑ 是否实体店
- ❑ 等级
- ❑ 采购商城市

（2）市场—供给侧画像

市场—供给侧画像则是从商品端入手，我们通过生命周期、价格带、商品力来刻画商品，这样可以定义出新品市场、高档市场、金冠品市场等。

1.4.4　技术架构

1. 基础架构

项目使用 Spring Starter 自动装配。基于内存数据库实现单元测试，模拟 HybridDB 行为，尽量避免线上调试，只需线上验证，提高开发效率。

数据层基于 ODPS、MySQL、HA3，ODPS 作为离线数据分析引擎，将计算的结果同步到 MySQL 和 HA3。有关市场—商品、市场—商家的部分存储到 HA3。技术架构如图 1-41 所示。

2. 顶层设计

顶层设计（High Level Design）期望能够满足更加通用化的品类分析、规划。首先，顶层设计能够支撑面向不同买家人群、不同营销场景等应用的品类分析和规划；其次，顶层设计能够为不同应用定义分析路径；最后，基于当前分析路径，顶层设计能够与现有的品类规划、执行体系兼容。品类分析的顶层设计如图 1-42 所示。

从消费者侧出发，可以圈定满足需求的商品池，以青岛地区买家的商品池为例，根据相应决策树和品类分析模型来确定优势品类和劣势品类，再基于品类分析的结果进行场景应用。

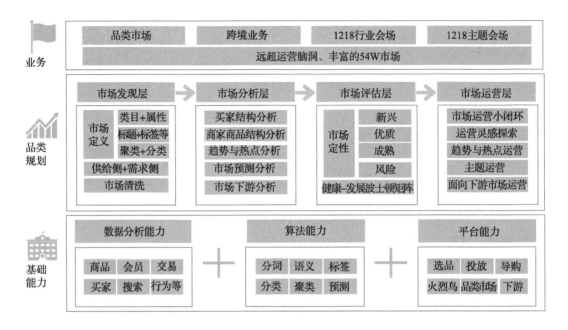

图 1-41　技术架构

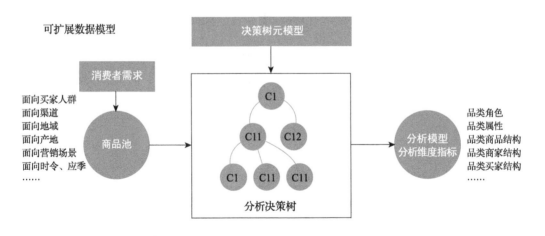

图 1-42　品类分析顶层设计结构

面向不同场景构建的商品池—品类分析决策树，在具体品类规划和执行的应用如图 1-43 所示。

3. 扩展性设计

品类分析是基于商品池进行的，商品池可以根据实际需要进行圈选，不同业务、不同人群、不同场景可以构建不同商品池。品类分析基于决策树构建面向不同业务、不同人群、不同场景的决策路径。品类支持扩展，可以通过算法、数据分析等手段生产更多品类，集成到决策树上。分析模型可扩展，不同业务有不同的品类角色定义，这些定义基于品类分析模型，比如厂货通重点打造高规模、高增长、低渗透的品类，每一个分析模型有 3 个维度 X、Y、Z。分析指标可扩展，品类分析涉及品类的买家结构、商家结构、销售属性、历史数据、预测数据等指标。

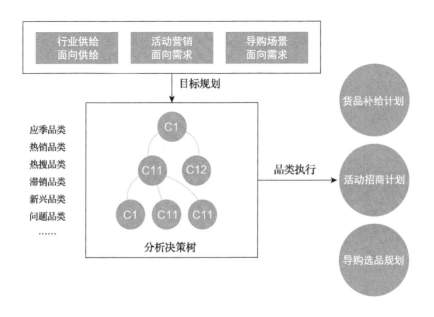

图 1-43　品类规划执行图

1.4.5　展望规划

当前，基于多源市场的品类分析方案给 1688 带来了重要的上行优质供给来源，提供了中台化的市场洞察能力，但针对电商活动链路的坑位规划尚未深度研究。另外，在洞察目标场景时，我们需要洞察下游渠道或人群的特征，匹配到核身的品类需求。综上，我们有以下几点迭代规划：

❑ 基于最大化收益与坑位效率的优化算法构建一套坑位品类选择的在线实时决策模型，动态调整前台货盘的商品结构；

- 通过对渠道侧买家行为的洞察，识别下游渠道的买家身份，通过人群身份的结构化表征，来构建渠道的品类规划策略；
- 目前我们也在构建商品侧到工厂侧的知识图谱，结合业界前沿的图谱推理能力，我们期望重构营销侧到生产侧的关系，缩短前台品类和核心产地的链路，提高网站的优质商品的供给能力。

第 2 章

系 统 工 程

如果说算法是朵盛开的花儿,那么和算法紧密相关的算法工程——搜索推荐工程就是花儿生长的土壤和环境。花儿能否开得艳丽、能否结出丰盛的果实,与土壤是否肥沃、环境是否适宜紧密相关。本章介绍与阿里巴巴 B2B 算法紧密相关的 3 个系统工程:搜索工程、推荐工程和实时数据工程。

阿里巴巴集团在搜索、推荐和数据工程方面,有强大的中台产品支撑。业务部门基于中台产品,紧贴自己业务,可以低成本、高效地构建符合自身业务特色的搜索、推荐、数据应用体系。

图 2-1 所示是 1688.com 的搜索、推荐和实时数据工程体系架构大图。

2.1 搜索工程

搜索是电商场景中人、货匹配的重要手段,通过搜索渠道检索并购买商品是客户需求最明确和直接的表达方式之一。灵活支持和实现各种业务功能诉求,构建高性能、稳定可靠的搜索引擎是搜索工程的基本要求。更重要的是,搜索工程要与算法紧密结合,在搜索体系中打造灵活高效的搜索算法应用能力,提升算法模型的转化目标,从而不断提升场景效能和用户体验。

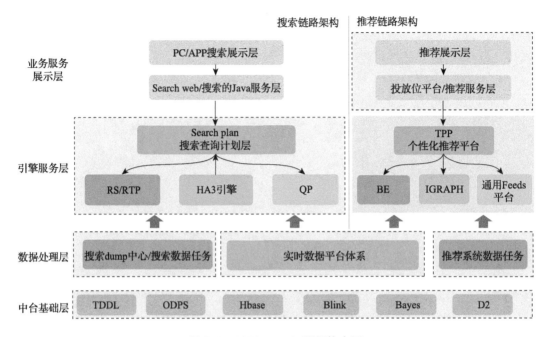

图 2-1　1688.com 工程架构大图

本节通过介绍 1688.com 的搜索工程，为读者呈现阿里巴巴 B2B 电商搜索工程体系的全貌，以及阿里集团搜索中台体系的通用搜索引擎产品。图 2-2 是 1688.com 搜索的整体架构图。

本节主要围绕搜索架构中各个重要服务展开，从搜索统一入口 SP 服务（Search Planner）开始说起，接着介绍搜索意图分析 QP 服务（Query Planner），再介绍搜索算法策略统一配置中心 OpenSE 服务，最后介绍最核心的搜索引擎 HA3 服务（Heaven Ask 3）。因为搜索和推荐使用的打分系统是相同的技术架构，对搜索召回结果进行打分和排序的 RS/RTP 服务（Ranking Service / RealTime Predict）会放到 2.2 节中介绍。由于搜索算法贯穿上述服务的各个搜索环节，因此在介绍系统工程的同时会简单提及工程之上的搜索算法应用。

2.1.1　统一入口 SP 服务

SP 是阿里巴巴集团搜索中台提供的一套搜索在线模块，以接口调用的形式对外提供服务。它介于搜索应用前端和引擎系统之间，为各个使用搜索服务的前端应用提供了统一的搜索服务接口。

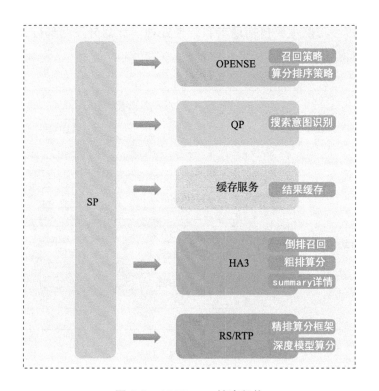

图 2-2　1688.com 搜索架构

SP 模块的主要功能是根据用户指定的查询条件制定查询计划，然后查询下面对接的各个引擎，并汇总成最终结果，返回给前端应用。简单来说，可以认为 SP 是一个业务层，在它上面实现了一些业务 Query 串的改写、引擎数据整合、业务排序等与业务相关的功能，其所处的位置如图 2-2 所示。

从业务开发角度来看，SP 模块的引入让业务模块的耦合性更小，业务开发效率更高。一方面，大量复杂稳定的业务逻辑可以从前端往后端下沉，简化并减少了前端的搜索业务逻辑，提升了前端性能；另一方面，SP 整合各个引擎的数据并提供业务排序，作为统一的搜索入口，简化了前端和各个引擎的业务交互。

从架构角度来看，SP 可以让各个前端应用快速方便地使用搜索功能，避免前端应用重复造搜索业务的"轮子"。另外，作为业务层隔离层，SP 可以让下层引擎的升级对前端透明，并且 SP 提供了友好的业务开发框架和可以共享的业务基础库，大大加强了搜索系统的稳定性和健壮性。

SP 服务的核心功能主要包括请求和结果处理、计划分发两部分，两部分之间的结构关系如图 2-3 所示。

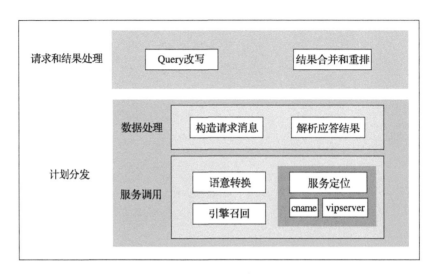

图 2-3 SP 核心功能

请求和结果处理分为请求处理和结果处理两部分。

请求处理主要是指 Query 改写，目的是根据服务组件的返回结果对搜索请求进行拓展转换，进而达到更加精细化、个性化搜索的目的。包括类目预测、特征提取、人群个性化特征、引擎召回次数等拓展项。

结果处理是指结果合并和重排，是将召回的商品按照特定的规则进行排列，进而提供给前端页面进行渲染展示，包括广告混排规则、商品档位过滤、引擎多路召回结果聚合等操作。

计划分发是根据请求词的规则制定请求计划，并调用各个服务组件获取搜索关联信息，调用的服务组件包括基于 Query 特征分析的语义转化、引擎召回等。

1. SP 架构

作为搜索查询入口，一切对于引擎的查询需求都从 SP 开始，也都以 SP 结束。在整个在线引擎服务中，SP 的位置可以从图 2-2 所示的搜索整体架构图中看出。

搜索请求经由 SP 服务调用其他组件，包括 OpenSE 策略中心、QP 查询意图分析、HA3 searcher 召回服务、RS/RTP 算分和排序服务、HA3 summary 详情服务、Memcached 缓存服务等。各个在线组件的定位和功能如下所示。

- ❏ OpenSE：搜索算法的策略配置中心，为控制整个搜索流程和搜索流程中的某个环节配置具体的算法策略。OpenSE 的系统工程会在后面章节详细展开介绍。
- ❏ QP：查询计划（Query Planner），也叫作查询意图分析。QP 的系统工程会在后面章节详细展开介绍。
- ❏ HA3 searcher：搜索引擎，根据查询条件实现倒排召回、正排过滤，以及对召回商品进行粗排算分，同时还具备统计功能。
- ❏ RS/RTP：搜索算分和排序，对引擎召回的商品数据应用深度模型算法，并对多个模型进行线性聚合处理，另外也承担业务规则（比如同款去重、同店铺打散等）功能。
- ❏ HA3 summary：商品描述信息服务，通过商品 id 可以获取商品相关的数据信息，返回给前端进行展示。
- ❏ Memcached：SP 结果缓存，SP 这层的缓存主要用于翻页去重处理，保证翻页时的用户体验。

SP 的软件架构是基于集团 SAP（Search Assistant Platform）服务框架实现的，阿里搜索事业部提供的基于 C++ 开发的在线业务服务（如 HA3、SP、RS、DII、BE 等）也都是基于 SAP 服务框架实现的。如图 2-4 所示，SAP 和 acomponents 组件组成了 SP 的服务框架。

SAP 是集团内部的一个通信服务框架，基于阿里自研的网络库 ANET，封装了对 HTTP、TCP 等网络协议的实现，支持连接复用和同步、异步模式查询等功能。另外，为了更加高效地运维和管理，SAP 通过集成阿里自研的服务定位服务 CM2 的 client SDK 实现了服务定位管理的功能、通过集成阿里自研的日志采集监控服务 Amonitor 的 client SDK 实现了日志采集上报功能。SAP 模块在设计上使用线程池结合任务队列的模型，实现网络请求的接收和应答处理，每个接收到的查询对应框架内部的一个 session（对话序列），没有被处理的 session 存储在队列中，由线程池中的线程通过队列获取 session 完成对接收查询的处理。

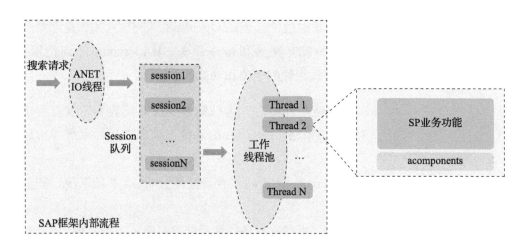

图 2-4　SP 与 SAP 关系逻辑

在 SAP 框架下，业务模块以插件的形式被动态加载到服务中进行调度。SP 对应的插件模块的详细架构设计如图 2-5 所示。

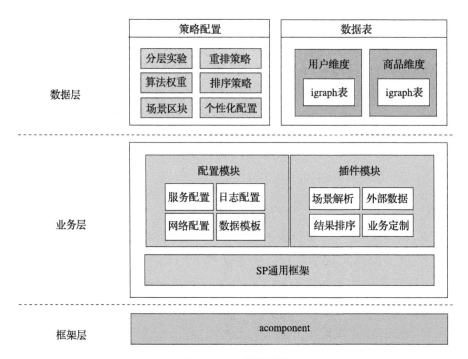

图 2-5　SP 插件模块

SP 系统整体架构包括框架层、业务层和数据层。

框架层由 acomponent 组件构成，通过网络调用和基础服务的封装降低业务层的开发成本和周期。

业务层包括 SP 通用框架、配置模块和插件模块，SP 通用框架负责搜索业务流程的抽象，配置模块配合 SP 通用框架实现搜索业务的定制化，插件模块负责完成搜索业务的定制化功能及外部业务数据的导入。

数据层包含两个部分。第一部分，SP 通过远程请求 OpenSE 实现算法的参数调整及算法策略的选择。策略通过 OpenSE 配置化，一方面实现了 SP 与算法之间关系的解耦，另一方面也使得搜索链路有更好的扩展性和多样性；第二部分，通过远程获取商品维度或用户维度实时数据，以更好地实现实时化、个性化的搜索需求。

2. SP 业务功能

SP 提供 HTTP 服务，其请求 URL 串格式是以符号"&"作为 key=value 参数分隔符组合而成，例如请求串 URL 主要由如下参数构成（隐去若干客户信息参数）。

/bin/search?offer_gb?q=%C1%AC%D2%C2%C8%B9&outfmt=xml&n=20&filter=_spam_level:7;is_inlist:1&uniqfield=userid&uniqcnt=1&distfield=companyid1&distcnt=1&dl=sw&fromapp=saleoffer&qp_fids=10%2C339%2C307&sp_session=on&open_scene_id=1&flowSrc=searchweb2_nodeSearchWork_service.group.default&sp_logic=personalize,newuser_requery,orqrw,highlight&sort_type=uniq_rele_group_sort;

一个搜索服务请求到达 SP 后会经过 Query 改写、计划分发、结果重排 3 个流程，下面从这 3 个流程对 SP 的业务功能进行简单阐述。

从搜索前端传递过来的搜索请求串，不仅会带有客户的检索词和其他条件（如类目等过滤条件），还会带有客户的 cookie 信息、设备号等用户维度标识。SP 层业务功能的第一步就是根据上述信息判断当前的搜索意图，进行 Query 改写。

Query 改写模块会远程调用 QP 进行意图识别，以及获取更多的用户个性化信息用于个性化检索召回。在 SP 层，根据当前检索的查询词进行类目预测、语意扩展改写、用户个性化信息挖掘，要达到两个目标：针对宽泛的召回条件，尽可能的精确，缩小检索范围，提高召回的准确率；针对强约束的检索条件，如果判定其召回结果不够丰富，则需要通过类目扩展、同义词和近义词扩展的方式扩大召回条件，提升检索的召回效果。SP 所做的工作是获取远程 QP 服务的结果，解析 QP 结果，按约定的协议对检索条件进行改写。

SP 的 Query 改写还有另外一层作用，即语法转换。由于 HA3 搜索引擎内部的检索语法比较复杂，从设计者的角度看，HA3 请求串语法是给机器执行的，人工拼串容易出错，所以在 SP 层设计了一套转化框架，将 key=value 格式的请求转化成 HA3 引擎的语法格式，这是一种按既定规则的翻译转换过程。"复杂的留给自己，把简单的让给他人"的精神在这里得到诠释。

SP 的计划分发流程就是通过 SP 把各个下游搜索服务串起来的过程。这些下游搜索服务有些是可以并行访问的，有些有依赖关系，需要串行请求，简而言之，就是一个服务编排过程，这里不做赘述。

前面介绍了 SP 的 Query 改写及计划分发，现在到了获取各个引擎服务的结果并对结果进行处理的过程了，这个过程就是结果合并和重排。SP 在调用 HA3 引擎时会根据区块配置进行多路数据的召回，所有数据召回完成后，SP 会对结果数据按区块类型进行合并和重排。在 1688 的业务中，主要的区块类型包括实力商家区块、自然搜索区块、广告区块等。

SP 结果重排包含 3 个重要流程：区块重排策略配置获取、召回数据筛选过滤和区块数据补全。

（1）区块重排策略配置获取
SP 重排时会从算法策略干预平台（OpenSE）获取区块配置信息，包含区块所属端类型、每个区块的起始位置和结束位置、区块商品展示最小档位分值、区块商品过滤条件等。配置获取成功后，SP 会生成一张图表，用来描述商品的展示位置和区块，方便后续商品数据的填充。

（2）召回数据过滤
已经召回的商品在过滤筛选后才会被填充到指定的区块位置，以防止有些品类的商品因为商品池太少而出现相关性比较低的曝光；也可以针对业务规则做定制，如对不同区块之间的商品做去重处理。

（3）区块数据补全

当有些类型的区块召回商品数量过少时，需要动态调整商品占位信息，使用自然搜索召回结果中的商品进行补全，并调整商品的顺序。

SP 结果重排流程示意图如图 2-6 所示。

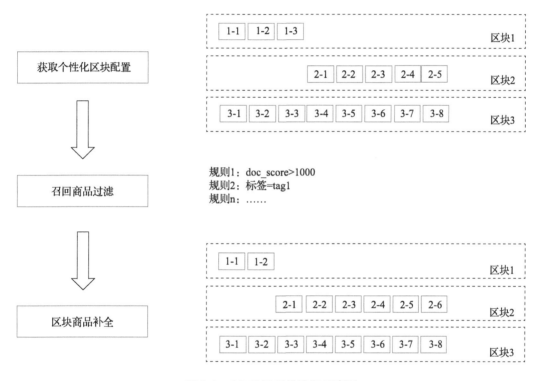

图 2-6　SP 结果重排流程示意图

3. 小结

在阿里巴巴集团"大中台、小前台"的战略下，阿里巴巴搜索事业部研发的搜索服务化中台 Tisplus 逐渐承接了 SP 平台化的能力，目标是打造一站式业务开发和运维管控的搜索平台产品。

在中台架构模型下，用户基于可视化的 WebUI 可自助进行业务的开发、测试、上线、发布和运维等工作。作为服务化平台，SP 服务代码支持一键生成并部署集群服务。对于新业务来说，在业务起步阶段，通过简单配置业务逻辑，而不用关心底层服务配置的相关信息，可以实现低门槛的业务接入模式。

SP 后续会朝着越来越智能化、轻量化、平台化的方向发展，服务的开发模式将由现有的编辑模式转变为在线可拖曳式自定义开发模式。

2.1.2　策略平台 OpenSE

与推荐系统相比，搜索系统很重。这里的"重"指的是搜索系统的复杂度高、组件多、细节多、流程长、角色多等特点。在项目实践中，如果对搜索系统上线一个算法变更项目，调整算法策略，如优化 Query 改写策略、结果重排策略、粗排算分策略或精排算分策略等，需要进行一次变更发布，搜索系统的这些特点会导致发布成本高，且容易出错。对一个大型电商网站来说，发布成本高意味着开发效率低、迭代速度慢；容易出错意味着系统的安全性和稳定性不高，特别是功能上的故障会对客户产生很大的影响，更严重的，会产生社会舆情风波。因此，如何让搜索系统的变更由重变轻、高效地上线项目、高效地对搜索的各个流程和环节做逻辑变更，是系统工程师面临的一个重要问题，也是系统工程师发挥所长的重要机会。

在此背景下，1688 的搜索策略配置系统 OpenSE 应运而生。它基于配置平台，通过界面系统交互和后台系统交互的方式，将算法策略作用到搜索链路的各个环节，避免冗长的发布流程，以达到降低发布频率、提升算法部门的研发效率、降低线上发布风险的目的。

图 2-7 是 OpenSE 的系统示意图。从图中可以看到，人工经验和机器学习结果的策略输入到配置平台后，策略经过算法平台服务，作用于搜索的各个环节，包括 SP 以及 HA3 的 QRS 和 Searcher。最新的搜索架构引入了 RS/RTP，精排策略会作用到 RS 中。

图 2-8 是更详细的 OpenSE 的系统架构设计图，展示了两个方面的内容：图的左侧是配置系统包含的各种策略功能，以及策略内容是如何存储和作用到搜索系统的；右侧是完整的搜索引擎链路的各个角色，从搜索前端（Search Web）到 SP，再到 HA3 引擎，以及算法策略具体会作用于这些角色中的哪些功能点。

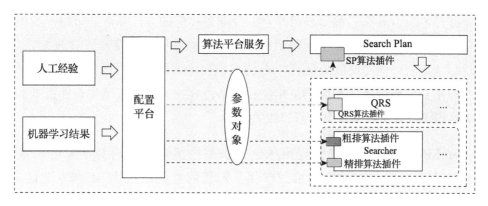

图 2-7　OpenSE 系统示意图

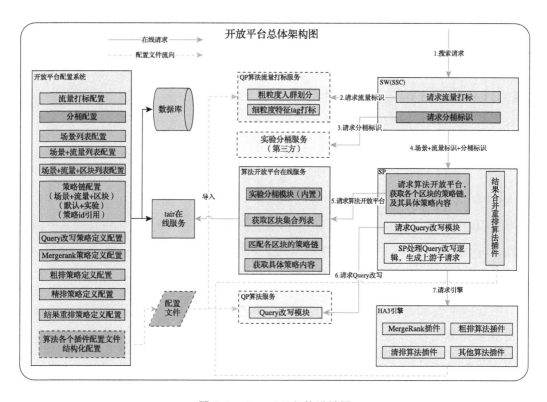

图 2-8　OpenSE 架构设计图

　　算法配置平台主要承接搜索场景配置、流量打标、算法策略、请求词改写策略、粗排策略、精排策略、结果重排策略、算法实验分桶策略配置、相干性干预配置等功能，涵盖了各条业务线的搜索算法所需的相关配置信息。

业务开发时，算法工程师登录平台，并配置相应的算法场景、策略、实验分桶策略等，通过上下线功能，平台将数据保存至数据库中。当搜索请求进来时，Web服务端会从请求中优先获取流量 ID、分桶标识和场景划分，进而从算法服务平台中获取之前平台配置的算法相关的策略链和策略内容，最后通过结果合并重排插件将各个策略请求合并，并请求引擎召回相关数据。

OpenSE 作为算法策略配置服务，关联整个搜索链路的算法策略和重排输出，在整个搜索中起着举足轻重的作用。随着阿里巴巴集团 SP 脚本化的趋势，后续整个搜索业务功能配置化将成为业务定制开发的潮流，OpenSE 的配置化管理也需要更加精细化地划分和设计，主要拆分为两个大方向：一个方向是功能调控配置。通过外部参数的输入，动态调控搜索链路的逻辑，让整个搜索链路能够以模块化的方式组合；另一个方向是搜索算法策略干预配置。算法策略干预拆分为动态配置和静态配置，动态配置是根据历史离线数据在线训练生成的，能够对用户的个性化搜索或推荐行为进行干预。静态配置类似于分桶实验、人群特征、模型权重、前端区块样式等，这些配置通过人工输入，用于配合产品功能。

2.1.3 意图分析 QP

QP（Query Planner），即查询计划（Planner 意为意图计划）。客户在网站上输入关键词进行检索的时候，搜索系统能获取到两类主要信息：一类是查询关键词，另一类是客户的身份标识，QP 就是对这两部分信息进行分析。

在检索关键词意图分析方面，对关键词进行类目预测，用以辅助计算关键词和待检索商品的相关性分值，可以做一些对同义词、近义词的扩展，也可以对非结构化的原始检索词进行结构化处理。这部分内容在第 3 章有过详细介绍。

还有一类意图分析是根据客户的身份标识做搜索个性化，如根据客户的历史浏览、购买、收藏等方面的商品数据进行 I2I 召回。对客户的类目偏好、价格偏好、品牌偏好在召回后执行算分加权等操作。

上述两类意图分析功能由多个算法业务模块实现，业务模块高内聚、低耦合。这些算法业务模块均由 QP 平台承载并对外提供服务。

1. 平台实现

1688 的 QP 平台是基于阿里巴巴搜索事业部的 DII 服务框架进行构建和开发的。
DII 服务框架分为表（索引）管理、数据访问、执行框架和用户模块 4 层，如图 2-9
所示。

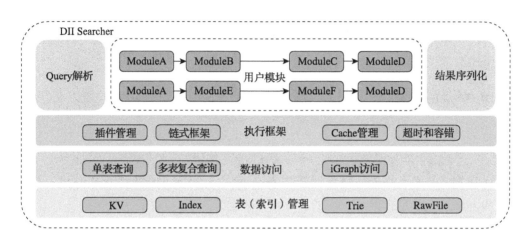

图 2-9　DII 服务框架

下面分别就 DII 服务框架的每一层做简要描述。

（1）表（索引）管理

表管理位于服务框架的最底层，管理着表的加载、全量切换和实时更新，DII 支
持多种类型的表结构，例如 KV、KKV、Index（倒排）、Trie 等，同时还以 RawFile
的形式支持用户自定义表结构。

（2）数据访问层

数据访问层对表查询进行了封装，在单表上，用户只须指定表名和查询 Query
即可获取返回结果。同时，数据访问层还支持多表组合查询，用户可以通过 Query
API 来完成 Join/Union 以及过滤、排序等复杂的查询逻辑。除本地表之外，框架
还提供了 iGraph 访问的封装，使用户可以轻松获取 iGraph 数据。

（3）执行框架

目前 DII 支持的是一个链式框架。所谓链式，就是将复杂的业务逻辑拆分为相
对独立和内聚的业务模块，比如一个搜索服务会被拆分为归一化、分词、Query 打

标、相关词计算 4 个业务模块。链式框架的好处主要体现在两个方面：第一，多人协作时可以各自专注于自己的业务模块，齐头并进；第二，可以提高模块的可复用性。

（4）用户模块

用户模块以 C++ 动态库加模块配置文件的方式为框架提供加载和更新。框架在调用用户模块前后分别执行了请求解析和结果序列化操作，用户模块不需要关注这些通用的细节。

DII 框架在性能、功能以及外围生态管控方面做得比较出色，所以天猫、淘宝、1688 等多个业务部门都是基于 DII 来构建算法服务的，其中 QP 是算法服务的一种。

1688 的 QP 平台在 DII 服务框架之上又开发了一层轻量级的业务框架。在 DII 支持的链式调用功能的基础上，设计了资源初始化模块和结果处理模块，并对调用第三方服务的接口进行了封装。业务框架共享的数据结构由资源初始化模块进行初始化，然后贯穿整个链式处理过程，链上的每个业务模块可以对共享的数据结构执行添加、删除、修改操作。此外，业务框架还可以把上一个模块的 this 指针保存起来，让后续的业务模块可以调用之前模块的接口功能。图 2-10 展示的是 1688 QP 平台业务模块的链式调用的实现。

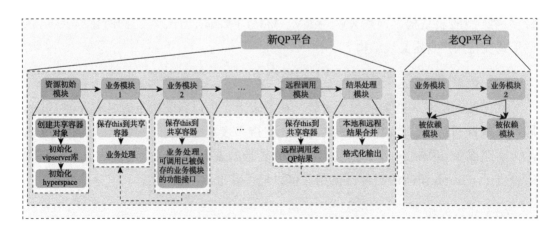

图 2-10　1688 QP 平台内部模块链式调用原理

2. 小结

在武侠小说和科幻电影里经常出现神秘的读心术。懂得读心术的人，能够"察言观色""看眼识人"，随时了解对方意图。在 1688 的搜索算法领域，QP 服务也具有如此神奇的功能。QP 通过察"言"（用户行为）观"色"（关键词），可以精确分析用户的搜索意图，并将搜索意图转化为机器（搜索引擎）能够理解的查询语法，从而获取与用户意图最相关的搜索结果。因此，QP 服务在搜索链路中具有举足轻重的地位，是支撑用户进行个性化搜索的重要手段。

2.1.4　在线引擎 HA3

搜索是 1688 的主要流量来源之一，搜索引擎包括商品索引的构建与分发服务及在线查询服务。其中索引的构建与分发由 Build Service（简称 BS）负责，在线查询服务由 Heaven Ask 3（简称 HA3）负责。1688 搜索引擎目前承接了大市场、工业品牌、旺铺及采源宝等场景的搜索需求。以大市场为例，用户在 1688 官网上填写搜索关键词，经过 SP、QP 和 OpenSE 模块调用后，由 SP 拼接为 HA3 查询串，然后发送到 HA3 模块。

BS 将 DUMP 产出的商品数据根据离线配置的 schema 构建相应的倒排（index）、正排（attribute）和详情（summary），为了提高在线服务的查询性能，也会提供 bitmap 索引和分层索引。构建完毕的索引会根据商品 id 进行哈希映射，分配到在线集群不同的列，以供在线服务查询。

HA3 根据查询串中的查询条件、过滤条件、聚合条件及排序相关的参数从索引中召回符合条件的商品，并经过粗排和精排对其进行打分排序，最后将需要的商品数返回给 SP。

1. HA3 索引构建

HA3 离线部分的主要功能是索引的构建，底层主要的核心技术是 indexlib 和 BS。indexlib 负责索引的结构，BS 负责索引的构建。indexlib 支持的索引结构包括倒排索引、KV 索引、KKV 索引及 Trie 索引等，其中在 HA3 引擎端使用的是倒排索引。

BS 是一套负责数据处理、构建及整理的流式处理系统。系统从数据源读取原始文档，经过构建及合并处理后将索引存放在指定的 HDFS 路径下，供在线服务加载使用，其中 admin 负责控制管理，Processer、Builder 和 Merger 负责索引产出。

在索引的构建过程中，BS 系统需要知道索引构建的配置内容，比如字段如何处理（构建正排索引、或者倒排索引、或者详情索引），以及针对业务的差异性进行更细粒度的策略配置。如图 2-11 所示，包含了商品静态算分插件、分词策略，以及为系统性能和容量考虑而制定的 segment 合并策略，为系统鲁棒性考虑而引入的慢节点检测策略等。

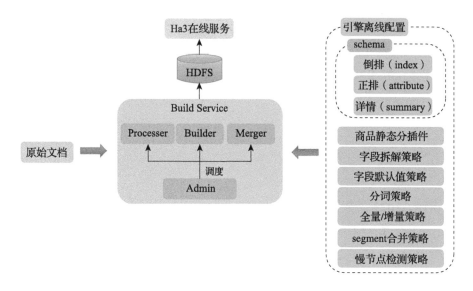

图 2-11　离线索引构建

（1）schema（商品字段配置）

在 schema 中包括倒排（用于查询）、正排（用于排序过滤及统计）和详情（用于前端展示）3 个部分。在倒排中也设置了针对若干字段的联合构建，可以在一次查询中对联合字段中涉及的若干字段进行查询，同时也可以针对这些字段的权重进行设置。schema 中的字段包含字段名、字段类型、是否多值和压缩方式等描述，如果原始字段值的类型与 schema 中配置的不一致，则自动转成 schema 配置的类型。

（2）商品静态分插件

针对 Dump 产出的商品字段进行二次计算，然后生成新的字段，比如商品静态分等，在索引分层或算分排序时使用。

（3）字段拆解策略

对复合字段构建索引时，可以将其进行切分并形成新的字段。如 packdata 字段的值为 key1:value1;key2:value2，则可以按分号进行切分，然后用冒号切分单个字段中的 key 和 value，最终形成两个 key，即 key1 和 key2，而对应的 value 则根据 schema 配置的字段类型进行转换。

（4）字段默认值策略

有些多值字段在进行切割后，值为空，此时可以为整数类型字段设置默认值，比如 0。

（5）分词策略

标题等用于检索的字符串类型字段可以使用阿里巴巴集团的中文分词器进行分词。需要注意的是，在线查询时所使用的分词器要与构建索引时使用的分词器保持一致。

（6）全量 / 增量策略

对全量索引及增量索引的 Build 和 Merger 阶段的策略进行配置，包括使用的内存大小、线程数、构建的索引列数等。

（7）segment 合并策略

引擎索引在集群上以 segment 的形式存在，当单个 segment 大小超过指定阈值时，则进行合并。1688 的业务为了保障内存的使用率处于合理水平，每天会针对所有 segment 进行一次合并。

（8）慢节点检测策略

在索引全量或增量的过程中，如果某个工作进程落在了一台服务不可用或服务较慢的机器上，BS 就会自动更换其他机器继续进行索引的构建，该过程无须人工介入，大大节省了人工维护成本。

原始文档经过"商品静态分插件"生成每个商品的静态分，然后利用字段拆解策略和字段默认值策略，将文档复合字段进行拆分，并为多值字段设置默认值。紧接着，根据 schema 配置将文档字段分别构建为倒排、正排和详情，并对配有分词策略的字段进行内容切割，如果倒排配有 bitmap 索引，就再额外构建一份 bitmap 索引。最后，将构建完毕的索引按商品 id 根据全量 / 增量策略配置的索引列数 hash 到不同的列，供 HA3 在线服务查询。

2. HA3 在线检索服务

HA3 在线检索服务包括 Query Result Service（简称 QRS）、Searcher 和 Summary 三个服务模块，其中 QRS 负责与 SP 交互（如接收查询串并返回查询结果）；Searcher 负责根据查询串在索引上查找符合条件的商品，并在排序后将结果返回给 QRS；Summary 负责返回指定商品的详情信息。

在 HA3 离线构建索引后，会根据商品 id 将索引划分到不同的列（即 Searcher 和 Summary 上）。SP 发送查询串到 HA3 后，QRS 会根据查询串中的 cluster 值来判断将该请求发给 Searcher 还是 Summary。若发给 Summary，则在根据商品 id 获取详情后即可返回给 SP；若发给 Searcher，则须经过如图 2-12 所示步骤。

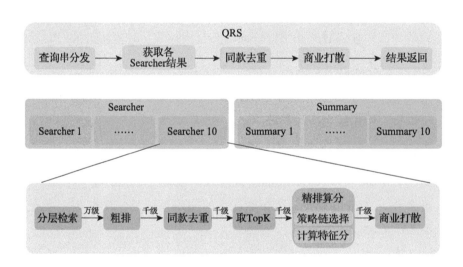

图 2-12　业务查询流程

Searcher 获取到查询串后，首先根据查询串在分层索引上召回符合条件的商品，1688 的单个 Searcher 最多召回万级商品；然后对这批商品进行初步打分（粗排），选出千级分数高的商品，对这批商品进行相似款去重后，选出数千商品进入到算法模型打分（精排）阶段；接着根据模型打分对商品排序并按商家维度打散；最后返回给 QRS。

在 Searcher 精排算分阶段，首先根据查询串选择精排策略链，每条策略链配置的特征和相应的权重略有不同；然后逐一计算出策略链中权重不为 0 的算法特征的得分；最后根据权重对各特征的得分进行线性加权得出商品的总分。由于 RS&RTP 的引入，目前有部分场景的精排已放在了 RS 中完成，这些场景在 Searcher 中不会执行精排算分和商业打散这两个步骤。

当单个 Searcher 计算完毕后，将结果汇总到 QRS，QRS 获取所有 Searcher 的结果后进行同款去重和商业打散（如每个商家只出 1 个商品），并对结果的前 4 页进行打散，最后返回给 SP。

3. 小结

HA3 主要包括离线索引构建和在线查询两个部分。在索引构建阶段，BS 会根据 1688 的业务策略对原始文档构建倒排索引、正排索引和商品详情，并分发到线上集群，供在线查询使用。在在线查询阶段，QRS 获取查询串后发给 Searcher 或 Summary 服务，并在 QRS 进行结果汇总后返回给 SP。

HA3 搜索引擎提供了强大的全文检索服务，为阿里的各业务线提供基础的搜索支持，其在集团的发展方向为图化（以 TensorFlow 算子化运行）和 SQL 化（引擎搜索像查询数据库一样）。而 1688 的业务则会将各场景的精排算分服务逐步迁移到 RS，同时，出于对查询性能和结果质量的考量，后续会考虑在 HA3 中引入精品池。

2.1.5 离线系统 Dump

前面介绍了搜索引擎的索引构建过程和在线检索服务过程，本节将介绍在搜索流程中更靠前的环节——如何将分布在各种业务系统的数据源进行汇总并进行业务逻辑处理，最后形成 Build 系统能识别的引擎数据源文件。在阿里内部，这个过程称为离线系统 Dump 过程。

下面介绍阿里巴巴搜索事业部开发的搜索离线 Dump 系统。该系统是搜索链路的核心子系统，与引擎和业务平台等系统一起支撑着淘宝、天猫、聚划算、Lazada、阿里巴巴中文站和国际站、农村淘宝等集团核心电商业务的搜索功能。目前已接入阿里巴巴集团的 50 多个重要业务，端到端的平均延迟可以控制在毫秒级别，可轻松处理数亿商品的详情字段。

1688 搜索的 HA3 引擎除了在线部分能快速响应 SP 的请求之外，离线部分的应用也十分重要。离线部分负责将引擎用到的所有字段处理好，以商品 ID 为主键存放到 HDFS 中，经过 Build Service 的特殊处理，转换成 HA3 在线引擎可加载、使用的数据格式。

1688 搜索的 HA3 引擎用到的数据从业务维度可分为三类：商品、公司和用户。商品维度一般是指商品的基本属性，包括商品的标题、价格、库存、特性、图片等信息；公司维度就是 1688 网站的卖家基本属性，包括公司的地址、卖家店铺等级等；用户维度特指淘宝卖家体系下 1688 网站上卖家的其他信息，将这部分信息独立出来的原因是，1688 和淘宝打通商品体系后，二者的用户信息中存在很多关联，因此放在一起管理。

HA3 在线引擎希望数据以商品 ID 为主键，关联一系列商品和卖家详情。但是，实际情况是，这些数据在离线生成的过程中，分别由不同的部门管理，数据的格式千差万别。例如，卖家维度的相关信息更新，如公司信息修改等，在引擎中可以接受隔天生效；而商品维度的大部分信息，如库存和价格等，则必须实时生效。

综合以上情况，引擎在生成离线数据时，需要具有如下特点。

- 需要支持多种异构数据源的同步获取和聚合。使用时，用户只需要在界面配置好所需的各种数据源，然后分别将商品、公司和用户 3 种维度的数据合并，再按照主键将其聚合到一起。这些数据源需要支持实时和离线两种状态，并对用户是透明的。
- 离线任务分为增量任务和全量任务。增量任务是指数据源配置了实时表，这些表的变更需要实时同步到平台中。因为亿级商品量和秒级延迟的影响，需要平台支持数万 TPS 秒级生效。全量任务是指数据源配置了离线表，这些表一般是按天生成并更新，要求引擎每天做一次全量任务来将这些数据同步进引擎。同时，全量数据实时替换进引擎的数据索引，可以实现高效的索引整理，提高在线服务的效率。
- 提供简单且便于接入的接口，便于用户开发自定义的业务逻辑模块来干预和处理数据。

❑ 提供一套完整的可视化管控系统，便于用户的开发和日常运维，同时要有完善的报警机制。

1. Dump 离线系统架构

随着大数据、存储、计算技术的飞速发展，特别是阿里巴巴集团 Blink 平台的能力逐步提升，Dump 离线系统也逐渐从 MapReduce 迁移到开发和运维一体化的 Blink 平台。

图 2-13 是离线搜索平台 Dump 的系统架构，以 Blink 作为计算的核心组件，利用其批流统一的强大能力来处理全量和实时增量的计算任务。其底层的调度依赖于 Apache Hadoop Yarn 和阿里巴巴集团的 Hippo。千亿级别的数据则存储到 HBase 中，支持快速查询。业务逻辑最终会变成 UDF，由 Blink 来调用，作用于目标数据。全量任务会产出全量数据并存储到 HDFS 中，由 Build Service 处理后放入引擎。增量任务会产出增量数据并存储到 Swift 中，经 Build Service 转换成引擎可以使用的索引格式。

图 2-13 中涉及的几个工具简单介绍如下。

❑ Yarn：Apache Hadoop 2.0 中的资源管理系统，负责资源管理和任务调度监控。

❑ HDFS：Apache Hadoop 分布式文件系统，专门存储超大数据文件。

❑ Hippo：阿里巴巴自研的在线服务调度系统。通过将机器资源统一管理来解决在线服务共有的资源分配、故障恢复、包管理、

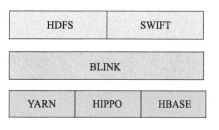

图 2-13　Dump 离线系统架构

服务监控、数据分发、服务定位、隔离、权限、异构服务器支持等问题。

❑ Blink：阿里巴巴实时计算事业部自研的实时流计算系统。

❑ HBase：Apache Hadoop Database。是一种开源、可伸缩、严格一致性（并非最终一致性）的分布式存储系统，具有最理想化的写和极好的读性能。

❑ Swift：阿里巴巴自研的高性能分布式消息队列，支持线上每秒几亿次的读写，在架构上是存储和计算分离的。

2. 离线系统数据处理流程

1688 的离线 Dump 数据源配置了离线 ODPS 表和带增量的实时 TDDL 表，分别对应 Blink 中的全量计算任务和增量计算任务。

图 2-14 是离线系统内部的数据处理流程图，需要同步的数据源表有 snapshot 和 changelog 两个属性，分别对应了表的全量数据和增量数据。比如，用户设置了一张 TDDL 表，且需要同步增量，那么对于该表的 snapshot 部分，系统内部会通过 TDDL 客户端到数据库获取数据，changelog 部分则是通过 binary log（DRC）来进行同步。由于 TDDL 表有增量数据，所以离线系统中这些数据对应的字段一直实时有效。但是，对于 ODPS 表这种没有增量的，就需要平台每天定时拉取一次表的全量数据。

配置好要同步的数据表后，还需要设置表之间的关联关系，表之间的关系有两种：FullJoin 和 LeftJoin。FullJoin 节点的语义和 SQL 中的 Full Join 关键字类似，但要求同一个 Full Join 节点相连接的数据源的关联键维度一致。比如，Full Join 节点连接的第一张表的关联键选择的是商品 ID，那么连接的另外两张表的关联键维度也必须是商品 ID。所以，每一个 FullJoin 节点关联起来的数据代表一个维度。

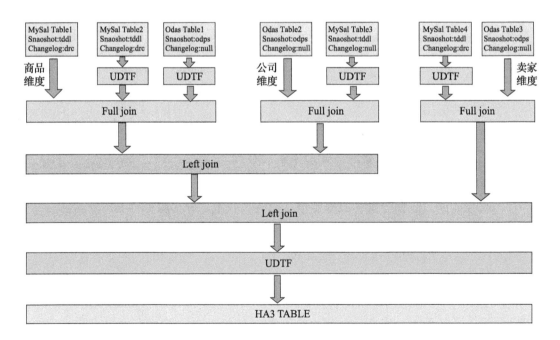

图 2-14 离线系统数据处理流程图

FullJoin 节点解决了相同维度数据源表间的关联，LeftJoin 节点则解决了不同维度间的数据关联，关联键（JoinKey）在左表字段里进行选择。比如，商品维度的表和公司维度的表是多对一关系，多个商品对应一个公司，则可通过 LeftJoin 节点关联，关联键选择商品表中的公司 ID 字段，这样一来，商品就会关联到其所属公司的相关的信息。以此类推，LeftJoin 上卖家维度的表，最终实现了以商品 ID 为主键、以公司和卖家字段为辅助信息的商品详情记录。

3. 小结

1688 搜索的 HA3 离线系统处理着数亿全量商品和数万 TPS 的增量数据，为在线引擎提供了强大的数据保障。随着商品量和增量消息的与日俱增，其计算和存储平台将会受到越来越多的挑战。我们的技术支持也将与时俱进，引入更加先进的计算和存储技术，始终为引擎提供全面、实时的数据。

2.2 推荐工程

从工程的角度看，搜索和推荐既有差异点，又有共同点。阿里巴巴集团的搜索和推荐系统由同一个部门研发，因此很多工程能力是复用的，如搜索和推荐业务的算分服务引擎都是 RS/RTP。

本节介绍阿里巴巴推荐的中台产品——BE 召回引擎和 RTP 算分服务，这是阿里巴巴推荐业务的两项利器。

2.2.1 召回引擎 BE

BE（Basic Engine）是基于阿里巴巴集团另一个更底层的框架服务 Suez 构建的。在 Suez 框架服务的基础上，BE 实现了与推荐业务相关的各种功能组件，如向量召回技术、多表 join 召回，以及以自定义插件形式提供的排序和算分插件接口。

1. 架构及工作原理

BE 是一个典型的多列 searcher+proxy 架构，如图 2-15 所示。

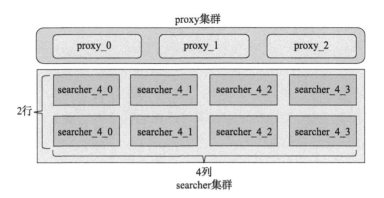

图 2-15　BE 集群部署

图 2-15 中的 proxy 集群有 3 个实例，完全对等，互为备份。searcher 集群有 2 行 4 列，这表示 I2I 等数据被划分成 4 份放到 4 列机器上。每一列上的数据各不相同，但是执行的计算逻辑完全相同，4 列合在一起组成完整的一行。2 行之间完全对等，互为备份。

各种 I2I/S2I/B2I 的召回（search）、合并（union）、关联（join）、过滤（filter）和排序（sorter）均在 searcher 本地完成，最后经过 proxy 的合并排序（merge sorter）返回，如图 2-16 所示。

图 2-16 中的 I2I、S2I、C2I 都是 BE 支持的召回功能，BE 底层是基于阿里巴巴搜索事业部研发的通用索引和检索模块 indexlib 实现的，这里主要用到了 indexlib 的 KV 和 KKV 检索的功能。顾名思义，KV 检索是输入一个或者多个 K，返回一个或者多个 V。KKV 检索是输入 pkey 和 skey，返回单个值；如果只输入 pkey，不输入 skey，则返回的是值序列。在实际的推荐业务中，主要就是用这两种检索召回机制。

合并功能（union）：指的是对多张表的检索结果进行合并，取并集，并记录召回的来源表的信息和是否被两张表同时召回的信息。这些召回过程中记录下来的信息可以用在算分阶段，比如不同的来源表权重不同，则最终得分不同；以及如果是两张表同时召回的，说明被召回的元素命中多种召回策略，则两张来源表的权重相加作为最终权重用于算分，得分就更高了。

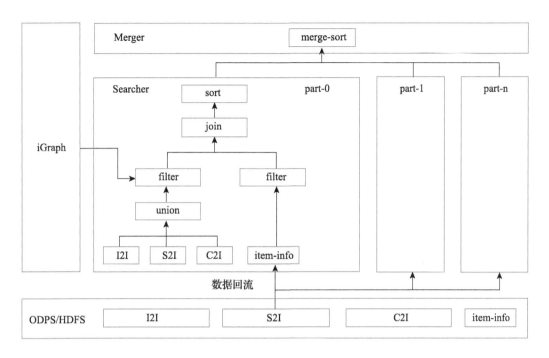

图 2-16　BE 内部逻辑

关联功能（join）：由于左表所存储的信息有限，从左表召回元素集合之后，还有一些信息存在右表，通过 join 功能可以获取右表的信息，让记录的字段更丰富。该功能用于算分阶段和返回给调用方。

排序功能（sorter）：按某个字段或者表达式进行排序，支持用自定义插件实现。

最后，对不同的列（partition）的结果进行合并，然后返回给调用方，这是一个完整的 BE 召回过程。

2. BE 向量召回和应用

时下有一种非常流行的召回机制叫作向量召回，它通过将元素（实体）进行向量化表征来构建便于高效检索的索引。在检索端，也用相同的方式对检索元素（实体）进行向量化处理，利用检索技术进行检索召回，得到距离相近的商品或者元素（实体）集合，并根据距离远近进行排序。实际上，这里用到的底层向量索引和检索技术是由阿里巴巴达摩院研发的，一方面将其封装成通用的底层功能库，集成到 BE 服务中，用于词向量和短文本向量召回的场景；一方面将其集成到其他服务（如 HA3 引擎）中，用于在文本搜索场景下解决文本匹配不足而造成的零少结果问题。

在 BE 中，向量召回也是一种召回方式，可以与 BE 最擅长的 KV 和 KKV 召回形式同时使用，也可以作为一种独立的召回方式实现完整的业务召回。

目前，向量召回已在阿里巴巴集团的大量场景（如猜你喜欢、猫客、SEO 等场景）中应用，并取得了不错的效果。在 1688 的业务实践中，我们用 BE 的向量召回功能实现了 SEO 内链系统的重构，取得了不错的业务结果。

SEO（Search Engine Optimization，搜索引擎优化）是一种重要的营销手段，商家通过影响用户搜索引擎内的自然排名从搜索引擎中获得尽可能多的免费流量。SEO流程为：发现→抓取→解析→索引→排名→展现→转化。其中，内链系统就占了其中的 3 个重要环节：通过构建内链系统扩大搜索发现率、提高网页爬虫抓取量。因此，优化 SEO 内链系统对于 SEO 站内优化非常重要。

1688.com 之前的 SEO 内链系统存在覆盖率不高且不均匀、相关性不佳、零少结果较多的问题。使用 BE 的向量召回功能重构 SEO 内链系统后，完美地解决了以上问题，召回成功率、覆盖率、相关性均有大幅提升。从整体效果看，爬虫量和索引量指标均得到大幅提升。在第 4 章会对基于向量召回的 SEO 内链系统进行详细介绍，这里不详细展开。

1688.com 的 SEO 系统的架构如图 2-17 所示。

3. 小结

BE 是推荐系统负责在线召回的引擎，基于 DII 算法在线服务平台实现，融合了搜索从离线到在线的全链路技术体系，并依托管控系统，实现了从开发、上线到运维的全生命周期管理。从逻辑上讲，BE 主要负责从多种类型的索引表中召回商品，并根据对应的商品信息进行过滤和粗排。其中 filter 和 sorter 是算法插件，可以灵活配置在检索流程的各个环节，具体的过滤和排序逻辑由算法工程师根据业务场景进行编写。同时，BE 也内置了大量的通用组件。在灵活性和可扩展性方面，BE 具备一个中台产品支持多种推荐业务的能力。

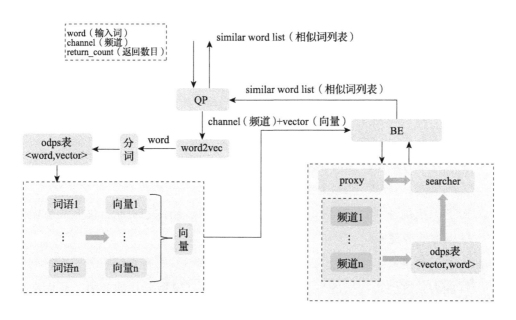

图 2-17　1688 的 SEO 系统架构

2.2.2　算分服务 RTP

为满足推荐和搜索两大业务对 score/rank 的需求，阿里巴巴搜索事业部在 2016 年开发了最初的 RTP 系统 Rank Service 排序服务器。它是一个支持数据分区、function 函数插件化、实时 feature 特征和 model 模型更新的分布式服务。基于 Rank Service 我们可以搜索业务的 match 匹配和 rank 排序拆分为两个独立的模块，从而提升业务迭代效率及整体集群性能。

为更好地支持算法团队快速迭代深度模型，赋能业务，搜索事业部又对 RTP 系统进行了大幅度的迭代和升级。2017 年引入了 TensorFlow，将整个 RTP 框架改造成一个图执行引擎，从而可以支持任意的可用图描述的机器学习模型。在此基础上，又进一步增加了按模型分 partition 的功能，从而解决了超大模型单机无法容纳的问题。

在阿里巴巴内部，推荐业务使用了 RTP 的在线打分功能；搜索业务不仅使用了在线打分功能，还使用 RTP 对打分的结果进行在线排序。

1. RTP 和 TensorFlow Serving

TensorFlow 在 2017 年提供了 Tensorflow Serving，可以将训练好的模型直接上

线并提供服务，RTP 也支持将 TensorFlow 的模型上线并提供服务。那么，问题来了，既然已有 TensorFlow Serving，为什么还要用 RTP？引用 RTP 开发团队资深技术专家以琛的观点，相比 TensorFlow Serving，RTP 有如下 3 方面特点和优势。

- 对于大规模打分场景而言，大部分的数据从请求中带入是不合适的，而 RTP 系统本地有数据存储的能力，而且是基于 Suez 框架的表存储，有高效的压缩读取机制，同时还能完全支持实时链路。
- RTP 系统额外增加的 feature 产生、数据读取、插件等机制，使其能够做到灵活支撑业务逻辑。
- RTP 系统是基于 Suez 框架开发的，因此能继承其管控系统、分布式行列服务等能力，这使得我们的系统拥有了数据分片、模型分片的能力，从而在大规模模型或者数据应用场景中，发挥巨大优势。

Suez 在线服务框架是搜索事业部自研的大数据在线服务的通用抽象（要求具备秒级数据更新的最终一致性）。Suez 框架统一了以下 3 个维度的工作。

- 索引存储（全文检索、图检索、深度学习模型）
- 索引管理（全量、增量及实时更新）
- 服务管理（最终一致性、切流降级扩缩容等）

下面用一张图来描述 RTP 与 Suez 框架的关系。

图 2-18 是 RTP 系统的架构图。图中 Tf_search 是 RTP 的内核，基于 Indexlib 和 Suez Worker 承载对外提供端口服务。Suez Worker 的部署由 Suez admin 完成和管理，而 Suez worker 和 Suez admin 的机器资源（如 CPU、内存等）都是通过一个叫作 Hippo 的资源调度框架来管理的，这里不详细展开。

RTP 和 TensorFlow Serving 一样，基本的功能就是将模型进行加载并提供端口对外服务。下面，首先从阿里巴巴网站的搜索和推荐业务来阐述 RTP 在其中的位置；然后，介绍 RTP 的模型和数据更新机制；接着，从 RTP 提供对外服务接口开始，一步步深挖 RTP 是如何借鉴 TensorFlow 的图化思想来实现既支持 TensorFlow 的原生深度模型，又支持 LR 模型、GBDT 等传统模型的；最后，介绍在面对海量的数据和模型时，RTP 在工作效率、稳定性及性能方面具备的独特优势。

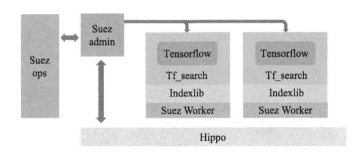

图 2-18　RTP 系统架构

2. RTP 在阿里巴巴的应用

RTP 应用在阿里巴巴的搜索和推荐业务中。对于搜索业务，RTP 不仅用于对商品集合进行在线打分，也用于对商品集合按规则进行排序。对于推荐业务，RTP 主要用于对商品集合批量打分。

图 2-19 是从搜索架构的视角看 RTP 的位置和作用。Rank Service 和 RTP 内部其实是基于同一份二进制文件拉起的服务，都可以认为是宽泛意义上的 RTP。两者的差异在于加载的模型不同，因而作用不同。图中左下角的 Rank Service 加载的是 Hobbit 和 Unicorn 的 Graph，作用是打分和排序；图中右下角的 RTP 加载的是深度模型的 Graph，如 WDL 模型，作用是打分。Rank Service 将商品集合信息请求 RTP，RTP 算分后将结果返回给 Rank Service，然后按分值进行排序，这些都是在 Hobbit 和 Unicorn 的 Graph 中完成的。图 2-19 中的 SP、QP、HA3、BE 在其他章节也有介绍。

我们接下来再从推荐架构的视角看 RTP 的位置和作用。推荐架构相对简洁，基于 RTP 使用模型对商品集合进行在线打分。在阿里巴巴，ABFS（Ali Basic Feature Service）提供的是用户实时行为特征服务。IGraph 既可以提供商品维度的信息，也可以提供用户行为的信息，是一个非常重要的图存储引擎，而 BE 则是推荐召回引擎。

图 2-20 中的 TPP 是将上述在线服务编排、处理、整合的一个平台。首先，TPP 使用买家 ID 请求 ABFS 和 IGraph，获取用户实时行为和离线行为特征；然后，将这

些行为作为条件去请求 BE，进行商品集合的召回；最后，将商品集合、商品特征、用户特征一起请求 RTP，对商品进行打分。在打分完成后，还会在 TPP 内部进行排序及翻页处理，然后再传出给调用方。

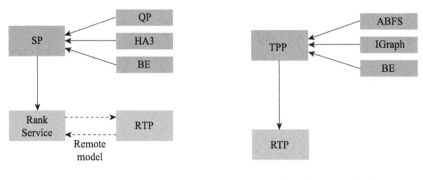

图 2-19　RTP 架构角色　　　　　　图 2-20　推荐系统架构

上述典型的搜索和推荐业务是对批量的商品进行打分或者排序，除此之外，RTP 还承接了其他类似的推荐业务，如对榜单、直播、短视频等进行打分。另外，RTP 还承接了打分和排序以外的模型服务，例如 1688 的智能文案在线生成服务。

3. RTP 模型和数据更新

原生的 TensorFlow 模型（如 saved model）是不区分模型和数据的，只有模型的概念。这里的模型实际包含了两类信息：一类是图的结构，一类是参数的权重数据。在一个目录下存了多个文件，共同存储上述两类信息。RTP 也支持 saved model 格式，不过这并不是 RTP 在生产环境的主流使用方式。

在生产环境的主流使用方式中，RTP 出于对性能和数据容量的考虑，会将 TensorFlow 的原生模型按 RTP 的格式要求进行转换，分成两部分：一部分是抽取和转成网络结构，可以认为是模型的元数据，采用 GRAPH.def 的文件存放和使用；另一部分是参数和对应的权重信息，采用 KV 表的形式进行分发和使用。RTP 借助 Suez 框架将上述两部分信息进行分发并加载到内存中。上述网络结构的更新是非实时的，可以做到小时级别的更新，而参数和对应的权重支持实时更新，已应用在 2019 年的天猫"双 11"大促中。

另外，RTP 还有一部分信息可以做到实时更新，这就是内容表（item table）。

在主流的应用场景中，内容表是一个超级大表，也是一个 KV 表，Key 是商品 ID，Value 是商品维度的原始特征。这么做是为了减小从请求串中传递的参数大小。大部分商品维度的特征可以从服务器本地的 KV 表中读取，而不是从请求串中解析。试想一下，如果数千个商品维度的特征都从请求串中传递，这个请求串会非常大，仅解析请求串、反序列化对象就会消耗不少时间。

4. RTP 对外接口服务

一个系统想在竞争对手如林的环境中生存下来并推广开去，不断提升系统的用户体验很重要。在不同的业务场景和开发场景中，不同的使用者会要求不同的调用方式。RTP 的对外接口支持用多种请求调用的方式来满足多种场景的需求，如图 2-21 所示。

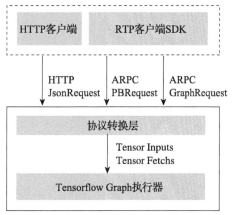

RTP 支持基于 HTTP 和 ARPC 两种协议的请求方式。其中，基于 HTTP 协议的请求方式与其他平台差别不大，整体过程就是在 HTTP 客户端将所有的输入拼装成 JSON 对象，按 POST 协议进行请求；然后在 RTP 服务端将 JSON 对象解析为 tensor input 张量输入和 tensor fetch 张量读片以及其他的相关信息，调

图 2-21　RTP 请求模式

用 TensorFlow Graph 的执行器运行模型，得到 fetch 读片的具体内容；最后用同样的方式封装成 JSON 对象并返回给客户端。

对于基于 ARPC 协议的请求方式，其支持两种请求对象：一种是 PBRequest，也就是 JSON 对象封装成了 PB 对象，其优点是对于单个请求附带了大量的商品 id 集合的场景，有比较大的性能提升；一种是 GraphRequest，这种请求是通过 RTP 客户端的 SDK 封装好 tensor 的 input、fetch 以及其他信息，存储到 GraphRequest 对象中，通过 ARPC 调用 RTP，在 RTP 协议转换层将这些 tensor 信息传递给 Tensor-Flow 图执行器运行模型，得到输出的 fetch 的 tensor。

基于 HTTP 协议的请求格式主要用于开发过程中的调试，在生产环境中会使用基于 ARPC 协议的请求格式。

5. RTP 内部实现原理

本书主要面向算法工程师，如果能对系统平台的内部原理有所了解，对业务开发、模型调优及系统性能优化都有帮助。下面就来简单介绍下 RTP 的内部实现原理，仅限原理层面，不涉及具体实现。

前面讲到，RTP 将模型拆分成两部分：一部分是纯粹的图结构，一部分是参数和权重数据。RTP 会对图进行转化，将 Training Graph 训练图转成 Inference Graph 推理图，并对某些节点进行替换改写，使之能够读取本地数据 KV 表。图 2-22 所示是对训练出来的模型图进行添加和裁剪的过程。

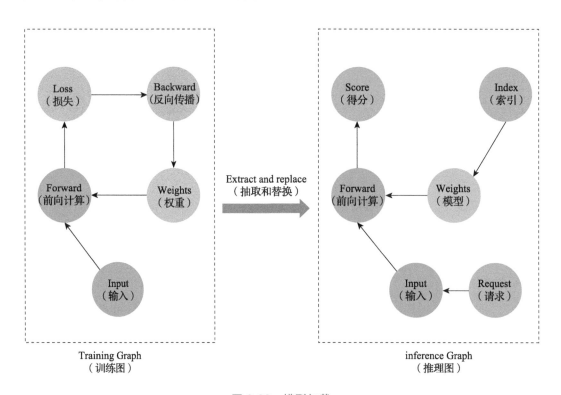

图 2-22　模型加载

添加一些节点，如 Placeholder，用于外部请求数据的输入；也会添加一些 Feature Generator 特征生成器相关的节点，用于对请求串中输入的数据进行特征生成。这些特征生成节点如果涉及商品维度的特征生成，往往会和本地的内容表关联，在节点执行时，会检索本地内容表，获取商品维度的数据，然后进行特征生成。另外，会对某些节点（如 Loss 节点）进行删除，因为前向预测时，这些节点是用不上的。

6. 小结

RTP 在阿里巴巴集团的搜索和推荐体系中占据了非常重要的位置，工程实现的管控系统对训练和上线流程的封装让整个过程非常顺畅，让算法工程师能专注于模型的优化，从而大大提高算法的生产效率。

RTP 基于图化的内核设计思想，支持将各种原生的算法模型都转成图化模型的形式，具备极强的通用性，这也是 RTP 在集团内部如此受欢迎的原因之一。同时，RTP 结合 Suez 框架提供的本地数据存储和查询机定制开发了一些图化操作算子，提升了模型预测的计算性能。RTP 服务端具备分布式存储数据和分片部署的能力，让数以亿计的商品维度的数据不再通过网络传输，减少了网络传输，极大提升了模型执行的性能。RTP 依托 Suez 框架实现了模型和数据的实时更新能力，让模型能快速捕捉当前的变化，提升准确性。

2.3 实时数据工程

几年前，1688 网站在主要业务场景下已经实现粗粒度的个性化，而全域实时化一直没有全面铺开，只在最重要的场景（如重要的搜索场景和主要的推荐场景）实现个性化数据和物料数据的实时化。但是，上述工作较为琐碎，没有形成系统。主要是由于技术限制，实时流计算的技术门槛高、成本也高，全面铺开的投入产出比不高。

从 2018 年年初开始，阿里巴巴集团的实时流计算平台 Blink 取得技术突破，同时基于 Blink 实时计算引擎的上层应用平台在集团内部开始推广，凭借友好性、易用性等优点，实时计算风靡一时。实时流计算技术具备规模化、低成本赋能集团内各个垂直业务的能力。在此背景下，CBU 技术部的算法工程师根据算法业务的特点和诉求，开始了实时数据平台的建设。

2.3.1 概述

前面说到，随着技术的突破，阿里巴巴集团实时计算的门槛大幅降低，让业务能享受到技术的红利，使业务能够便捷地引入实时数据计算能力。但是，要在 1688 的业务上大规模应用实时数据，依然存在很多问题。

首先，1688 是一个存在大量垂直业务场景的网站。在每个业务场景中，由于技术或团队架构的原因，数据来源和格式可能都不相同，而且业务迭代速度快，业务在没有收到预期效果后可能很快就会被下线。在这种背景下，如何保障提取全域数据并且支持业务快速迭代就成了一个难题。

1688.com 是国内最大的 B 类电商平台，算法业务会承载较高的请求量，必须有一个稳定且低延时的特征数据服务。然而，由于在线服务的存储数据结构不易变动，导致构造差异性垂直的业务数据成本较大等问题，严重制约了算法能力的发展。

基于此，算法工程策略团队提出开发统一的实时数据平台来解决这些问题。该平台提供统一的数据接入方式、稳定的实时数据中间层、高性能的在线数据服务，让业务能够快速享受实时数据的红利，支持算法能力的快速迭代。

图 2-23 是 1688 实时数据平台的数据和服务闭环体系。下面从数据采集、数据分层、数据服务和数据应用 4 个角度介绍该实时数据平台。

2.3.2 数据采集

实时数据主要从集团实时数据流中抽取。在实时数据流之上有客户端、服务端，依托数据流中间件的封装，数据抽取的方式是一样的。

实时数据大多是业务线上报的，由于各业务的规范不同，因此我们为算法服务定制了一套数据规范供业务选择，主要包含以下字段。

- ❑ scm：内容打点。这个字段由算法业务定义，表示一次请求的对应算法标识，例如算法分桶标记。
- ❑ client_type：客户端类型。1688 在 PC、App、WAP 都有流量入口，这个字段用来标记数据是来自哪个客户端。

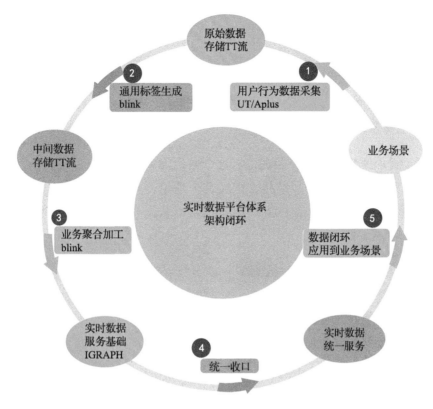

图 2-23　实时数据闭环

- □ page_id：请求唯一标识。这个字段表示一次唯一的请求，例如，在计算 PV 的时候可以使用这个字段去重。
- □ type：行为类型。比如点击、曝光、点赞等用户行为便是通过这个字段来区分的。
- □ scene：场景标记。这个字段由场景定义，保证在场景维度上唯一。
- □ object_ids：行为对象列表。通常，用户都只会对一个对象发生行为，曝光除外。曝光通常是批量而且数据量巨大，出于性能考虑，数据通常会被合并上传，因此行为对象是一个列表。同时在行为列表中，每一个对象后面都可以接一个自定义的数据段，这样就可以把一些对象相关的属性存到里面，让算法可以得到更多事件发生时对象的属性，比如每个商品的动态实时特征。

在数据处理过程中我们使用的是 Blink。定义好数据规范后，我们就开始收集数据并格式化成通用的数据格式。

2.3.3 数据分层

数据分层的目的是提供数据的可泛化应用能力。在传统的数据仓库理念中，数据通常被分为多层。

图 2-24 所示为数据仓库分层理论。这个理论为大数据行业提供了一个非常详细的分层结构，借鉴这个理论，并结合实时数据的特性，搜索事业部搭建了 1688 的实时数据仓库分层结构。

图 2-25 展示的是 1688 实时数据平台的分层结构。与实时数据仓库分层结构相比较可以发现，实时数据平台的分层更少，这是因为数据延时是实时数据的一个关键指标，更多的分层会导致数据延时增加，降低时效性，从而影响业务最终的效果。

图 2-24　数据仓库分层

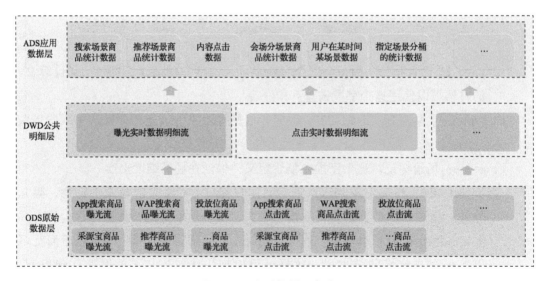

图 2-25　实时数据平台分层

原始数据层是各个服务器对各种类型数据的直接记载，这里不做专门阐述，下面详细介绍一下其他各层数据的职责。

- 公共明细层（DWD）：从数据源提取数据，经过清洗处理后进入公共明细层。这一层中保存的是被清洗之后的结构化数据，可以清晰表达出数据发生的事件、角色、时间、场景。公共明细层是通用数据层，需要尽可能表达出全部的信息，提供足够的扩展能力，以支持复杂多变的上层业务。在公共明细层，不同业务的数据被清洗后以一种通用的数据结构表示。一般情况下，数据只有经过应用数据层加工后才能应用在业务上。

- 应用数据层（ADS）：应用数据层直接面对业务需求，将公共明细层的数据按照需求进行计算、聚合等处理后导入数据流或存储中。

2.3.4 数据服务

为了让业务和数据隔离，提供更强的数据泛化能力，搜索事业部没有让业务直接对接数据存储，而是通过一个数据代理程序对外提供服务。这个服务基于 ABFS（Ali Basic Feature Service），是一套通过配置定义特征并对外服务的 C++ 系统。ABFS 拥有很强的数据在线处理能力，能够提供数据截断、排序及基础的计算能力。

在较早的特征应用中，算法开发会将特征按照自己承接的业务需求进行定制，然后将数据库表直接提供给相应的业务使用。这些特征有些是通用的，比如用户的行为足迹。但是，直接对接存储接口会让业务和这个数据库表紧密耦合，当一个通用的特征进行迭代的时候，会导致与这个特征关联的所有业务都需要重构，并且上线也很麻烦，新旧两套特征必须同时存在一段时间，直到旧特征全部下线。

通过数据代理可以将数据和业务进行解耦。我们可以为特征提供别名，业务访问的时候使用特征的别名发出请求。当我们需要迭代特征的时候，只需要在内部进行数据库表的迭代，比如更换存储类型和表名，以及添加数据字段等操作。这样，我们就能在业务无感知的情况下快速进行特征实验和迭代了。比如，我们曾经要改造一个基础特征，但是这个特征的有效性还没有得到验证，无法全面应用。因此，我们首先创建了一个新数据表，写入新特征，然后挑选一个业务场景进行了几周的效果验证。在得到正向的效果后，在 ABFS 中将旧特征的配置替换为新数据源，立刻就可以应用到整个网站中，而不需要所有的业务方配合。

数据代理的在线计算能力也很重要，在代理服务中进行简单计算，能够让特征以一种标准化的方式对外透出。比如数据截断，在特征应用当中，不同的需求、不同的业务阶段可能偏好不同的时间窗口，需要截断一部分时间的数据进行处理。再比如计算用户行为时间和当前时间的差。这些计算都很简单，但是简单的数据对外透出不利于特征的标准化表达，因为不同的算法会由于处理方式的不同或者代码出错，无法取得最好的效果。在代理服务中进行简单计算，就能让特征以一种标准化的方式对外透出，在特征应用当中可直接获取和使用。在支持大量的业务过程中，这种方式能保障大部分的业务总是能得到正确的特征。

有些复杂计算的需求也比较强，比如从足迹中提取用户偏好，这种需求虽然也是通用特征，但是和业务域紧密关联。因此我们针对这些需求进行了定制开发，针对 1688 的需求打造了一些计算能力，通过 ABFS 对外进行透出。

2.3.5　数据应用

在 1688 的业务场景中，基于实时数据平台提供了多种实时数据服务能力。我们通过图 2-26 来看具体提供了哪些实时数据服务，以及这些服务作用于哪些业务场景。

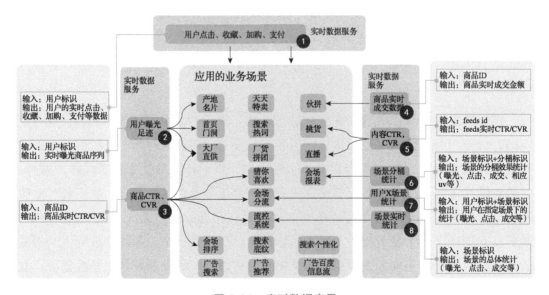

图 2-26　实时数据应用

第 3 章
搜 索 算 法

在大型电商网站中，搜索往往是用户表达意图最直接的方式，来搜索的用户往往有一定的成交需求。所以，搜索的流量占比往往在 50% 以上，同时也是转化率最高的流量来源。搜索中比较重要的是用户的 Query 理解及搜索结果的召回排序，本章将介绍这两部分内容。

3.1 Query 查询词理解

Query 是用户表达真实意图的方式，但是用户并不清楚搜索引擎的原理，这就需要设计更好的系统来理解用户的 Query。本节将从以下几个方面探讨这个问题：

- ❑ 当用户输入 Query 的时候，搜索引擎将对 Query 进行分类，判别用户需要的商品类目；
- ❑ 当用户输错 Query 或者表达的意图与商家表达的意图不一致的时候，搜索引擎需要对 Query 进行改写，帮助用户修正 Query；
- ❑ 当用户输入的 Query 比较简单或者还没有输入 Query 的时候，搜索引擎需要进行 Query 推荐，引导用户进行更精确地搜索。

3.1.1　Query 类目预测

商品是电商网站的基础，商家在发布商品的时候，对商品进行准确描述，能够更好地帮助商品与用户建立有效的连接。商品的必填属性主要包括商品名称、商品价格、商品图片及商品类目等。在用户进行搜索时，是否能够准确预测出相关的类目，对于搜索结果的查准、查全、提效以及提升用户体验等方面均有重要的意义。本节主要讲解类目预测要解决的主要问题及使用的技术手段。

1. 应用场景

在介绍搜索词的类目预测之前，首先简单介绍一下商品的类目结构。为了能够在不同的层次上表达商品的信息，目前采用多层的类目结构，能够分别表达行业以及商品的细粒度分类。下面为两个真实商品的类目结构，我们可以直观地看到商品的各层级类目：

- 食品酒水→坚果炒货→山核桃
- 女装→大码女装→大码 T 恤

毋庸置疑，类目是商品的基础属性，类目预测是搜索的基石，在网站中，类目预测的结果也可以应用在多个领域内，主要应用场景如下。

- 搜索及搜索广告的相关性：类目预测作用于搜索及搜索广告从召回到精排的各个环节，能够帮助搜索引擎在超大规模的商品中快速定位到部分重点类目，在最后的排序阶段，也能有效保证商品与搜索词之间的相关性。
- 搜索导购类服务：类目预测的结果也常被应用在导购、搜索场景下的会场分流、属性的挂载、模型的训练、构建用户的偏好等多方面。如图 3-1 和图 3-2 所示，在类目导航及风向标等场景都有重要应用。
- 商品发布端的类目推荐：在卖家发布新商品的时候，可以根据商品的标题等信息向卖家推荐合适的类目，提升发布效率与质量。

实际上，类目预测任务本质上是一个分类任务，下面来介绍类目预测的相关技术。

2. 基于用户行为的类目预测

当用户输入某个搜索词的时候，系统如何判断用户希望看到哪些类目的商品？

最直观的方法就是，利用用户真实的点击反馈行为进行类目的统计。具体来说，通过用户点击的商品，将搜索词与商品的类目进行关联，可以统计出每个词下每个类目被点击的次数，归一化后，可以得出类目的偏好概率值。

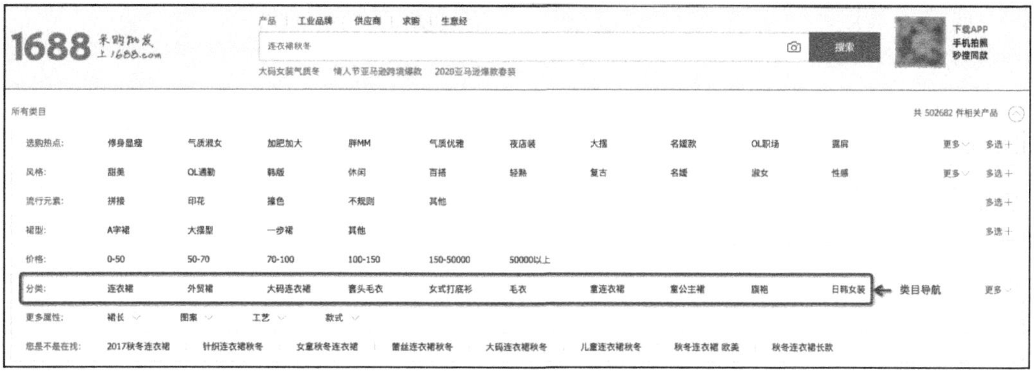

图 3-1　类目导航示例

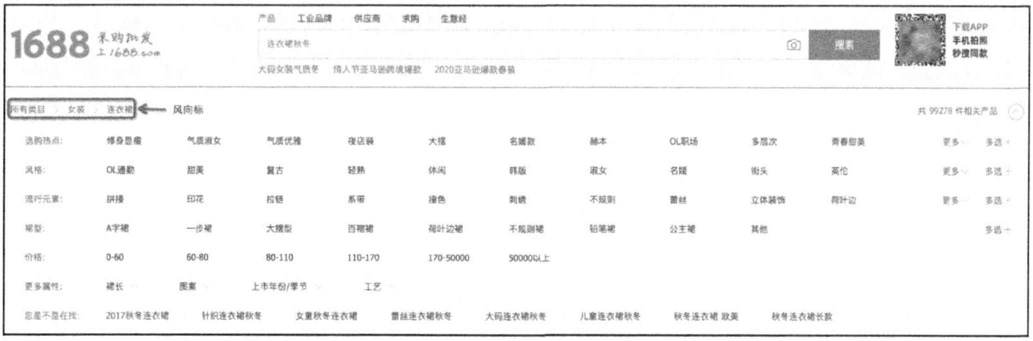

图 3-2　风向标示例

为了更加精准地表示不同的点击对得分的影响，可以对每个商品的点击计算权重，主要考虑日志的时效性，引入时间衰减函数，保证越近的行为权重越高。从用户的行为考虑，通常用户在找到满意的商品后，会结束搜索行为，所以可以认为用户在一个行为周期内最后一次点击的商品，权重最高。

计算用户在某个 Session 时序内搜索 q_s 时，点击的商品 o 的算分权重公式为：

$$\text{Score}(o, q_s) = [C(o, q_s) + \gamma \cdot \text{Last}C(o, q_s))] \cdot T(q_s, t)$$

其中 o 表示商品，q_s 表示 Session 日志中的关键词，$C(o,q_s)$ 表示 q_s 下点击 o 的次数，$LastC(o,q_s)$ 表示最后一次点击行为的权重，γ 表示最后一次点击的权重，$T(q_s,t)$ 为时间衰减函数，其计算公式为：

$$T(q_s,t) = \alpha - \beta \cdot \text{sqrt}(t)$$

其中 α 为未衰减的权重常数，β 为衰减权重参数，t 为 q_s 搜索行为发生时到当前时间的天数。

3. 基于文本相关性的类目预测

基于用户行为的类目预测在高频的搜索词下可以取得不错的分类结果，但是问题也是显而易见的：对于用户行为不够丰富的搜索词，由于数据的稀疏，统计结果并不够准确。同时，由于用户的点击行为会反馈给类目预测的结果，而类目预测的结果又会影响搜索词下类目的分布，会造成马太效应。为了解决上述问题，我们引入文本相关性，将商品的标题进行分词，与商品的真实类目建立关系，构建贝叶斯网络。这类数据非常丰富，且可以覆盖全部类目，可以进一步丰富类目预测结果，并提高准确性。

贝叶斯分类的基础是贝叶斯公式，它通过先验知识和样本知识来对后验概率进行估计，从而实现分类，公式如下所示：

$$P(H \mid X) = \frac{P(X \mid H)P(H)}{P(X)}$$

其中，$P(H \mid X)$ 是根据样本的属性 X 判断其属于类别 H 的概率，称为后验概率；$P(H)$ 是直接判断某个样本属于 H 的概率，称为先验概率；$P(X \mid H)$ 是在类别 H 中观测到 X 的概率；$P(X)$ 是在数据库中观测到 X 的概率。

最经典的贝叶斯网络当属朴素贝叶斯网络，它的基本假设是 X 中的每一个属性之间都是相互独立的，这样一来，若干属性同时出现的概率就可以用独立事件的概率相乘公式来计算。朴素贝叶斯网络广泛应用于工业界。但是在商品标题中，每个词并不能满足独立假设分布，例如"手机"和"电池"往往在标题中同时出现，为了描述 term 词之间的关系，我们利用贝叶斯网络来进行模型的构建。

贝叶斯网络，又称有向无环图模型，是一种概率图模型，根据概率图的拓扑结构，考察一组随机变量 $\{X_1, X_2, \cdots, X_n\}$ 及其 n 组条件概率分布的性质，如果节点 A 依赖于节点 B，则构建一条从 A 到 B 的有向边。将所有的商品标题进行分词后，逐渐加入贝叶斯网络中，每个分词结果作为一个节点，有依赖关系的两个词用箭头连接，并用狄利克雷分布估计出商品类目和词节点之间的概率关系。网络构建完成后，即可预测任意出现在商品标题中的词的类目分布概率。

目前仍存在的问题是如何计算两个分词之间的依赖关系，我们首先依照下面的公式来选出每个分词的依赖候选集。

$$H(X,Y) = -\sum p(x,y)\log(p(x,y))$$

通过拓扑排序、增加节点间的边等方法把树结构变成有向无环图，有向无环的结构确保在计算概率时能应用链式法则，从而变换为条件概率的形式。图 3-3 为贝叶斯网结构示意图，其中圆形节点表示类目，方形节点表示特征词。

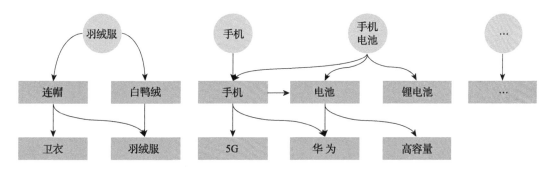

图 3-3　贝叶斯网络结构示意图

建立贝叶斯网络的最后一步是估计独立词节点和非独立词节点组合在各个类目下的概率分布，可以用狄利克雷函数对统计结果进行拟合。通过拟合，为出现频率为零的类目赋予较小的概率值，这样平滑拟合后，若标题中的某个生僻词在类目 C 下未出现，预测商品归属类目 C 的概率不至于为零。拟合的公式如下所示，其中 α_i 表示词 a 在类目 i 下所有商品标题中出现的次数。

$$E(\vec{p}) = \left(\frac{\alpha_1}{\sum\limits_{i=1}^{K}\alpha_i}, \frac{\alpha_2}{\sum\limits_{i=1}^{K}\alpha_i}, \cdots, \frac{\alpha_K}{\sum\limits_{i=1}^{K}\alpha_i} \right)$$

狄利克雷分布是一种常用的先验共轭分布，先验概率是可以通过学习获得的，它表征了训练样本集数据原本的概率分布。现阶段的模型中没有引入先验概率的学习算法，这种基于统计的模型导致出现频率低的强特征无法发挥作用，这一点在后续将做改进。

在类目预测阶段，对每个关键词进行分词并获取词性，查询贝叶斯网络，提取不独立的词分别组成多词特征，剩下的每个词作为单词特征。这些特征之间相互独立，查询每个特征在各类目下的狄利克雷分布，将概率相乘即得到关键词归属于各类目的概率分布。

4. 文本相关性归档

在最终输出的时候，基于文本相关性和用户行为的相关性分数，我们首先进行分数的融合，最简单的方式为通过权重进行加和，计算公式如下：

$$Score(Q,C) = \omega_1 \cdot ClickRele(Q,C) + \omega_2 \cdot TextRele(Q,C)$$

其中，$Score(Q, C)$ 为搜索词 Q 在类目 C 下的概率，$ClickRele$ 表示基于用户行为反馈的类目预测概率，$TextRele$ 表示基于文本相关性的类目预测概率，ω_1 和 ω_2 分别为对应的权重。

前文已经介绍过，类目相关性会用于多个场景，直接输出分数对于使用方来说并不友好，这样的结果无法很好地表达类目相关性的好和坏，所以最后一步会依据分数将类目预测的结果归为 3 档：精确档、相关档和周边档。分档函数通常依据一些规则设定的阈值来进行划档。

3.1.2 Query 改写

在电商网站中，正确理解用户输入的查询词是搜索的基础，它是用户当前意图的最直观表达，只有更好地理解用户的意图，才能召回更多满足用户需求的优质商品，进而在后续的排序阶段，能够有更大的打分候选集，最终将最恰当的商品呈现给用户。本节主要讲解如何对用户搜索词的意图进行挖掘与改写，以及在电商场景中利用用户的搜索词所做的导购搜索产品，改写后的结果在搜索引擎中的具体召回过程会在后面的章节中进行介绍。

1. 意图识别

在电商的搜索过程中，需要将用户的搜索意图与商品进行关联。举个简单的例子，如果用户搜索了"新款连衣裙"，我们首先进行分词，并将分词后的结果转化为可查询语句：新款 AND 连衣裙。假设我们有表 3-1 中的 3 个商品，搜索引擎同样会对商品的标题进行分词并建立索引，我们能够很容易地看出，在这次查询中，我们可以召回 A 和 C 商品，而 B 商品将不会被召回。

表 3-1　标题分词结果示例

商　品	标　题	标题分词
A	跨境新款高腰一字肩不规则欧美女装连衣裙夏女	跨境、新款、高腰、一字肩、不规则、欧美、女装、连衣裙、夏、女
B	白色连衣裙 2019 新款秋装女仙高端过膝长裙气质显瘦收腰长款裙子潮	白色、连衣裙、2019、新款、秋装、女仙、高端、过膝、长裙、气质、显瘦、收腰、长款、裙子、潮
C	2018 夏季新款时尚休闲女装套头修身显瘦拼接连衣裙 A 字中长裙批发	2018、夏季、新款、时尚、休闲、女装、套头、修身、显瘦、拼接、连衣裙、A、字、中长裙、批发

在正式介绍 Query 改写之前，我们先来看一些在搜索中常见的搜索词，感知一下 Query 改写的目标。

- ❑ Nike 鞋——nike 鞋 OR 耐克鞋
- ❑ 修闲零食——修闲零食 OR 休闲零食
- ❑ 女士 T 恤——女士 T 恤 OR 女式 T 恤

2. 常规改写

搜索词改写的基本流程为停用词处理→归一化→纠错改写→同义词替换→丢词改写，接下来将逐一进行介绍。

（1）前置处理

用户的搜索词可能包含各种内容，如"女装 连衣裙""新款 T 恤""T 恤 +女""薯片 ~"，其中含有一些无意义的词，如" ""+""~"等，是需要统一剔除的，这个过程称为停用词处理。剔除过后，会进行搜索词的归一化，如大小写的归一化、分词后的排序等，处理后的标准搜索词进入后续的流程中。

（2）纠错改写

在搜索场景下，我们发现用户可能会输入"电度""修闲食品"等不能正确表达搜索意图的搜索词，对这类词进行改写，可以降低用户重复输入的成本，提升用户体验。通过分析，这类需要改写的文本的问题主要集中于多字、漏字、错别字和易位。

纠错的问题，实际上可以抽象为一个典型的隐马尔可夫模型（HMM）来进行求解，将用户真实的输入作为观测序列，而最优的隐藏状态则为改写后的结果。

下面为具体的求解过程，我们希望求解出在观测到搜索词为 Q 的情况下，概率最大的真实搜索词 C 的值：

$$C^* = \text{argmax}P(C|Q)$$

依据贝叶斯公式法则，将公式变形为：

$$C^* = \text{argmax}_c \frac{P(C,Q)}{P(Q)}$$

其中 $P(Q)$ 不影响求解，作为一个常数处理，公式变形为：

$$C^* = \text{argmax}_c P(C,Q)$$

将公式分为语言模型和纠错模型，语言模型为 $P(C)$ 的概率，纠错模型为 $P(Q|C)$ 的概率，展开可以表述如下：

$$C^* = \text{argmax}_c \left(\pi_{c_1} \prod_{i=1}^{l-1} a_{c_i c_{i+1}} \prod_{i=1}^{l} b_{c_i}(Q_i) \right)$$

❑ 语言模型

如 n-gram 语言模型，对于每个语言单位，利用前面 $n-1$ 个单位预测当前语言单位可能出现的概率，通过最大似然方法进行参数的估计，可以将用户输入的搜索词直接作为训练语料，具体的公式可以写为：

$$P(\omega_i | \omega_{i-n-1}, \cdots, \omega_{i-1}) = \frac{C(\omega_{i-n-1}, \cdots, \omega_i)}{C(\omega_{i-n-1}, \cdots, \omega_{i-1})}$$

我们尝试使用 Trigram 模型，同时为了避免传统插值平滑算法导致特征空间急剧膨胀的情况，使用了如下的 wilson 下区间进行平滑处理：

$$\frac{\hat{p}+\frac{1}{2n}z^2_{1-\frac{a}{2}}-z_{1-\frac{a}{2}}\sqrt{\frac{\hat{p}(1-\hat{p})}{n}+\frac{z^2_{1-\frac{a}{2}}}{4n^2}}}{1+\frac{1}{n}z^2_{1-\frac{a}{2}}}$$

当然，在这个过程中也可以尝试其他的语言模型和平滑方法。

❑ 错误标注模型

该模型需要标注信息来获取改写后的增益结果，人工标注无疑是最准确的数据，但是样本积累成本较高。通过线上的数据可以发现，用户搜索错误的词无法得到满意结果的时候，大概率会再次使用正确的词进行搜索，所以我们可以通过用户最近的几次搜索词加上约束条件（如音似、形近等）作为标注数据，将搜索词先进行分词，将分词对齐后，通过对标注数据的统计，计算出在正确的搜索短语 ω_i 下误写为搜索短语 ω_j 的概率，并进行平滑，具体表达如下：

$$b_{\omega_i}(\omega_j)=\begin{cases}(\lambda c(\omega_i\,|\,\omega_i)/c(\omega_i)) & i=j\\ c(\omega_j\,|\,\omega_i)(1-\lambda c(\omega_i\,|\,\omega_i))/c(\omega_i) & i\neq j\end{cases}$$

其中，$c(\omega_i)$ 表示配对中正确短语为 ω_i 的个数，$c(\omega_j\,|\,\omega_i)$ 表示配对中正确短语为 ω_i 且观测短语为 ω_j 的个数，当两个词一致时，占比可能比较高，使用 λ 系数进行平滑，当两个词不一致时，占比越高则成为真正的改写结果的可能性越高，而原词组成配对的频率越高，改写的结果可能越低。

（3）同义词扩展

搜索词改写的核心目的就是减少用户的输入与搜索的真实意图之间的差异，基于之前介绍过的搜索引擎的简单召回逻辑可以知道，在搜索引擎中，主要是对商品的标题等确定性的信息建立倒排索引。由于相同的含义可能有多种表达，所以可以将搜索词进行同义词扩展，以此来尽可能贴近用户的真实意图。

同义词的挖掘主要有以下几种方法。

❑ 基于文档共现的方法

主要通过处理包含 Query 的相关文档来找出与 Query 相关的词或短语，然后用这些词或短语构成要改写的 Query。

比如利用 Query 与相关文档的特征（熵、TF-IDF、产品品牌标签、Term Weight 词权重等）计算相关性，这些特征来自于与 Query 相关的文档，如类目、商品标题、商品详情页。

❑ 基于日志统计的方法

Query 由词和短语组成，传统的文本检索信息或文本编辑距离可以用来度量 Query 之间的相似度，经典的 Word2Vec 模型可以快速计算每个词语的 Embedding，通过具体的方式可以找到距离较近的词语，作为同义词的备选词库。

如果两个 Query 有共同的点击 URL，那么我们认为这两个 Query 是相关的；如果两个 URL 被同一个 Query 点击，我们可以基于此计算两个 URL 的相关性。

❑ 基于用户行为的方法

基于用户在一个 Session 窗口的搜索过程中，为了同一个检索目标所做的一系列检索行为（搜索、收藏、点击、浏览、交易），可以计算和统计该窗口内 Query-Query 的相似度（点击或交易行为的 Query 加权）。

在挖掘出相似的 Query 之后，通过两个词语的相似度分数的阈值来取出高置信度的结果，或者增加一个判别模型来判断同义词的改写是否合理。

3. 语义改写

通过同义词的改写，可以对搜索词进行有效地扩充，但是基于同义词的改写还存在如下两个问题：

❑ 忽略了上下文的信息，如"苹果手机"与"红富士苹果"中"苹果"的含义并不相同，所以同义词的替换需要有比较严格的判断；
❑ 无法解决一些描述性的词语，如"新款""爆款""小于 10 元"等。

为了更好地解决上述问题，我们尝试对搜索词的语义进行建模，直接改写整个搜索词，并挖掘出适合进行描述性聚类的标签，这类标签可以包括网站支持的所有可供筛选的服务，最终建立如下的改写结果：

搜索词→搜索词 1 OR 搜索词 2 OR（搜索词 3 AND 标签）

我们将挖掘可扩展的搜索词和挖掘标签类改写作为两个任务分别进行处理。

挖掘可扩展的搜索词与同义词的挖掘方式比较类似，整个过程分为候选词的挖掘与候选词的选择，整体的结构可以表述为如图 3-4 所示的形式，具体的算法不再单独说明。需要指出的是，判别模型的数据收集相对来说比较困难，目前主要的方式为人工标注及线上投放，通过用户的点击反馈来计算每种改写召回的效果。

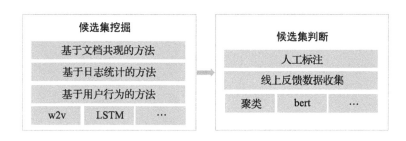

图 3-4　语义改写逻辑

标签类挖掘主要包含规则类挖掘与聚类挖掘。规则类挖掘为人工指定规则模式，主要包含价格改写、类目改写与属性改写。聚类挖掘主要使用聚类方面的算法，将商品与标签进行映射，如圣诞、新年、爆款、新款等，将相关的商品进行聚类，并挖掘出与之相对应的一系列短语进行映射，作用于 Query 的相关替换。

3.1.3　Query 推荐

Query 推荐指挖掘用户的潜在心智，推荐用户感兴趣的 Query，帮助用户进行 Query 词的补全或者 Query 词的推荐，从而成功引流到搜索场景，包括底纹、热词、锦囊等多个模块。

除了可以挖掘出用户的潜在意图并传达给用户，Query 推荐还是有效的分配策略。利用搜索需求的精准性，在搜索结果中插入更加丰富的导购信息，满足用户更好的导购诉求，例如搜索榜单、权益券、产地卡片锦囊等。这套营销系统在搜索场景下的转化率要远高于其他渠道。

1. 首页底纹

图 3-5 是 1688 的首页底纹产品，首页底纹是位于首页搜索框内提示的默认展示词，每天承担搜索引流的作用，培养用户搜索心智，推荐用户感兴趣的 Query，帮助用户唤起中断需求。好的导购产品，就要做到比用户更了解用户想要买什么、买什么更合适。B 类买家跟 C 类买家不同：C 类买家主要为满足个人喜好；而 B 类买家的目标是服务于一批目标客户，并希望能容易地促成交易，意图有倾向性，但也期望多样性，更期待发现惊喜。

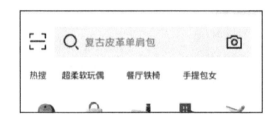

图 3-5　1688 首页底纹

如何做到比用户更了解用户呢？需要从用户的行为里去挖掘用户想买什么商品，这类商品有什么风格等偏好。通过挖掘用户潜在意图从而推荐用户心仪的 Query，甚至为用户带来惊喜，而不是局限于常规的重复性，从而为平台促成新买卖关系，提高用户对平台的依赖性。

我们的算法需要计算每个 Term 的 Embedding 向量以及它们在 Query 和 title 内的权重。首先需要建立 Query 和点击 title 的二部图，并且通过阿里巴巴 NLP 工具包 Termweight 对 Query 和 title 进行分词处理，获得分词结果 term 和相应的权重 Weight，如表 3-2 所示，再利用 word2vec 训练得到的 Term vector 和图计算方式分别生成 Query 和 title 的向量表征。

到此完成底纹推荐的基础准备工作。

表 3-2 Termweight 示例

Item	Termweight
仿水貂绒半高领毛衣女秋冬季新款宽松慵懒风加厚雪尼尔打底针织衫 现货 价格 ¥36 起批量 2-1999 镇店之宝 店铺 权益 登录 优惠 优惠券 物流 浙江省 嘉 实际发货 成交\评价 ★★★ 1	仿 _5　水貂绒 _8　半高领 _5　毛衣 _18　女 _5　秋冬季 _5　新款 _5　宽松 _5　慵懒 _2　风 _5　加厚 _5　雪尼尔 _5　打底 _5　针织衫 _18
曼纤格大码女装2019年新款冬装200斤胖mm加大码大毛领工装棉服女 现货　分销 价格 ¥186.00 起批量 2-4 件 权益 登录 查看是否 优惠 满优惠　单笔 物流 江苏 盐城 呈 通 实际发货时长: 72小 成交\评价 30天内 960件成交	曼纤格 _2　大码 _4　女装 _17　2019年 _0　新款 _4　冬装 _17　200_0　斤 _0　胖 _2　mm _2　加大码 _4　大 _4　毛领 _8　工装 _8　棉服 _17　女 _5
毛衣女宽松韩版套头学生拼色圆领秋装新款女长袖百搭打底衫潮特卖 现货　分销 价格 ¥9.90 - 起批量 ≥2 件 权益 登录 查看是否 优惠 邮杜　本 物流 江苏省 苏州市 5 实际发货时长: 24 成交\评价 ★★★★★ 颜色 1件装白色　1	毛衣 _15　女 _4　宽松 _4　韩版 _4　套头 _4　学生 _4　拼色 _4　圆领 _4　秋装 _15　新款 _4　女 _4　长袖 _4　百搭 _4　打底衫 _15　潮 _2　特卖 _3

在上述数据的基础上，为了进行 Query 的推荐，我们提出了图化卷积 Embedding 聚合算法（GCEA）。如图 3-6 所示，首先建立 graph 二阶邻居节点：user → query → offer，然后定义聚合路径为 user →（search →）query →（click →）offer。整个算法是非监督学习方式，反向模拟 CANE 算法。CANE 是监督学习训练词权重和 Attention 权重，而我们提出的算法是根据业务场景中的用户行为和电商语义

关系生成的权重，采用同样的卷积聚合表示。其中，Embedding（64 维）和权重指示函数 pooling 是基于 Query 和 title 分词结果预先训练得到的，然后根据 Attention 权重聚合得到最终的 Query Embedding 和 tittle Embedding。在线检索逻辑是聚合用户一次搜索窗口 Query 下点击的商品行为，根据点击商品的 title Embedding 计算表示用户偏好意图 Embedding，并根据 Embedding 向量相似度在线召回 Query。

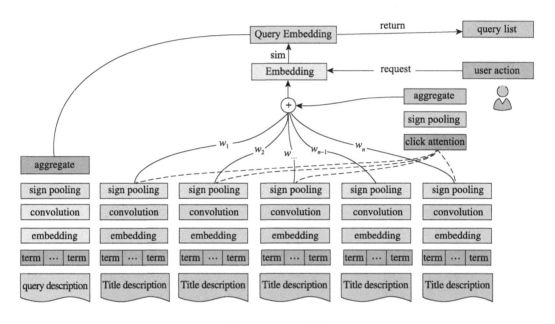

图 3-6　GCEA 算法

离线 Query 召回实验如表 3-3 所示，原始 Query 是"宠物推毛剪"。采用 Word-2Vec 加权的 Query 召回基本上都包含"宠物"关键词，召回有"推毛剪""剃毛剪"的 Query，首先召回相同词，其次召回同义词。Deepwalk 除了召回同义词"修毛剪"，还召回了更多相关词，如"美容剪""剪毛套装"。基于 graph 图网络的 GCEA 除了召回宠物剪，还召回了美容梳、吹风机、磨甲器等相关物品，从用户输入宠物推毛剪，推理出用户需要的其他相关物品，召回内容具有明显的发现性，更符合 B 类用户多品类组货的采购特征。

表 3-3　GCEA 实验对比

Query	word2vec 加权	Deepwalk	GCEA 召回
宠物推毛剪	宠物电动推毛剪	宠物修毛剪	狗美容梳
宠物推毛剪	宠物圆剪	宠物美容剪	宠物专用吹风机
宠物推毛剪	电动宠物剃毛剪	宠物剪	磨甲器宠物
宠物推毛剪	新款宠物剃毛剪	宠物剪毛套装	宠物剪
宠物推毛剪	宠物剃毛剪	专业宠物美容剪刀	狗排梳

Query 召回的核心处理原则有以下几个方面：

- 必须含有产品核心词，采用的技术也主要依靠 Termweight 中识别的词性判断，优先顺序依次是核心产品词、产品词、通用产品词、普通词；
- 去除含有"厂家"等的词，避免作弊刷词；
- 归一化权重；
- 提高计算性能，Query 点击数据呈长尾分布，保留点击热度高的 title，减少计算量。

2. 搜索锦囊

当用户输入 Query 进行搜索时，一方面，需要有适合他的商品展现出来，另一方面，需要更好地理解用户意图，为其推荐更合适的关键词进行细分查找，从而高效地引导用户找到他想要的商品，这时搜索锦囊就派上用场了。锦囊是阿里巴巴电商平台内部对细化用户意图的导购形态的泛称，图 3-7 所示，在搜索场景，锦囊细分为多种类型，如细选锦囊、榜单锦囊、相关搜索锦囊等。

细选锦囊是指根据用户的搜索词，推理出一系列相关的查询词，细化用户的搜索意图。商品固有的信息包含商品标题和 CPV 信息，也是细选的主要内容来源。商品的 CPV 信息分别是类目 – 属性 – 属性值（例如，女装 < 一级类目 >、连衣裙 < 三级类目 >、材质 < 属性 >、雪纺 < 属性值 >），是电商运营体系的基础，加入 CPV 信息对于提升锦囊的精准性意义重大。主要策略是对买家在 Query 下所点击的 CPV 分布做统计分析，向用户展示最核心的相关 CPV 值。

a）细选锦囊　　　　　　　b）榜单锦囊　　　　　　　c）相关搜索锦囊

图 3-7　锦囊类别

　　CPV 是规范化后的信息，而商品标题内容描述更自由和丰富，如何提取出商品标题的有效信息，是细选锦囊的核心。相较于搜索词 Query，标题属于长文本，提取有效信息，首先需要对标题进行切分，主要采用分词算法提取 Term，然后对 Term 做识别 tag，主要采用的算法是 bilstm-crf，其网络结构如图 3-8 所示。

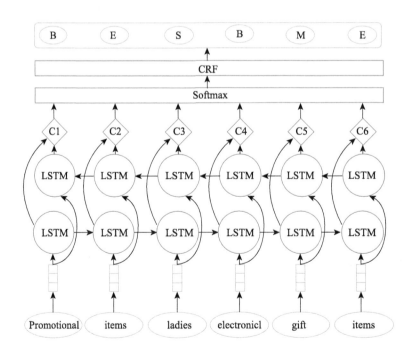

图 3-8　bilstm-crf 原理

对提取的 tag 做编码排序，排在最前面的通常是通用词，主要采用的是 tf-idf 原理提取有效的 tag。去除停用词、无相关通用机构词也是自然语言处理中必不可少的。输入 LSTM 单元的变量是训练好的 word2vec 向量 Word Embedding，每个输入单词对应两个 LSTM 单元，分别从左右两个方向遍历单词序列 LSTM，对应输出两个向量，把这两个向量 Concat 成一个向量，输入全连接层 Softmax。加入 crf 层以兼顾不同标签之间的词性关系。如此，商品标题经过 bilstm-crf 后如表 3-4 所示。

表 3-4　商品标题 bilstm-crf 提取结果

tag 种类	tag 值	tag 种类	tag 值
普通词	供应	功能功效	防垢
修饰	小型	品类	除垢器
修饰	家用	符号	—
修饰	磁化	品类	饮水机
品类	活水器	普通词	用
符号	—	普通词	磁化器

标题中含有的分词种类非常丰富，以 Query 为连衣裙为例，经过 title 提取 tag 后，去重后相关的 tag 近 5000 个，需要解决两个问题：

其一，需要提取核心 tag 种类；过滤掉如地域、人名、否定、机构实体、单位、代理、赠送等不适合出现在 Query 推荐细选的 tag 种类；输出核心类型，包括品质成色、修饰、人群、风格、新品、功能功效、季节、颜色、款式、材质等。

其二，提取信息熵高的 tag，通用 tag 有效信息低，如女装、加工、生产等，设定信息熵阈值，只输出高信息熵的 tag。综合处理后，Query 连衣裙相关的推荐 tag 信息如表 3-5 所示。

表 3-5　连衣裙的相关 tag

tag_fid	tag_vid	tag_fid	tag_vid
新品	新款	品类	毛衣
时间季节	2019	款式元素	宽松

（续）

tag_fid	tag_vid	tag_fid	tag_vid
品类	女装	风格	性感
时间季节	秋冬	风格	时尚
款式元素	长袖	品类	长裙
材质	针织	款式元素	收腰
风格	欧美	材质	蕾丝
修饰	中长款	款式元素	长款
风格	韩版	颜色	纯色
功能功效	显瘦	款式元素	过膝
款式元素	修身	功能功效	打底
风格	气质	品类	裙子

整个搜索锦囊采用桥接模式设计，实现可配置化，根据不同的需求配置不同的卡片样式，例如榜单、专属红包等多样式卡片只需提供数据，在锦囊配置中增加配置样式，便可即插即显，高效便捷开发。

3. 个性化热词

个性化热词诞生之初，是在"猜你喜欢"中嵌入锦囊热词，在用户逛不下去的时候，提供推荐热词，一键跳转到搜索。主要方法是根据用户点击行为推荐热词（见图 3-9），I2Q 召回部分热词，然后采用 BFS（Breadth First Sort，宽度优先排序）在线排序输出"猜你喜欢热词"（见图 3-10）。

在离线阶段，首先根据用户的搜索点击日志离线生成 I2Q（item2query）召回词表。接着根据用户 userID，获取用户历史点击的 itemID，再由 I2Q 表召回 itemID 挂载的 Query，以及 item 的类目 cateID，在线构建 cateID-itemID-Query 树（见图 3-11）。

在在线阶段，根据宽度优先排序算法（Breadth First Sort for Personal Recommend Query）进行查询（见图 3-10），以保证推荐 Query 的多样性。

a）短文本锦囊　　　　　　　　　　b）长文本锦囊

图 3-9　猜你喜欢锦囊

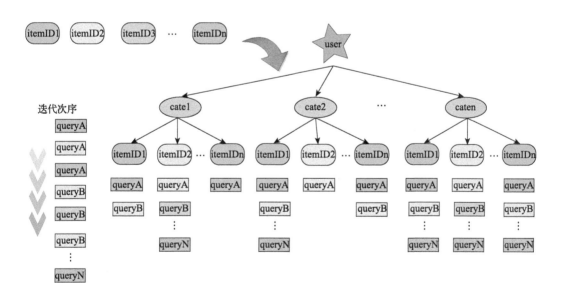

图 3-10　cateID-itemID-query 树

---

algorithm 1 Breadth First Sort for Personal Recommend Query

input:

Personal actioned ItemId $O(UserId, RequestNum)$;

ItemId related Query $Q_{item}(ItemId, query)$;

Category of ItemId $C(ItemId, category)$;

style flag of show F, *support long query or not*

output: Personal Recommend Query Q_{out}, *size* $N1$ *or* $N2$

    while $Q_{size} > 0$ **and** Q_{out} *size* $< (N1$ *or* $N2)$ **do**

        for $C\ i = 1 \to N$ **do**

            $itemId \leftarrow C_i$

            Sort $itemId$

            for $itemId k = 1 \to N$ **do**

                if $itemId[k] >=$Threshold **then**

                    $1 \leftarrow itemId[k]$

                else

                    $itemId[k]++$

                end if

                $Q_i \leftarrow Q_{item}[itemId]$

                $sort Q_i$

                for $q_k = q_1 \to q_N$ **do**

                    $Q_{out}[k] \leftarrow Q[k+1]$

                end for

            end for

        end for

    end while

图 3-11　Breadth First Sort for Personal Recommend Query 个性化 query 推荐的宽度优先排序算法

4. 大促会场热词

大促的时候，会场会加入搜索中间页，提高用户购买到心仪商品的效率。我们根据运营配置的会场商品，挖掘关键热词，提供会场个性化的热词服务，图 3-12 描述了整个大促会场的热词流程。

运营配置大促会场商品类目，用户进入会场，客户端请求带会场 pageID，QP 根据接收到的会场 pageID 查找会场相关类目，根据用户行为推测 Query，会场类目 Query 优先。同一个用户登录不同会场时展现的热词不同，在大

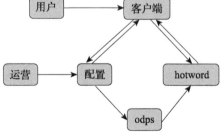

图 3-12　会场大促中间页热词流程图

促场景个性化地推出会场相关的 Query，以更聚焦用户意图，提高用户使用率。

5. Query 生成

在我们的 Query 推荐场景中，经过清洗后可用的 Query 大概只有上百万，而

1688 的商品量为几亿，显然，目前的 Query 库很难完全表征如此丰富的商品库，所以，扩大 Query 数据库就显得格外重要。

因此，我们想到了采用 Seq2Seq 生成模型（见图 3-13），基于用户行为预测用户接下来的意图。采用监督学习的痛点是没有现成的样本，关键在于如何构建样本最合适。以用户搜索点击后，第二次相关的搜索 Query 作为 label，构建训练样本。初步尝试发现，生成模型预测的结果过于分散、搭配不当，为解决这个问题，就需要不断细化训练样本。根据深度学习模型具有集聚效应的特征，通过构建训练样本和标签的关联性，提高预测的准确性，在经过多次调整后，预测指标 rouge 有了显著提升。

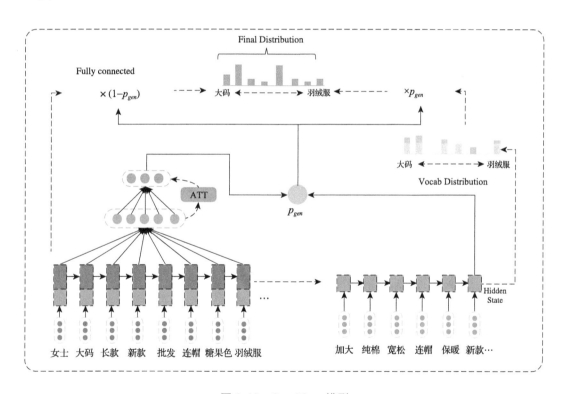

图 3-13　Seq2Seq 模型

tw_aliwd_25f_ver3 模型相对于 version1 模型，rouge 提升了 104%（见表 3-6），预测相关性也更好（见表 3-7）。

表 3-6　Seq2Seq 模型 rouge 指标

ver\rouge	rouge-1	rouge-2	rouge-3
version1	0.2276	0.1334	0.2236
tw_aliwd-ver2	0.4244	0.2936	0.4205
tw_aliwd_25f_ver3	0.4645	0.3279	0.4617

表 3-7　Seq2Seq 预测结果

输　入	预　测	label
耳机　深圳　实力　耳机　工厂　供应　入耳式　麦线控　金属　耳机　重低音　好　音质	蓝牙　耳机	蓝牙　耳机
杨幂　围巾　女　春秋　冬季　杨幂　范冰冰　同款新款　加厚　披肩　英伦　保暖　围脖　女士　潮	加厚　女士　围巾	儿童　格子　围巾
桌椅　一体　靠背椅　办公会议　椅　塑料椅　学生__教学椅　厂家　直销　办公椅　网布　家用　职员椅旋转　升降　座椅　简约　弓形　靠背　电脑　椅子	弓形　椅子	铁艺　椅子

搜索导购在为搜索引流提高搜索 UV 和 PV、建立新买卖关系、提供交易 GMV 和买家数、繁荣整个搜索大市场，以及提高广告营收方面都发挥了重要作用。

3.2　搜索排序

目前 1688 网站上有数以亿计的商品，而且随着网站业务的蓬勃发展，商品数量还在呈指数级增长。一方面，海量的商品极大地满足了不同用户的不同搜索诉求；另一方面，海量商品的出现也会妨碍用户快速检索到感兴趣的商品，对用户的正常购买、决策过程产生影响，这也是现代信息系统中经常出现的信息过载（information overload）问题。目前，大部分电商网站解决这个问题的途径主要有搜索、推荐及广告。本节主要介绍搜索排序的思路。在搜索排序问题中，用户给出查询词，系统最终给用户展示出最感兴趣的几千个商品。

1688 网站的排序分为多种形式，有销量排序、价格排序、综合排序等。销量排序及价格排序都是按照一定规则进行排序的，因此下面介绍综合排序的内容。

搜索排序是连接买家和卖家的一个重要环节，它决定着买家购物体验的好坏，到达卖家的流量多少，以及网站能否良性发展。作为 B2B 的搜索引擎，需要权衡下面三方的利益，最大化整体收益：

- □ 买家的体验：不仅要精准找到相关的产品，还需要结合买家意图给出最符合其需求的结果，尽可能缩短其购物路径；
- □ 卖家的收益：引导目标买家进入其产品详情页或者旺铺页面，帮助卖家展示或者销售其产品；
- □ 平台的发展：权衡全站卖家利益，引导各平台产品的健康发展。

当用户在 1688 网站进行搜索的时候，从搜索词到最终展示给用户商品的过程中，经过的步骤包括倒排查询、正排过滤、粗排、精排及最终的排序。

比如，当用户搜索关键词"连衣裙"的时候，搜索引擎是如何在极短的时间内对海量的商品进行排序并最终返回给用户的呢？整体的流程可以大体分为以下步骤：

- □ 搜索词处理。如 3.1 节所述，搜索引擎后台会对搜索词进行分词、改写、类目预测等操作。
- □ 用户信息处理。搜索引擎后台可以获取用户之前的行为记录及预估的性别、年龄、购买力、店铺偏好、品牌偏好、实时行为等信息，进行存储。
- □ 已经建立好倒排的搜索引擎，依据搜索词、类目预测信息进行召回、粗排及精排，最终返回分数最高的 Top N 的商品。这里的搜索引擎会对商品进行分列，执行并发计算，只要扩充机器，即可支持更大的商品量。

随着互联网技术的成熟和阿里系电商平台的发展，搜索引擎至今已经迭代了多轮，搜索排序也已经从最开始的统计模型升级到机器学习模型，近几年又融合了深度学习框架，排序模型的计算结果也越来越精准。个性化的加入，无疑极大地丰富了搜索排序的空间，回顾个性化模型：从 2010 年开始，挖掘用户的基础标签；随着算力的增强，2013 年开始尝试使用大规模机器学习和实时化特征；到 2015 年，将推荐的方案融合进搜索体系中；再到如今，业界已经开始广泛使用深度学习模型进行更精细的建模。相信随着技术的进一步发展，搜索排序将更加智能化。

下面将带领大家更详细地了解强大的搜索引擎。

3.2.1 召回

搜索引擎已经广泛应用于电商网站，我们为什么需要搜索引擎？搜索引擎又是如何工作的呢？电商网站中存在着上亿的商品，想象一下，当我们想要买一件 T 恤的时候，可能会在页面上搜索"圆领 T 恤"，最直观的想法是遍历所有商品，查找满足需求的商品，这样的做法效率低下，可以采取与数据库相似的处理方法，可以通过构建索引的方式来加速对商品的检索。这里需要引入倒排索引的概念。对每个商品需要被检索的子单元创建一个索引，在搜索中可以直接通过子单元快速找到商品，而不需要遍历所有商品，这个索引就是搜索引擎中的倒排索引。

利用倒排索引对商品进行初筛的过程，我们称之为召回阶段。在这个阶段，不会进行复杂的计算，主要根据当前的搜索条件进行商品候选集的快速圈定。在此之后，再进行粗排和精排，计算的复杂程度逐渐提高，计算的商品集合逐渐减小，最终完成整体的计算。

图 3-14 所示框架为搜索引擎工作的主要流程。在引擎的构建过程中，首先进行分列，在每个分列中单独完成召回、粗排和精排的过程，最终从每列中选出分数最高的 N 个商品，并在顶层进行聚合，选出全局分数最高的 N 个商品，即可完成整体的排序过程。

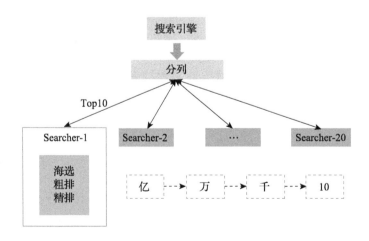

图 3-14　搜索引擎工作流程

1. 词召回

在构建引擎索引的过程中，首先要解决的是分词问题。我们仍以"圆领 T 恤"为例，目前存在一个标题为"春季新款简约圆领打底衬衫长袖 T 恤女"的商品 a，存在一个标题为"春季新款简约打底衬衫长袖 T 恤女"的商品 b，我们首先选择合适的分词粒度来对这两款商品进行分词，并将分词项构建为倒排索引的词典。需要指出的是，分词粒度并不是越小越好，如"简约"，如果拆分为"简""约"两个单元，则无法真实传达词语的含义。我们按照小粒度分词的结果建立索引，对于搜索词"圆领 T 恤"，同样先进行分词，分词结果为：

建立的倒排索引可以表示为：

3.1.2 节介绍了 Query 改写的相关内容，这里我们可以先将搜索词改写为"圆领"AND"T 恤"的查询语法树。在进行召回时，通过"圆领"可以召回商品 a，通过"T 恤"可以召回商品 a 和 b，取交集，则可以召回到合适的商品 a。

以这种倒排索引为基础，我们不仅可以对商品的标题进行分词并构建索引，也可以对商品的类目、价格、是否包邮等内容建立相应的索引，只需要构造正确的查询语法树，即可快速召回符合多种组合条件的商品。

即使允许召回更多的商品，仍旧有召回数量的限制，所以我们需要给每个商品一个可以用于召回的分数，进行召回部分的截断。召回的最终目标是召回在精排阶段分数尽可能高的商品集合。由于这个分数将被用来构建倒排索引，每天进行一次，每个商品只有一个分数，所以这个分数无法与用户和搜索词进行关联，所以我们主要考虑商品质量和发布时间。最简单的方式是直接使用精排的重要分数进行拟合，也可以依据线上的情况进行召回分数的学习，学习的目标是使 TopN 的集合与精排产生的集合重合度更高。

加入商品的召回分数之后，仍然会存在相关性及类目倾斜的情况。举个简单的例子，当我们搜索"手机"的时候，同时可以命中非常多的手机配件。手机配件的商品量远远多于手机，它们价格更低，重复采购的周期更短，在召回分数上，很容易超过手机产品，极端情况下，可能出现手机产品召回较少甚至无法召回的情况。为了缓解这类问题，搜索引擎也支持按照字段限制召回数量的功能，我们可以结合类目预测的结果，对每个搜索词计算每个类目下最合适的召回数量，从侧面保证搜索结果的类目相关性与多样性。

2. 向量召回

前面介绍了词召回的相关内容，而在搜索引擎和搜索广告中，还有一种很重要的问题是召回的时候保持语义相似度，这里主要体现在两个方面：召回和排序。在召回时，传统的文本相似性算法如 TF-IDF、simhash、BM25 等，很难召回具有语义相似性的 Query-Doc 结果对，如"儿童用品"与"玩具"的相似性、"数码产品"与"耳机"的相似性、"微软 Surface"与"平板电脑"的相似性。

与传统的文本类似，基于词的召回也会存在无法自动扩展词的语义信息的问题。例如，当用户搜索一个数码产品的时候，如果商家的产品词没有加上"数码产品"这个词，那么他的产品就无法被倒排索引正确召回。为了解决这个问题，一方面，可以利用近义词对用户查询词进行扩展之后再进行召回，增加被正确召回的商品数量；另一方面，还可以通过深度学习召回模型解决这个问题。首先，我们介绍召回问题的数学定义。

召回问题可以定义成分类问题，输入样本集为 x_i、y_i，其中 x_i 为样本，y_i 为召回的类别，那么在这个定义中，损失函数为交叉熵损失函数（Cross Entropy Loss）：

$$L(\hat{y}, y) = -\sum^{C} y_i \log(\hat{y}_i)$$

其中 y 是 one-hot 编码，只有对应的类别标签才为 1，$\hat{y}$ 是每个类别输出的概率。

召回问题也可以定义成：输入一个查询样本 x_q，从数据库中召回与查询样本相似的样本 x_p，形成样本对 (x_q, x_p)，根据召回结果是否相似，可以得到多个正负样本对。在这种样本对的定义下，有两个损失函数定义方式：样本对的损失（Pairwise Ranking Loss）[1]和三元组的损失（Triplet Loss）。

样本对的损失如下（Positive Pair 和 Negative Pair 分别表示正样本对和负样本对）：

$$d(\boldsymbol{x}_q, \boldsymbol{x}_p) \text{if positive pair}$$
$$\max(0, m - d(\boldsymbol{x}_q, \boldsymbol{x}_p)) \text{if negative pair}$$

在这个定义下，总体的损失函数如下：

$$L(X_1, X_2, Y) = \sum \frac{1}{2} d(\boldsymbol{x}_q, \boldsymbol{x}_p)^2 + \frac{1}{2} (\max(0, m - d(\boldsymbol{x}_q, \boldsymbol{x}_p)))^2$$

如果把每个样本都表示成三元组的形式，那么损失函数如下：

$$L(X_q, X_p, X_n) = \sum \max(0, d(\boldsymbol{x}_q, \boldsymbol{x}_p) - d(\boldsymbol{x}_q, \boldsymbol{x}_n) + m)$$

前面提到，传统的词召回方法无法有效解决语义相似度问题，为了解决这个问题，我们在搜索排序中引入了基于向量召回的多路召回方法对词召回方法进行补充，并实现了个性化实时等向量召回模型。下面简单介绍这些模型。

（1）基于深度学习的召回模型

在搜索推荐领域中，使用分类的方法召回模型大致有两种思路，分别是微软提出的 DSSM 方案和谷歌提出的 DeepMatch 方案。

2013 年，微软提出了 DSSM 模型（Deep Structured Semantic Model）[2]，其结构如图 3-15 所示，核心思想比较简单，使用了搜索引擎中的曝光点击数据，利用几层的 DNN 把查询词及查询文档 Embedding 成语义向量，并通过约束两个语义向量的余弦距离，最终训练出语义相似度模型。该模型可以直接学习出查询词及查询文档的

⊖　Rendle S, Freudenthaler C, Gantner Z, et al. BPR: Bayesian personalized ranking from implicit feedback[C]//Proceedings of the twenty-fifth conference on uncertainty in artificial intelligence. AUAI Press, 2009: 452-461.

⊖　Huang P S, He X, Gao J, et al. Learning deep structured semantic models for web search using clickthrough data[C]//Proceedings of the 22nd ACM international conference on Information & Knowledge Management. ACM, 2013: 2333-2338.

Embedding 向量，用于计算查询词与查询文档之间的语义相似度。

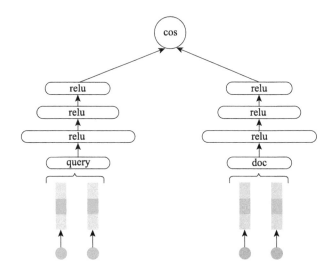

图 3-15　DSSM 模型基本结构

2016 年，谷歌发表了应用在 YouTube 视频网站的推荐算法，据这篇论文介绍，他们的视频推荐分为两个阶段，第一阶段是候选集产生（Candidate Generation），其核心思想是通过分类的方法做召回。Serving 阶段使用向量召回 TopN 的视频作为候选集，并进入第二阶段——视频排序（Ranking），最终给用户推荐他感兴趣的商品。在这里，主要关注的是第一阶段的方案，使用分类的方式完成商品的召回。其基本结构如图 3-16 所示，模型的输入包括用户最近观看的视频序列、搜索词序列，以及其他的统计特征。通过几层的 DNN 网络预测出用户下一次会点击观看的视频，我们把这个模型称为 DeepMatch。

前面提到，DeepMatch 模型的预测目标是给定多个商品，预测出用户最可能点击的那个商品。因此，基于多分类的思想，可以得到 softmax 函数：

$$P(w_t = i \mid U, C) = \frac{e^{v_i u}}{\sum_{j \in V} e^{v_j u}}$$

⊖　Covington P, Adams J, Sargin E. Deep neural networks for youtube recommendations[C]//Proceedings of the 10th ACM conference on recommender systems. ACM, 2016: 191-198.

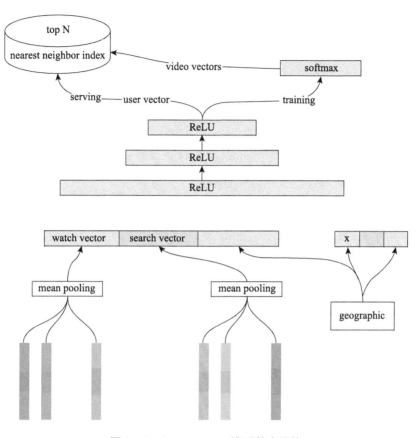

图 3-16　Deep Match 模型基本结构

这里的 u 代表用户的 vector 表征向量，v_i 实际代表了第 i 个类别的参数 vector，原论文里一个类别就是一个商品。

这个模型在线上使用的时候，可以直接保存每个商品的参数 vector，这样，在实际应用的时候，只需要实时预测出用户的向量 u，就可以通过向量的相似度快速召回 TopN 的商品。

（2）用户实时个性化召回模型

在 1688 的向量化召回方案中，我们借鉴了 DSSM 模型和 DeepMatch 模型，基于用户的曝光点击日志构造了基于深度学习的召回模型。下面简要介绍我们使用的 match 模型。

1688 网站中，用户查询的 Query 词语一般比较简短，这种情况下，满足 Query

召回条件的商品会非常多，为了满足搜索效率，需要尽量保证召回商品的有效性。这里的有效性定义为符合用户的个性化需求，使得用户更有可能去点击这个商品。由于全站商品数量巨大，直接使用全量的商品作为分类向量会导致模型的参数量非常大，而且为了接入商品的 side information 辅助信息，我们采用了 DSSM 方案。具体采用的模型结构如图 3-17 所示。

电商网站中，用户的行为序列一般是比较丰富的信息，也是很重要的信息，特别是用户的实时行为序列，比较明显地代表了用户的当前兴趣，有助于识别出用户下一个会点击商品。召回模型分为两个部分，如图 3-17 所示，左边部分负责学习用户在当前查询下的 user-query-vec 向量，这个用户查询向量是实时更新的。模型的输入主要是用户的人口统计学特征及实时行为序列。图 3-17 右边的部分负责学习商品的向量。

为了捕捉用户的实时兴趣，我们对用户的实时行为序列进行了建模，模型利用了用户的 Query 词对行为序列上面的所有商品进行 Attention 学习，同时为了突出每个行为类型及行为发生时间的不同权重，再基于 context 特征对行为序列进行建模。具体体现为引入了一个分层的 Attention 网络对模型进行建模。

❑ 基于 Query 与 item_infos 进行 Attention 计算

如图 3-18 所示，假设 Query 的 vec 为 $q \in \Re^n$，第 i 个商品信息组合成的 vec 为 $f_i \in \Re^n$，采用类似于 ESMM[⊖]的方式连接两个 vec，如下：

$$\hat{v}_i = [q - f_i, q \odot f_i, q, f_i]$$
$$\hat{\alpha}_i = W_k \sigma(W_{k-1} \sigma(\cdots W_1 \hat{v}_i + b_1) \cdots) + b_{k-1}) + b_k$$

其中 σ 为非线性激活函数，一般采用 ReLU。

多个商品再使用 softmax 函数对权重归一化，如下：

$$\alpha_i = \frac{\exp(\hat{\alpha}_i)}{\sum \{\exp(\hat{\alpha}_i)\}}$$
$$v_i = \alpha_i * f_i$$

⊖ Chen Q, Zhu X, Ling Z, et al. Enhanced lstm for natural language inference[J]. arXiv preprint arXiv:1609.06038, 2016.

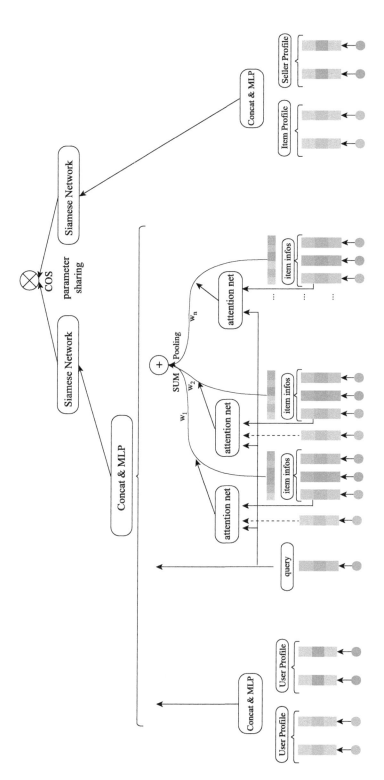

图 3-17 个性化向量召回模型结构

❑ 基于 context 与 item_infos 进行 Attention 计算

基于 Query 与 item_infos 的 Attention 网络，计算得到了一个 attentive item vec。搜索推荐中，用户最近的浏览行为对下一个浏览的商品有着很重要的影响，因为用户在一个 session 下，浏览的商品具有很高的相似性，而且越近的行为一般影响会越大。因此，商品序列的序号可以作为描述行为重要性的特征，同时我们还考虑每个商品的下一步行为。例如，一个商品被浏览之后，还被用户收藏，或者被加入购物车，那么这个商品对用户的下一个浏览行为的影响就很大。同样会产生影响的还有用户停留时间等行为。我们参考了谷歌 2018 年提出的论文，引入了 latent cross[⊖] 的方式对行为序列进行建模，把这些描述每个行为的特征组合起来，作为行为序列的 context 特征。

如图 3-19 所示，假设经过第一层 Attention 的 item 向量为 v_i，行为序列的 context 特征向量为 c_i，那么基于 latent cross 的 Attention 计算如下：

$$\overline{v}_i = (1 + c_i) \cdot v_i$$

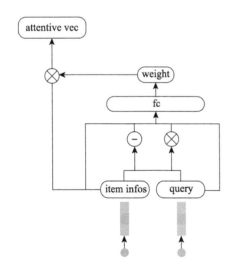

图 3-18　查询词与商品的权重计算

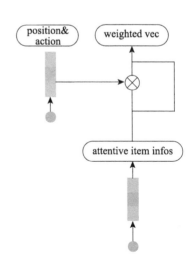

图 3-19　基于上下文特征的商品重要性建模

⊖　Beutel A, Covington P, Jain S, et al. Latent cross: Making use of context in recurrent recommender systems[C]//Proceedings of the Eleventh ACM International Conference on Web Search and Data Mining. ACM, 2018: 46-54.

最终得到 Attention 之后的商品 vec，用商品的 vec 的 sum pooling（即 $\sum \overline{v}_i$）代表用户的实时兴趣。

学习出来的用户行为序列向量与其他的特征学习出的向量，结合查询词的 Embedding 结果共同 concat 起来，最终得到用户的向量表达。对于商品的向量，模型也采用了 DNN 结构对其进行学习。除了输入用户行为向量以外，还会输出一些 id 类、统计类及商品效率类特征，例如点击率、转化率等。如果对 id 类特征进行了 Embedding，dense 特征就会作为 raw 特征输入到模型中。

我们的损失函数比较简单，使用了交叉熵作为模型的损失函数。采样本的时候使用了当前 Query 下用户点击的商品作为正样本，并从点击的位置附近采集部分样本作为负样本，同时加入了同类目下其他未点击的样本作为负样本，按照样本的历史点击率对样本进行重要性采样。在这个召回方案中，我们没有采用 Pairwise Ranking Loss 或者是 Triplet Loss，因为采用这两种方式的建模会增大样本数量，延长模型的训练周期。后续可以考虑进一步优化。

线上部署的时候，为了加速计算的性能，我们把模型分成几个部分进行计算，如图 3-20 所示。把用户向量网络分解成两个部分，图中左边部分是一个离线预先算好的向量，即把用户的 id 类特征以及其他的统计类特征在离线的时候预测成一个向量；右边是一个实时计算模块，流式计算平台负责收集用户的实时行为，当用户发起一次查询时，把用户的实时行为序列以及左边部分学习出来的向量作为右边网络的输入，最终得到用户的实时向量。同样地，商品的特征也可以离线预先计算好。线上召回的时候，使用用户实时向量快速召回 TopN 个商品向量。

（3）多路召回

除了线上的实时用户个性化召回模型，我们还实现了其他的召回方式，下面也简单介绍一下。

❑ 基于用户历史行为序列的 I2I 召回

如图 3-21 所示，从用户操作过（例如点击或者收藏）的商品中获取符合用户当前查询类目下的所有商品，并对这些商品进行 I2I 扩展，得到更多用户感兴趣的商品，从而召回更多有效的商品。

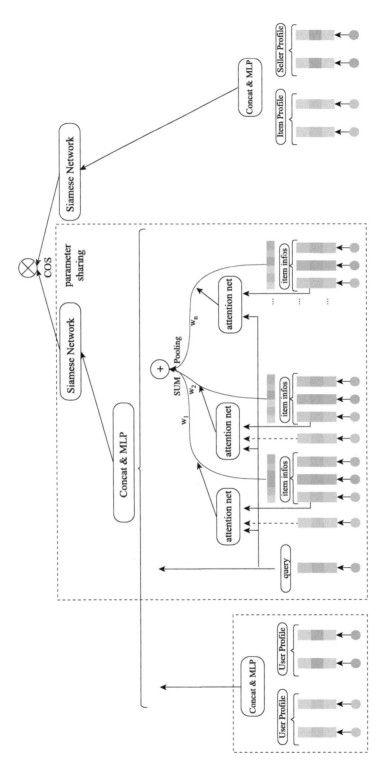

图 3-20　线上模型分解示意图

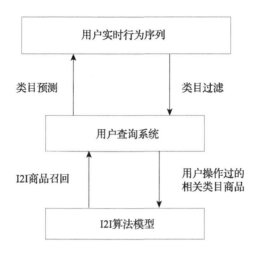

图 3-21　基于用户行为商品的 I2I 召回

❑ 查询词与商品文案，标题信息召回

对于 1688 网站，智能运营算法团队会为所有的商品生成关键文案，文案会突出商品的一些特征，例如商品的纹理、材质、颜色、营销信息等。结合商品的标题，我们基于 DSSM 结构实现了基于查询词与商品标题、商品文案信息的召回方案。

我们统计了用户的 Query 词的数量及 title 关键词的数量分布，发现 Query 词的长度偏短，而 title 关键词的数量比较多。图 3-22 展示的是 Query 词的长度分布图。可以看出，绝大部分查询词集中在 1～4 之间，因此我们采用 meanpooling 方式表达 Query 词。但是对于 title 关键词，我们使用 self-Attention 的方式对商品的 title 及文案信息进行建模，让模型学习出 title 及文案信息之间的组合方式。

通过多路召回的方案丰富了商品的数量，对基于文字匹配召回不足的查询词起到了很好的补充作用。

3.2.2　粗排

本节我们主要介绍粗排算法方案。粗排作为召回之后的第一道门槛，希望用一个耗时较低的模型对商品进行快速排序和筛选，从而滤除大部分不适合这次请求的商品。在我们的粗排系统中，对商品打分的函数如下：

$$f(x) = w_1 * f_1(x) + w_2 * f_2(x) + w_3 * f_3(x)$$

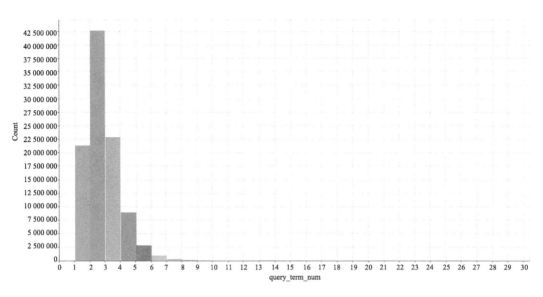

图 3-22 用户查询词的长度直方图

其中，权重 w_i 可自定义以适配不同业务需求。$f_i(x)$ 表示计算粗排得分的主要因子（见图 3-23），$f_1(x)$ 考虑类目匹配得分及文本匹配分数；$f_2(x)$ 衡量商品信息质量，主要有商品的发布时间、商品的级别、商家级别等；而 $f_3(x)$ 主要考虑的是商品组合分数，包括点击得分、交易得分以及卖家服务能力等特征。

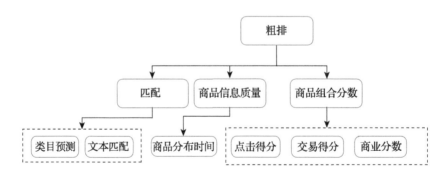

图 3-23 粗排分数包括的主要内容

在粗排框架下，根据商品的类目预测分数对每个商品进行类目分档，位于不同档位的商品会得到不同的类目分数，与查询词的相关性越高，那么该类目下的商品得分就会越高。同样，采用类似的方法，我们也对文本匹配分数做了相应的分档处理。

进行如上所述的类目和文本分档后，对于不同档位的商品，还会进一步对其进行组合分数的优化，也就是前面提到的 $f_3(x)$ 分数。组合分数的目的是让同一分档内更加优质的商品排在前面，为了实现这一目标，我们利用排序学习的方法来建模，主要包括简单的逻辑回归（Logistic Regression）模型及梯度提升决策树（Gradient Boost Decision Tree，GBDT）两种模型。下面简单介绍下 LR 及 GBDT 模型的原理[1][2][3]。

1. LR 模型

LR 作为最基础的算法模型，凭借简单高效、训练快、可解释性强等特点被广泛应用于工业界。在电商搜索排序、CTR、CVR 预估、用户个性化偏好以及各种分类场景中均有应用。

（1）基本原理

逻辑回归虽然被称作回归，但实际上常被用来做分类，它是一种广义线性模型，与一般的线性回归有着密切的联系。线性回归一般可以写作 $y = \theta_0 + \theta_1 x_1 + \theta_2 x_2 + \theta_3 x_3 + \cdots = \theta^T x$，其目标的取值范围为 $(-\infty, +\infty)$。逻辑回归通过引入一个非线性变换 Sigmoid 函数，如图 3-24 所示，将 $(-\infty, +\infty)$ 变换到（0，1），如果目标值大于 0.5，就认为是正样本，小于 0.5 就认为是负样本，也可以将目标值看作是模型判定为正样本的概率。在 CTR 预估中，通常将用户点击的样本作为正样本，未点击的样本作为负样本，逻辑回归输出值即为预测用户的点击概率，排序时按点击概率排序。

Sigmoid 函数形式：

$$S(t) = \frac{1}{1 + e^{-t}}$$

将线性回归和 Sigmoid 函数结合，就得到了逻辑回归：

$$y = \frac{1}{1 + e^{-\theta^T x}}$$

⊖　Friedman J H . Greedy Function Approximation: A Gradient Boosting Machine[J]. The Annals of Statistics, 2001, 29(5):1189-1232.

⊜　Schapire R E , Singer Y . Improved Boosting Algorithms Using Confidence-rated Predictions[J]. Machine Learning, 1999, 37(3):297-336.

⊜　李航 . 统计学习方法 [M]. 2012.

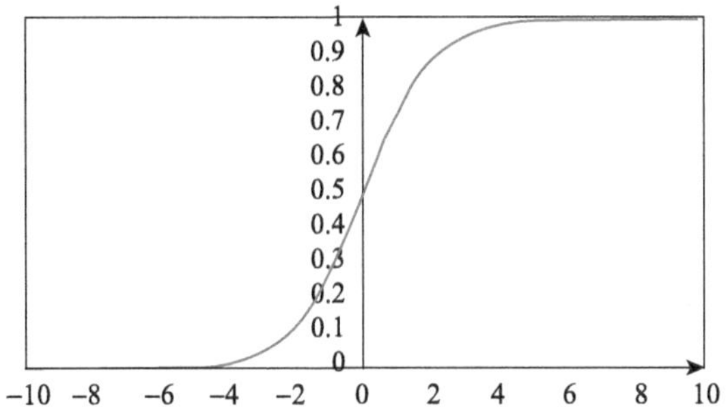

图 3-24 Sigmoid 函数图

如果将 0.5 作为分类阈值，则：

$$y = \begin{cases} 1 & \theta^T x > 0 \\ 0 & \theta^T x < 0 \end{cases}$$

（2）逻辑回归的参数求解

由于逻辑回归的输出值为概率值，我们通常用最大似然估计去求解参数 θ，即找到一组参数使得似然函数最大化。那么，如何构造似然函数呢？

令：

$$h_\theta(x) = \frac{1}{1 + e^{-\theta^T x}}$$

逻辑回归的条件概率：

$$P(Y = 1 \mid x) = h_\theta(x)$$
$$P(Y = 0 \mid x) = 1 - h_\theta(x)$$

$P(Y = 1 \mid x)$ 为在输入特征向量为 x 的情况下模型判被定为类别 1 的概率，$P(Y = 0 \mid x)$ 为在输入特征向量为 x 的情况下模型被判定为类别 0 的概率。如果有 m 个样本，可以构造似然函数：

$$L(\theta) = \prod_{i=1}^{m} P(y_i \mid x_i; \theta) = \prod_{i=1}^{m} (h_\theta(x_i))y^i (1 - h_\theta(x_i))^{1-y^i}$$

将似然函数取对数，并加负号，转化为最小化 $J(\theta)$：

$$J(\theta) = -\frac{1}{m}\sum_{i=1}^{m}(y_i\log h_\theta(x_i) + (1-y_i)\log(1-h_\theta(x_i)))$$

接下来可以通过梯度下降法或牛顿法最小化损失函数 $J(\theta)$ 求解 θ。梯度下降法通过损失函数对参数求一阶导数，迭代更新参数：

$$\theta_{j+1} = \theta_j - \alpha\frac{\partial J(\theta)}{\partial\theta} = \theta_j - \alpha\frac{1}{m}\sum_{i=1}^{m}x_i(h_\theta(x_i) - y_i)$$

其中 α 为学习率，用来控制学习步长，j 为迭代次数，可以设置迭代 n 次后停止迭代，也可以设置为迭代后损失函数 $J(\theta)$ 变化量小于一定值后停止迭代。

（3）正则化

在训练过程中，如果特征量过多而训练数据过少，就容易出现过拟合问题，为了减小过拟合，可以手动选择特征，但这种方式较为烦琐，通常可在模型中加入正则项，惩罚过大的参数 θ。其原理很简单，一般是在损失函数的尾部加入一项 L2 正则：

$$J(\theta) = -\frac{1}{m}\sum_{i=1}^{m}(y_i\log h_\theta(x_i) + (1-y_i)\log(1-h_\theta(x_i))) + \frac{\lambda}{2m}\sum_{k=1}^{n}\theta_k^2$$

下标 k 是从 1 开始，通常我们不对偏置项 θ_0 做惩罚，此时的梯度下降的迭代形式为：

$$\theta_0 := \theta_0 - \alpha\frac{1}{m}\sum_{i=1}^{m}x_i(h_\theta(x_i) - y_i)$$

$$\theta_k := \theta_k - \alpha\left(\frac{1}{m}\sum_{i=1}^{m}x_i(h_\theta(x_i) - y_i) + \frac{\lambda}{m}\theta_k\right)\quad k = 1, 2, \cdots n$$

2. GBDT 模型

逻辑回归作为一种线性模型，使得大规模数据的并行化处理很容易，但是其学习能力有限，需要进行大量的人工特征选择和特征组合工作。梯度提升决策树（Gradient Boost Decision Tree，GBDT）是一种基于 Boosting 思想的集成学习算法，既可用于回归，也可用于分类，其训练速度快，可解释性强，具有非线性的拟合能力，能自动组合特征，调参也相对简单，是最优秀的机器学习算法之一。基于 GBDT 做了更多细节改进的 XGBoost 和 LightGBM 也经常是各种比赛的冠军算法。

Boosting 是将弱学习器提升为强学习器的过程，通过反复学习得到一组弱学习器，然后将其组合得到强学习器。比较著名的 AdaBoost 是通过改变样本分布，将关注点放在错分的样本上，在每次迭代训练时，提高错分样本的权重，降低正确分类样本的权重，迭代多次以后得到一组分类器，将其组合得到最终的分类器。Gradient Boost 与 AdaBoost 的不同之处在于，前者每次训练的目标是降低上次预测的残差，通过负梯度方向代替残差方向，每次迭代不断向最优解靠近。接下来介绍 GBDT 的基本原理。

（1）基本原理

在之前建立的机器学习损失函数的基础上，通过梯度下降法来求解的方法叫作 GBM（Gradient Boosting Machine）。GBM 是一种算法框架，在框架下嵌入不同的回归模型就可以得到不同的梯度提升算法。在 GBM 中嵌入 CART 回归树就得到了 GBDT 算法。

CART 回归树通过平方误差最小化准则选择特征切分，生成二叉树，对于输入特征变量 x，输出为 $f(x)$：

$$f(x) = \sum_{m=1}^{M} c_m I(x \in R_m)$$

R_m 代表回归树将输入空间划分到 m 个单元 $R_1, R_2, \cdots R_m$ 中，每个单元对应的输出为 c_m，I 为指示函数：

$$I(x \in R_m) = \begin{cases} 1, x \in R_m \\ 0, x \notin R_m \end{cases}$$

空间划分的准则是寻找最优的切分变量和切分点，使得平方误差最小。具体来讲，对于切分变量 x^j 和它的值 s，j 表示输入特征空间的第 j 个特征，作为一个二叉树，在 s 点将空间一分为二：

$$R_1(j,s) = \{x \mid x^j \le s\} \qquad R_2(j,s) = \{x \mid x^j > s\}$$

遍历所有的切分变量 j 和切分点 s，最小化平方误差：

$$\min_{j,s}(\min_{c_1}\sum_{x_i \in R_1(j,s)}(y_i - c_1)^2 + \min_{c_2}\sum_{x_i \in R_2(j,s)}(y_i - c_2)^2)$$

c_1 和 c_2 为样本落到子空间 R_1、R_2 下回归树的预测输出。不断循环生成切分点 (j,s)，直到满足停止条件。停止条件可以是切分后误差减少过小，子空间内样本数过少等。

（2）梯度提升

GBDT 预测输出定义为一个加法模型，训练时采用前向分步算法，其模型定义为：

$$f(x;\omega) = \sum_{t=0}^{T} f_t(x;\omega_t)$$

f_t 为第 t 棵回归树，ω_t 为其参数。

对于训练数据 $T = \{(x_1,y_1),(x_2,y_2)\cdots(x_N,y_n)\}$，损失函数为 $L(y_i, f(x))$。

初始化弱学习器：

$$f_0 = \operatorname{argmin}\sum_{i=0}^{N}L(y_i,\omega)$$

在第 t 轮迭代时，第 i 个样本的损失函数负梯度为：

$$\gamma_{ti} = -\left[\frac{\partial L(y_i, f(x_i))}{\partial f(x_i)}\right]_{f(x)=f_{t-1}(x)}$$

这时把训练数据 T 看作 $\{(x_1,\gamma_{t1}),(x_2,\gamma_{t2}),\cdots,(x_N,\gamma_{tn})\}$，训练第 t 棵回归树：

$$f_t(x) = \operatorname{argmin}\sum_{i=0}^{N}L(\gamma_i,\omega)$$

更新模型：

$$f_t(x;\omega) = f_{t-1}(x;\omega_{t-1}) + f_t(x;\omega_t) = f_{t-1}(x;\omega_{t-1}) + \sum_{m=1}^{M} c_{tm} I(x \in R_{tm})$$

不断重复迭代，得到最终的强学习器：

$$f(x) = \sum_{t=0}^{T} \sum_{m=1}^{M} c_{tm} I(x \in R_{tm})$$

损失函数 L 可以有不同的形式。用于回归任务时，Python 机器学习库 sklearn 中的 Gradient Boosting Regressor 实现了常用的平方损失、绝对损失、huber 损失、分位数损失；用于分类任务时，sklearn 中的 Gradient Boosting Classifier 实现了指数损失和对数损失。

基于这两个模型，计算得出了商品的组合优化分数，粗排系统每天会离线计算好每个商品的组合优化分数。在计算粗排分数的时候，基于正排引擎找出对应商品的优化分数 $f_3(x)$，并结合匹配分数 $f_1(x)$ 及商品信息质量分数 $f_2(x)$，得到最终的粗排分数。

3.2.3 精排

搜索排序的主要目标是高相关性，这里的相关性体现在两个方面：一方面，查询出来的结果与展示的商品符合主题相关性；另一方面，查询出来的结果也符合用户的个性化结果。例如，某些用户喜欢性价比高的商品，某些用户喜欢流行度高的商品，某些用户偏好于某材质、区域、年龄段或性别的商品。经过召回、粗排之后，商品数量从万级别下降到千级别。千级别的商品经过精排后会直接展示给用户，商品集合的具体变化可以参考图 3-25。前面的召回、粗排主要是解决主题相关性，通过主题相关性的限制，先缩小商品集合。在精排阶段，1688 网站主要通过基于海量用户行为反馈的机器学习建模，从而进一步提升搜

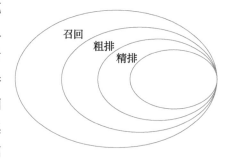

图 3-25 搜索过程中的商品集合维恩图

索的精准度。

精排算分的设计主要基于以下两个思路：精准性和可控性。精准性是指精排模型要求尽可能准确，降低 bad case 出现的概率，可控性是指精排模型能够根据不同的业务目标进行快速调整。精排算分系统的架构如图 3-26 所示。

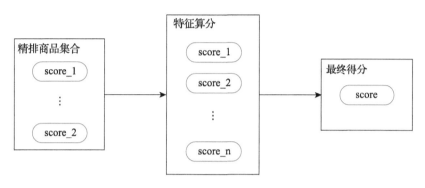

图 3-26　精排算分系统图

精排算分主要包括基于规则的特征分数、基于算法模型的 CTR 和 CVR 等，图 3-27 是部分精排特征分数的示例。

下面来简单介绍几个预测模型的计算原理。

1. CTR 模型

CTR（Click-Through Rate，点击率）预估是推荐、搜索、广告领域的核心功能，是机器学习在互联网工业界中的完美应用。搜索中的 CTR 预估与推荐、广告领域很类似，一般具有以下几个特点：

图 3-27　精排特征部分示例

- ❏ 训练数据样本量大。每天网站的搜索量非常大，就带来了大量的样本数据；
- ❏ 特征非常稀疏。网站的商品种类非常多，因此大部分特征是非常稀疏的类别特征，长尾商品的存在使得统计类的特征也是大量稀疏的；
- ❏ 有实时性要求。搜索里面的 CTR 预估显然要求运行速度快，否则会严重影响用户体验；
- ❏ 有查询词的约束，需要符合用户的搜索需求。

接下来,我们主要从特征工程及模型结构两个方面介绍 CTR 预估模型。

(1)特征工程

结合 1688 网站的实际场景,我们主要从图 3-28 所示的几个方面构建特征体系,包括用户特征、商品特征、查询词特征、上下文特征和组合特征。

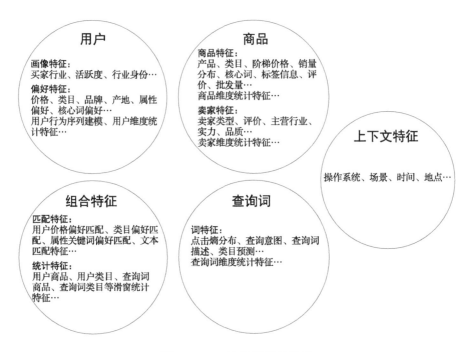

图 3-28 CTR 模型相关特征

❑ 用户特征

平台活跃用户多种多样,有从事生产加工的企业来销售产品,有代理经销的商家来批发买卖,有勤劳的淘宝店主来进货,有中小企业来批量采购,也有 C 类的消费者来零批和混批,等等。相比 C 类市场,B 类市场的用户角色更加纷繁复杂,如何识别用户身份、把握用户喜好、预测用户需求,成为 1688 个性化搜索面临的主要挑战。需要学习用户的各级类目偏好、风格偏好、产地偏好、人群偏好、材质偏好、价格偏好等。B 类场景中,不同行业的用户行为足迹差距较大,因此,除了使用用户历史行为统计建模来刻画用户偏好之外,我们还单独对用户的行为序列进行了建模。

❑ 商品特征

商品特征包括商品的描述型特征及统计型特征。描述型特征包括类目、标签信息、材质标签、起批量等特征。

统计型特征主要有商品在不同时间窗口的不同行为类型的转化率，如点击转化率、购买转化率；商品在不同时间窗口的不同行为类型的统计次数、用户数量；商品的销量统计特征、销量变化特征、商品评价、评价人数、商品评分、图片评论、高品质评论、阶梯价格等特征。

由于网站上的某些商品具有一定的时效性，特别是在大促会场中，实时统计数据能够起到推荐优质品的作用。因此，我们在原先的 n–1 天统计特征的基础上，引入了商品当天的统计特征。

❑ 其他特征

查询词特征：包括主要的查询词的词性特征、查询词的类目预测结果、查询词与商品文本相关度、查询词的不同行为类型的历史统计数据、点击熵信息等内容。

上下文特征：包括时间信息、地点信息、系统信息等内容。

组合特征：包括查询词与商品的组合特征、用户与商品的组合特征、用户与类目的组合特征、用户偏好与商品的交叉特征。

实时特征：通过线上的实时行为采集系统，收集了商品、用户的实时统计类特征及实时类组合特征。

（2）模型演进

这些年来，我们的 CTR 模型结构主要经历了两个阶段的演进，如图 3-29 所示。

经典的 CTR 模型依赖大规模的特征工程，构建非线性的交叉特征及统计特征，对于稠密的统计特征，我们先通过 GBDT 学习出特征的编码，转换成 ID 类特征，再结合其他的离散特征训练学习出 LR 模型。与传统的方法相比，深度学习的优势在于拟合能力强，对特征工程的要求相对比较低，在训练样本充分的情况下，深度学习的优势愈加明显。结合神经网络方法自动特征学习及传统特征工程的优化，我们也开发并使用了基于深度学习的 CTR 预估模型。

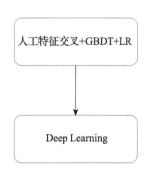

图 3-29　CTR 模型结构演进

（3）深度学习 CTR 模型

在搜索推荐任务中，CTR 任务面临的主要挑战是模型需要兼顾记忆性（memorization）及泛化性（generalization）。记忆性主要是记住样本中出现的模式，例如 query-item 对和 user-item 对的权重；泛化性主要是学习出在样本中没有出现或很少出现的模式的权重，从而提升预测结果的多样性。

传统的 LR 模型主要依赖于特征工程，例如查询词及商品 ID 的组合，提升模型的记忆性，而用户行业与商品品类的组合特征，则增强模型的泛化性。后续发展起来的 FM 模型通过引入 Embedding 的方式，将特征映射成低维度的向量，并使用向量的内积表达特征之间的交叉，增强了模型的泛化性。LR 模型的优势主要是简单、可解释性强、可扩展性强，而 LR 模型需要大量的特征工程，FM 模型需要的特征工程相对比较少一些，但 FM 只考虑了二阶交叉，并没有把高阶的特征交叉考虑在内。

近年来，深度学习在视觉处理及自然语言处理领域得到了广泛的应用，为了能够自动学习出高阶的特征交叉，深度学习也开始应用在 CTR 预估任务之中。目前为止，大部分主流的深度学习 CTR 模型为了兼顾记忆性及泛化性，会结合 FM 和 DNN 的结构进行建模，其中 LR 也可以看作是一种特殊的 FM。其中 DNN 结构都是基于 one_hot2dense 的结构，而 DNN 与 FM 的结合主要有以下两种方式。

❑ 并行方式：代表模型是 Wide&Deep 模型，其中 Wide 侧主要学习特征的线性权重，保留了网络的记忆性；Deep 侧主要学习特征的高阶组合，增强网络的泛化性。随着 Wide 侧结构建模方式的不同，后续在 Wide&Deep[○] 的基础上发展出了 DCN[○]、DeepFM[○]等网络模型；

❑ 串行方式：代表性的模型是 PNN[○] 模型，在 FM 的基础上，将经过一次项和

○ Cheng H T, Koc L, Harmsen J, et al. Wide & deep learning for recommender systems[C]//Proceedings of the 1st workshop on deep learning for recommender systems. ACM, 2016: 7-10.

○ Wang R, Fu B, Fu G, et al. Deep & cross network for ad click predictions[C]//Proceedings of the ADKDD'17. ACM, 2017: 12.

○ Guo H, Tang R, Ye Y, et al. DeepFM: a factorization-machine based neural network for CTR prediction[J]. arXiv preprint arXiv:1703.04247, 2017.

○ Qu Y, Cai H, Ren K, et al. Product-based neural networks for user response prediction[C]//2016 IEEE 16th International Conference on Data Mining (ICDM). IEEE, 2016: 1149-1154.

二次项的结果（或其中之一）作为 DNN 部分的输入，通过 DNN 的特征自动学习得到最终的分类结果。类似的方案有 NFM、AFM 等模型。

下面简单介绍下 CTR 预估模型的建模工作，具体包括模型评估、特征预处理以及网络结构。

❑ 模型评估

在 CTR 预估领域中，AUC 是个很常用的指标。不过，由于线上展示出来的是一个查询词下的搜索结果，因此参考论文[一]提出的方法，为了让离线的评估指标与线上结果更加接近，我们也采用了 GAUC（Group AUC）的统计方法。

$$GAUC = \frac{\sum_{i=1}^{n} weight_i \times AUC_i}{\sum_{i=1}^{n} weight_i}$$

这里面的 $weight_i$ 代表的是第 i 个查询词的权重，n 是查询词的个数，AUC_i 是第 i 个查询词下样本的预测 AUC 值。查询词权重计算使用点击熵。具体的计算方式如下：

$$\text{Click entropy}(q_i) = -\sum_{j} p(C_{ij} \mid q_i) * \log2(p(C_{ij} \mid q_i))$$

其中，q_i 是第 i 个查询词，C_{ij} 是 q_i 下被点击的商品，$p(C_{ij} \mid q_i)$ 是商品点击的概率。

❑ 特征预处理

低维度的离散类特征：以查表的方式进行编码，编码之后 Embedding 成向量。具体操作如图 3-30 所示。

高维度的离散类特征：在搜索推荐领域，存在不少具有上亿维度的离散特征，这一类特征大部分的维度出现频率都很低，具有长尾效应，例如商品 id，从图 3-31 中可以看出长尾分布非常明显。

○　Vaswani A, Shazeer N, Parmar N, et al. Attention is all you need[C]//Advances in neural information processing systems. 2017: 5998-6008.

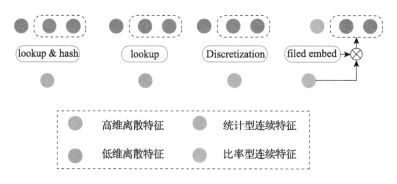

图 3-30　onehot2dense 结构

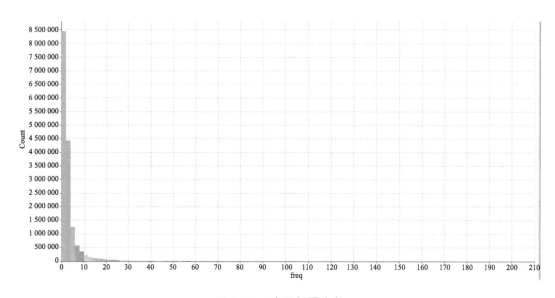

图 3-31　商品长尾分布

以商品 ID 为例，对于出现频率特别高的商品 ID，使用查表的方式替换成数字；对于出现频率比较低的商品 ID，通过 hash 的方式随机分配一个数字 ID。根据分配的数字 ID 对离线的特征进行 onehot2dense 转换，Embedding 成向量。

统计型的连续型特征：对于统计型的连续型特征，我们使用了等频分桶的方法对这些连续型的特征进行离散化，根据离散后的编码进行 Embedding，得到向量。

比率型的连续型特征：点击率、回头率、新下单率这些特征的值域为 [0, 1.0]，为了减少噪声样本的影响，可以使用 wilson 区间法进行修正。例如，假设商品 a 的曝光量和点击量分别为 200 和 100，商品 b 的曝光量和点击量分别为 5 和 3，如果直接计算，那么商品 b 的点击率（60%）高于商品 a（50%），然而商品 b 的高点击率可能是偶然情况导致的，因此，我们使用了 wilson 区间的下限去替换原来的点击率，计算方式如下：

假设曝光次数为 n_{imp}，点击次数为 n_{clk}，显著性水平为 α，那么 wilson 区间为：

$$\frac{n_{clk}}{n_{imp}} \pm \frac{\zeta}{n_{imp}} \sqrt{\frac{n_{clk} n_{pass}}{n_{imp}}}$$

其中 $n_{pass} = n_{imp} - n_{clk}$，$\zeta$ 是显著性为 α 时对应的标准正态分布的临界值。当 α 为 95% 时，对应的 ζ 为 1.96。

当连续型特征 v_i 需要 Embedding 的时候，基于特征域 Embedding 成一个向量后再与 v_i 相乘进行逐元素的向量加权。

❑ 模型网络

我们的 CTR 模型也沿用了类似于 Wide&Deep 并行的网络结构，模型包括了 Wide 侧，Deep 侧以及文本匹配模型。其模型结构如图 3-32 所示。

① Wide 侧

借鉴 FFM 的思想，我们对所有的特征进行了分组，不同的特征在不同的组内具有不同的 Embedding 向量，不同组对应不同的 FM。主要基于以下几点考虑：

- 不是任意特征之间的交叉都是有意义的，实际上，去除部分无效的特征交叉反而增加了模型的鲁棒性；
- 分组网络的存在，避免所有的特征 Embedding 维度一致，减少了网络参数，使得模型部署更加灵活，扩展性更强。

这里简单介绍下 FM 模型的原理。FM 模型是在 LR 模型的基础上发展起来的，相对于 LR 模型而言，FM 模型主要添加了二阶特征交叉。二阶特征交叉代表了两个类目特征之间的组合关系。通过举例来看它的实际价值，来自中国的用户很可能会在中国春节前有大量浏览、购买的行为，而在美国"黑色星期五"这天却不会有特别的消费行为。这种关联特征与 label 的正向相关性在实际问题中是普遍存在的，如 <瑜伽服装，女性>，<运动器材，男性>，<儿童连衣裙，儿童> 等品类偏好等。因此，引入两个特征的组合是非常有意义的，FM 的计算公式如下：

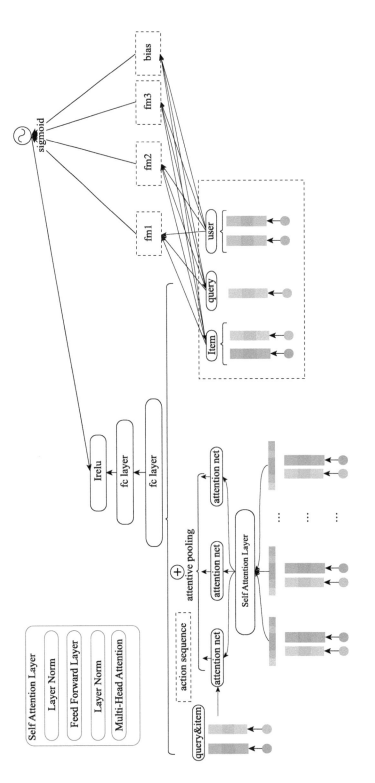

图 3-32　个性化 CTR 模型结构图

$$\hat{y}(x) := \underbrace{w_0 + \sum_{i=1}^{n} w_i x_i}_{LR} + \underbrace{\sum_{i=1}^{n} \sum_{j=i+1}^{n} <v_i, v_j> x_i x_j}_{SecondOrder}$$

上述公式中，v_i 是第 i 维特征的隐向量，$<v_i, v_j>$ 代表两个向量的内积。在多项式模型中，特征 x_i 和 x_j 的组合采用 $x_i x_j$ 表示，只有 x_i 和 x_j 同时不为 0，$x_i x_j$ 才具有实际意义。但是在电商情景下，大部分的特征是稀疏特征，因此满足组合特征的样本量就会更少，这种情况下，容易导致交叉特征学习出来的特征权重不准确，最终严重影响模型的性能。FM 模型通过矩阵分解的方法解决这个问题，特征组合的权重使用特征之间的隐向量的内积 $<v_i, v_j>$ 表示。假设特征的维度是 n，这种情况下，二阶组合的参数量也可以减少，从 $n \times n$ 减少至 $n \times k$。为了加快计算速度，还可以通过以下公式直接计算出所有特征之间的组合特征。

$$\sum_{i=1}^{n} \sum_{j=i+1}^{n} <v_i, v_j> = \frac{1}{2} \left(\sum_{i=1}^{n} v_i \right)^2 - \sum_{i=1}^{n} v_i^2$$

通过这种方式，可以把二阶组合的计算量大大减少。

② Deep 侧

Deep 侧中，离散型的特征会经过 onehot2dense 转化成向量，再经过全连接层构建特征之间的非线性表征形式。为了实时捕捉用户的兴趣，我们使用分层的方式对用户的行为序列进行建模，行为序列学习主要包括两层：第一层的 self-attention 专注于学习商品之间的组合关系；在 self-attention 的序列学习基础上，第二层引入 Query 与 item 的信息以及 Attention 结构学习出用户的兴趣表达。近年来，Transformer 结构在自然语言处理领域大放异彩，其具有并行度好、能建模长周期的依赖、模型表达力强的优点，我们也引入了 Transformer 结构作为序列模型中的 Attention 模型。下面简要介绍 CTR 模型中的序列建模，主要包括了 Transformer 基本结构、self-attention 学习以及基于 Query 与 item 的序列学习。

Transformer 基本结构：由于 Transformer 结构是整个序列模型的核心部分，因此我们先介绍下 Transformer 的计算原理，如图 3-33 所示，Transformer 结构的输入参数有 3 个，分别为 $V \in R^{m \times n_1}$、$K \in R^{m \times n_2}$、$Q \in R^{m \times n_3}$，从下往上的运算依次为 multihead Attention、add & normalize、feed forward、add & normalize。

假设输入的商品序列中，第 i 个商品信息组合成的 vec 为 $x_i \in R^n$，序列长度为 m，其中的 context 相关信息 Embedding 之后直接加到商品向量上。整个行为序列可以表示为 $X \in R^{m \times n}$，整个计算过程可以表示为：

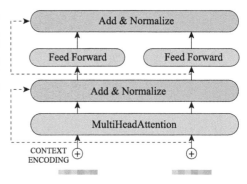

$$V_1 = \text{MultiHeadAttention}(V, K, Q)$$
$$V_2 = \text{LayerNorm}(V_1 + V)$$
$$V_3 = \text{FeedForward}(V_2)$$
$$V_4 = \text{LayerNorm}(V_3 + V_2)$$

图 3-33 Transformer 基本结构[一]

其中 LayerNormalization 层及 FeedForward 层是神经网络中比较常用的运算。这里主要介绍下 MultiHeadAttention 层的计算（见图 3-34）。

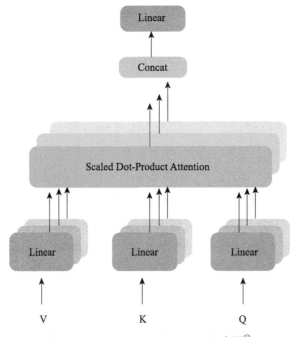

图 3-34 MultiHeadAttention 示意图[一]

─── Vaswani A, Shazeer N, Parmar N, et al. Attention is all you need[C]. Advances in neural information processing systems. 2017: 5998-6008.

MultiHeadAttention 的输入有 3 个，$V \in R^{m \times n_1}$、$K \in R^{m \times n_2}$、$Q \in R^{m \times n_3}$ 分别对应着 Value、Key、Query。其核心思想是通过 Query 与对应的 Key 之间的运算得到权重，对 Value 进行加权得到变换后的 Value。

a. 对 $V \in R^{m \times n_1}$、$K \in R^{m \times n_2}$、$Q \in R^{m \times n_3}$ 进行线性变换，得到：

$$V_1 \in R^{m \times n}, K_1 \in R^{m \times n}, Q_1 \in R^{m \times n}$$

b. 每个矩阵变换到多个子空间内，得到：

$$V_2 \in R^{h \times m \times (n/h)}, K_2 \in R^{h \times m \times (n/h)}, Q_2 \in R^{h \times m \times (n/h)}$$

c. 对变换后的矩阵进行 Attention 学习：

$$\text{Head}_i = \text{Attention}(Q_2, K_2, V_2) = \text{softmax}\left(\frac{Q_2 K_2^{\text{T}}}{\sqrt{d_k}}\right) V_2$$

相对于输出一个 Query，利用该 Query 与多个 Key 进行 Attention 学习，并基于学习到的权重，将 Key 对应的 Value 进行加权求和，表达对应的 Query。这里的 $\sqrt{d_k}$ 起到防止函数梯度过小的作用。

d. 重新 concat 几个 head 的 V_2，得到：

$$\text{MultiHead}(Q, K, V) = \text{Concat}(\text{head}_1, \cdots, \text{head}_n) W \in R^{m \times n_1}$$

经过 MultiHead 运算之后，得到的张量维度与原始的 **V** 保持一致。

相对于把原始的向量转化到几个不同的子空间进行学习，MultiHeadAttention 这种机制在增加模型的表达力的同时，又提升了运算的并行度。

self-attention 学习：注意到 MultiHead(Q, K, V) 的输入是 3 个张量，在商品序列学习中，输入的 MultiHead(X, X, X)，这种方式就是 self-attention 学习。Transformer 结构可以 stack 叠加起来，加强模型的表达能力，为了性能以及检测效果的 Tradeoff 权衡，我们实际中使用了两层的 Transformer 结构。

基于 Query 和 item 的 Atteniton 学习：经过了两层的 Transformer 变换之后，输入的商品行为序列由 X 转换成 $X_2 \in R^{m \times n'}$，在这之后，我们继续引入了 Query 和 item 对商品行为序列进行学习。

在搜索排序中，Query 词代表了用户的明显意图。在 deep interest network[⊖]中，引入目标 item 的信息作为 Attention 的 key 也能够加快行为序列的收敛速度。在我们的方案中，也引入了 Query 和目标 item 的信息作为 Attention 的 key 对行为序列进行学习，同样使用了 MultiHeadAttention。

假设输入的商品行为序列为 $X_2 \in R^{m \times n'}$，Query 以及目标 item 的信息为 $Q_2 \in R^{m \times n'}$，经过 Attention 之后，得到的最终行为序列向量如下：

$$X_3 = \text{MultiHead}(Q_2, X_2, X_2) = \text{Concat}(\text{head}_1, \cdots, \text{head}_n)W \in R^{1 \times n''}$$

将行为序列向量合入 Deep 部分，共同训练。

对整个 WDL 模型进行训练的时候，wide 侧参数采用 FTRL 优化器进行训练，Deep 侧参数采用 AdagradDecay 优化器进行训练。

（4）小结

本节主要介绍了我们把深度学习技术引入 CTR 预估模型中的一些探索，从特征工程、模型结构两个部分展开，总结了我们在处理特征方面的一些经验，以及在模型结构优化方面的一些尝试。与一般的推荐问题不同的是，搜索推荐具有查询词的限制，因为推荐出来的商品最好能够满足用户的实际诉求，否则会影响用户的使用体验。为了保证推荐出来的商品能够更好地满足用户诉求，我们通过类目预测筛选、基于查询词的行为序列 Attention、查询词与商品的 overlap 特征、文本匹配模型等方式加强了查询词的强约束作用。

2. CVR 模型

绝大部分电商搜索平台在考虑商品点击率（Click-Through Rate，CTR）的同时，

⊖ Zhou G, Zhu X, Song C, et al. Deep interest network for click-through rate prediction[C]//Proceedings of the 24th ACM SIGKDD International Conference on Knowledge Discovery & Data Mining. ACM, 2018: 1059-1068.

会考虑商品的转化率（Conversion Rate，CVR）。大多是通过标题或者商品的缩略图吸引用户的兴趣，因此点击率能够体现出商品能否吸引用户的注意力。一般情况下，商品展示给用户的信息会比较少。用户点击商品之后，对于平台来说，还有更重要的一点是用户是否会下单，只有用户下单才能给平台带来直接的正向价值。转化率通常由展示的商品的相关性和商品质量决定，如果商品没有匹配用户需求或者买家评论质量差，都会导致用户拒绝下单。CVR 的计算公式如下：

$$CVR = \frac{Order}{Click}$$

与 CTR 任务相比，CVR 模型的学习主要面临两个问题。一个是数据稀疏性，在现实的曝光数据中，CTR 样本集与 CVR 样本集的数量比甚至可以达到 100 : 1。因此，如果基于深度学习方法对 CVR 模型进行建模，那么 CVR 模型过拟合的风险相比 CTR 模型要高很多。另一个是样本选择偏差（Sample Selection Bias）问题。回到转化率公式的定义上，CVR 评估的是，如果用户点击了商品，那么用户下单的可能性为多少。实际上，由于搜索引擎存在信息过载（Information Overload）问题，我们无法获取全量商品的真实 CVR，而只能获取线上被点击的商品的 CVR 相关信息。CVR 模型需要从数量较少的点击样本中评估所有商品的 CVR。

可以采用多任务学习的方式对 CVR 模型进行建模，在 1688 网站的搜索场景中，更多的是多任务并存的情况，例如 CTR 及 CVR 模型的多任务并存。同时，一个多任务学习模型会比多个单任务学习模型占用更小的参数和内存，线上预测的时候占用的 CPU 资源更低，对在线服务更加友好。在深度学习中，多任务学习的一个大类别是参数共享的方式。多任务学习的参数共享方式主要有硬参数共享（Hard Parameter Sharing）和软参数共享（Soft Parameter Sharing）两种。

对于硬参数共享（见图 3-35），每个任务之间有部分参数完全共享，在最后单独对每个任务进行建模的时候，再添加每个任务之间的特征的分类层；相反，软参数共享（见图 3-36）不是每个任务的参数进行共享，而是通过一些额外的限制层对每个任务进行建模。总体而言，硬参数共享的建模方式相对简单，减少了参数数量，而软参数共享的方式提供了更高的自由度，便于对模型效果进行提升。大部分多任务学习会使用硬参数共享与软参数共享混合的方式。

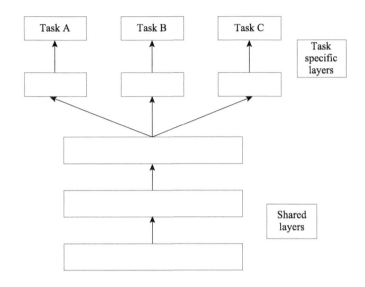

图 3-35　硬参数共享（Task specific layers：任务层、Shared layers：共享层）

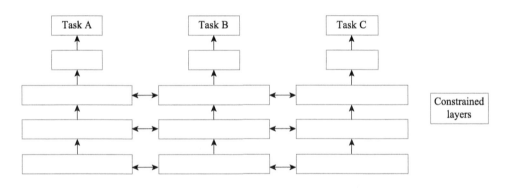

图 3-36　软参数共享（Constrained layers：约束层）

假设线上收集到的样本如下：

$$S_1 = \{x_i \rightarrow y_i\}\,|_{i=1}^N, S_2 = \{y_i \rightarrow z_i\}\,|_{i=1}^M$$

其中 S_1 为曝光点击样本，S_2 为点击下单样本。

下面简单介绍两种多任务学习的方法。

（1）经典的多任务学习方案

CTR 任务与 CVR 任务共享底层的 Embedding 矩阵，具体如图 3-37 所示。

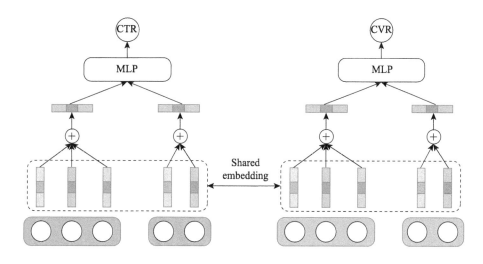

图 3-37 多任务训练示意图

线上训练的时候，使用 S_1 和 S_2 对模型进行交替训练。从 $[0,1]$ 之间采样出一个小

数 α，当 $\alpha < \dfrac{M}{N+M}$ 时，对 CVR 模型进行训练；当 $\alpha > \dfrac{M}{M+N}$ 时，对 CTR 模型进行

训练。

通过联合训练的方式，可以降低 CVR 任务中 Embedding 矩阵发生过拟合的

风险。

（2）ESMM[⊖]

在搜索推荐领域中，CTR 任务与 CVR 任务应该是耦合在一起的，而且线上出现

的曝光点击下单样本，下单样本与点击样本有明显的依赖关系，只有点击了这个样

本，才有可能发生下单。为了有效使用全量的曝光样本，对 CTR 任务及 CVR 任务

进行充分训练，ESMM 模型提出了更有效的建模方式。

在前面的曝光、点击、下单样本基础下，真实的建模方式为：

$$\underbrace{p(y=1, z=1 \mid x)}_{p\text{CTCVR}} = \underbrace{p(y=1 \mid x)}_{p\text{CTR}} \times \underbrace{p(z=1 \mid y=1, x)}_{p\text{CVR}}$$

⊖ Ma X, Zhao L, Huang G, et al. Entire space multi-task model: An effective approach for estimating post-click conversion rate[C]//The 41st International ACM SIGIR Conference on Research & Development in Information Retrieval. ACM, 2018: 1137-1140.

从线上曝光样本中可以获取的样本对应 pCTCVR 及 pCTR 两个任务，对于 pCVR 这个我们需要的真实目标，可以用这两个模型的概率连乘进行建模。

模型的建模方式如图 3-38 所示，其中 Multi Layer Perception 为多层感知器、Field-wise Pooling Layer 为池化层、Embedding Layer 为向量化层。

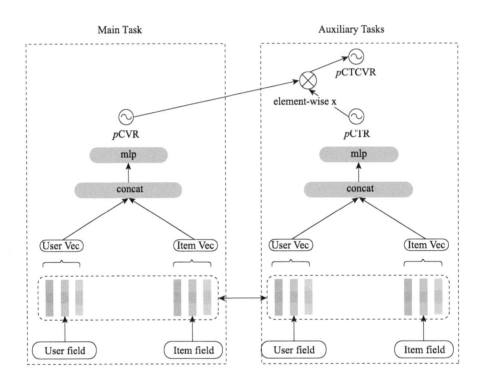

图 3-38　多任务训练模型图

而模型的损失函数为：

$$L(\theta_{\text{cvr}}, \theta_{\text{ctr}}) = \underbrace{\sum_{i=1}^{N} l(y_i, f(x_i; \theta_{\text{ctr}}))}_{loss_{\text{ctr}}} + \underbrace{\sum_{i=1}^{N} l(y_i \& z_i, f(x_i; \theta_{\text{ctr}}) \times f(x_i; \theta_{\text{cvr}}))}_{loss_{\text{ctcvr}}}$$

通过这种建模方式，两种任务可以使用线上的所有曝光点击样本。对于 CTR 任务，正样本为点击的样本，负样本为曝光未点击的样本；对于 CTCVR 任务，正样本为点击且下单的样本，负样本为曝光未点击或点击未下单的样本。其中 CTR 以及 CVR 模型的 Embedding 层参数是共享的。

在训练过程中，需要对 CTR 模型及 CTCVR 模型进行权重的调整。调整后的训练目标为：

$$L(\theta_{\text{cvr}}, \theta_{\text{ctr}}) = w_1 \sum_{i=1}^{N} l(y_i, f(x_i; \theta_{\text{ctr}})) loss_{\text{ctr}} + w_2 \underbrace{\sum_{i=1}^{N} l(y_i \& z_i, f(x_i; \theta_{\text{ctr}}) \times f(x_i; \theta_{\text{cvr}}))}_{loss_{\text{ctcvr}}}$$

实际应用中，需要根据业务对训练权重进行调整。由于主要目标是通过多任务学习的方式加速 CVR 任务的收敛，为了正确评估 CVR 任务的效果，重新读取了一个新的数据集，用于对 CVR 任务的效果进行正确评估。

3. LTR 模型

前面提到，精排算法除了以深度学习为主的 CTR 模型、CVR 模型外，还有很多其他因子。调整各个因子权重的传统方法是通过线上 A/B 测试，选择测试效果最好的一组权重并发布上线。这种方式费时费力，随着因子越来越多，这种方式已经不能满足需求，通过人工实验确定权重也越来越不可靠，所以需要一个 LTR 模型来综合各个子维度的分值。

首先，简单介绍下 LTR（Learning to Rank 排序学习）的背景知识。

假设在查询 q_i 下，依次曝光了商品 x_1，x_2，x_3，x_4，x_5，…，x_{10}，点击的商品分别是 x_2，x_5，x_8，那么在这次查询下，如果有一个完全正确的搜索引擎打分系统，应该让 x_2，x_5，x_8 这 3 个商品的打分结果高于 x_1，x_3，x_4，…，x_7，x_9…这几个商品，我们希望打分系统能够正确地学习出这些商品的打分顺序。

一般而言，LTR 的算法主要分为单文档方法（point wise）、文档对方法（pair wise）及文档列表方法（list wise）。

单文档方法算法最简单，把每个商品看成一个样本，对于上面的所有商品，会有一个排序分值，让 LTR 直接得到每个商品的分值。例如，在 CTR 任务中，对点击的样本打上分数 1，对曝光无点击的样本打上分数 0，基于这些样本进行训练，最终可以得到基于 point wise 的模型。

文档对方法算法利用商品之间的相互关系进行建模，把两个有偏序关系的商品对作为一个样本，训练出一个模型，让这个模型在保证商品对的偏序关系下，对每个商品进行打分。典型的模型有 RankSVM、RankNet、RankBoost 等。

文档列表方法算法利用最直接的方式对排序问题进行优化，将一次查询下的所有商品作为一个训练样本，作为训练的实例，代表性模型有 LambdaMart。

以上面的商品为例，介绍下文档对的排序学习方法，正样本为：

$$(x_2,x_1,+1),(x_5,x_1,+1),(x_5,x_3,+1),(x_5,x_4,+1),(x_8,x_1,+1),\cdots$$

将这些商品的顺序反转之后，就可以得到负样本。基于这些正负样本对，进行训练。

RankSVM[⊖]模型是应用于排序问题的经典机器学习模型，由 SVM 模型演变而来。原始的 SVM 模型的优化定义如下：

$$\min_{\vec{w},\vec{\varepsilon},b} f(\cdot) = \frac{1}{2} \| \vec{w} \| + C \sum \varepsilon_i$$
$$s.t. y_i(\vec{w} \cdot \vec{x}_i + b) \geq 1 - \varepsilon_i, i = 1,2,\cdots,N, \varepsilon_i \geq 0$$

在满足基本约束条件下，使得支持向量到超平面的距离最大化。而 RankSVM 的数学定义如下：

$$\min_{\vec{w},\vec{\varepsilon}} f(\cdot) = \frac{1}{2} \| \vec{w} \| + C \sum \epsilon_{i,j,k}$$
$$s.t. \forall (d_i,d_j) \in r_1^* : \vec{w}(\Phi(q_1,d_i) - \Phi(q_1,d_j)) \geq 1 - \varepsilon_{i,j,1}$$
$$\cdots$$
$$\forall (d_i,d_j) \in r_n^* : \vec{w}(\Phi(q_n,d_i) - \Phi(q_n,d_j)) \geq 1 - \varepsilon_{i,j,n}$$
$$\forall_i \forall_j \forall_k : \varepsilon_{i,j,k} \geq 0$$

把限制条件修改成：

$$\vec{w}(\Phi(q_n,d_i) - \Phi(q_n,d_j)) \geq 1 - \varepsilon_{i,j,n}$$

代表了商品对之间的偏序关系，使得模型的学习和传统的 SVM 模型保持

⊖ Lee C P, Lin C J. Large-scale linear ranksvm[J]. Neural computation, 2014, 26(4): 781-817.

一致。

可以看出，约束条件和传统的 SVM 限制条件为：

$$y_i(\vec{wx_i}+b) \geqslant 1-\varepsilon_i$$

很相似，因此可以直接把排序问题转化为传统的 SVM 求解问题。

补充说明一点，早期因为受到系统框架限制，在精排侧不支持大规模的深度学习模型，我们通过 LR 和 RankSVM 等方式离线训练一个线性模型，每日将线性权重，通过离线更新至配置文件，在精排的最后阶段通过读取配置，将多个精排子模型分别乘以配置的权重来得到商品的最终排序。这种方式虽然优于人工定权重，但也存在明显的问题：

其一，特征的组合是线性的，各个特征之间存在非线性的关系，而模型不能捕捉到这种关系，也出现了部分经验上是正向的特征属性，但是模型预测出来权重为负的情况；

其二，这种方式在样本选择上较为简单，如果只以点击为目标，将点击样本作为正样本，未点击样本作为负样本，在实际应用中虽然能提升用户点击率，但更为重要的下单转化率却出现下降。

所以我们将转化样本也作为正样本，并且加大转化样本的权重，虽然这种方式实现了点击和转化的提升，但是未能充分刻画用户从点击到下单的整体行为。随着系统升级至支持深度模型的 rank service 排序服务器，我们也对线性 LTR 模型进行了深度学习的升级，核心的模型网络基于 Wide&Deep 构建得到。

3.2.4 搜索底部推荐

在搜索的场景下，除了正常的商品展示之外，还可以看到在侧面和下部也会有相关商品的推荐，我们称之为"底部推荐"。在这些位置上的商品，对于相关性没有严格的要求，对于搜索来说，也可以起到一定的补充作用。这部分内容的类型主要可以分为以下两种。

- ❑ 广告位置的扩展。当搜索商品充足的时候，这个位置主要作为广告位，为更多的广告商品提供曝光的机会；

> ❑ 零少结果商品的补足。当搜索能够召回的商品较少时，搜索可能无法满足用户的诉求，为了能提供更丰富的与搜索词相关的商品，会通过底部推荐的位置来进行合适商品的扩充。

本节主要介绍了在零少补足的目标下，整体的解决思路。广告商品的展示主要目标为商品的竞价及转化效率最大化，不展开介绍。

在零少补足的场景下，需要解决的主要问题是，帮助用户找到与搜索词相关且用户最有可能感兴趣的商品，本质上最终的目标是找到与目标商品更相似的商品。在这个场景中，我们主要使用了推荐的思想来完成这个任务，主要的建模方式有以下两种：

> ❑ 少结果，以品推品。搜索出的少量结果，在系统中被认为是目前能够找到的与当前搜索词最相符的商品，直接作为"以品推品"扩展召回的 trigger，补足更多的相关商品。召回的策略与推荐一致，应用了 I2I（item2item）的相关技术，目前主要使用的是阿里的经典推荐算法 swing 以及深度学习来进行建模；
> ❑ 零结果，以人推品。在没有商品可以直接作为 trigger 的情况下，我们退回到人加主要搜索词的推品方案，对用户之前的行为直接进行建模，使用 U2I（user2item）的相关技术，辅以核心词及相关性等信息，进行结果的推荐。

第 4 章

推荐算法

推荐与个性化已经是电商平台导购场景的标配能力，以满足用户逛和发现的诉求。2010 年前后，提起推荐算法，还需要解释为什么已经有了信息检索技术，还需要推荐算法；而如今，推荐算法的各个流程阶段已经被非常规范地定义好了。

从流程上来说，推荐系统主要分为召回、粗排、精排、重排 4 个主要部分。以 CBU 主客 App 首页"猜你喜欢"商品推荐流来说，召回阶段从最大的待召回集合中（几千万以上）选出与用户相关的候选集合（缩减量级为几千）；粗排作为衔接召回和精排的环节，主要是为了快速筛选候选商品，减少精排商品量，降低精排时间消耗（粗排过后一般缩减到千级别数量）；精排阶段通过复杂模型和更多的特征对候选列表进行精细算分，从而确定商品得分；最后的重排过程主要对一些多样性、发现性商品建模，调整列表顺序并输出。

阿里巴巴 CBU 技术部推荐算法发展时间轴如图 4-1 所示。

2017 年，召回阶段的核心是协同过滤方法 Swing 和 E-TREC 的应用，排序方法从最初的 LR+GBDT 升级到 Wide&Deep。因为在实际业务中经常需要在一些小商品池中进行商品推荐，所以我们构建了 Unbalance I2I 方法，使得触发的商品可以是全网商品，而被推荐的商品始终在特定的小商品池内。

2018 年，召回阶段的核心是 Embedding I2I 和 DeepMatch 技术的应用，排序方法升级为阿里妈妈团队提出的 DIN 和 DIEN，并构建了 CVR 模型。

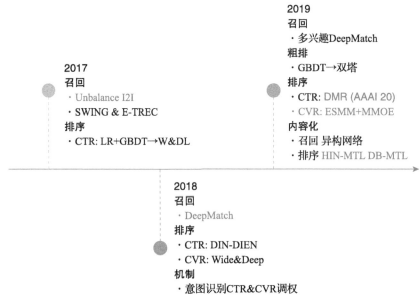

图 4-1　CBU 技术部推荐算法发展时间轴

2019 年，召回阶段的核心是多兴趣召回，引入粗排模型，并在排序方法上有了自己的创新 DMR（AAAI 20 Oral），同时在建模 CVR 上引入了 ESMM+MMOE 的多目标机制。此外，考虑到 2019 年是直播和短视频在 1688 业务场景大放异彩的一年，我们在内容推荐的方向上也做了一些颇有效果的尝试，具体内容在第 6 章展开说明。

下面从召回和排序两个阶段介绍我们的工作。召回阶段，从最经典的协同过滤开始，到 Deep Walk 和 word2vec 构造的商品 Embedding，最后到深度匹配 DeepMatch 方法。排序阶段，从 Wide&Deep 开始，到 DIN 和 DIEN 方法以及 DMR，最后到 ESMM 融合 MMOE 的方法。

4.1　召回

不同于搜索有查询关键词表明用户精准意图，推荐主要通过用户固有属性和行为特征描述其意图，从而触发商品召回。传统的召回方法主要是采用协同过滤算法，以用户历史行为，如点击、收藏、购买过的商品为输入参数，计算得到召回商品集合。同时，近年来随着深度学习的广泛应用，通过深度模型训练得到商品的向量表征，并基于向量相似度进行召回。除此之外，CBU 算法团队也尝试引入用户和商品更细粒度的特征，提出了 DeepMatch 算法，优化召回结果，在实际业务场景中也得到了预期效果。后续小节分别对协同过滤、Embedding 向量召回和 DeepMatch 展开阐述。

4.1.1 协同过滤

协同过滤算法（Collaborative Filtering Recommendation）是推荐系统中的经典算法，也称作基于用户行为的推荐算法。该算法不需要预先获得用户或物品的特征数据，仅依赖于用户的历史行为数据对用户建模，从而为用户进行推荐。用户行为蕴藏着很多模式，著名的"啤酒和尿布"的关联推荐故事就是用户行为模式的良好体现。基于用户行为推荐的主要思想是利用已有用户的历史行为数据（显式反馈或隐式反馈），预测当前用户可能感兴趣的物品，其中显式反馈主要为用户评分，隐式反馈主要为浏览、搜索记录等。

协同过滤算法主要分为基于内存的协同过滤算法和基于模型的协同过滤算法。其中，基于内存的协同过滤算法是通过统计学方法对数据进行分析，主要包括基于用户的协同过滤、基于物品的协同过滤。基于模型的协同过滤算法是通过学习数据得出模型，然后根据模型预测和推荐，典型的如隐语义模型（Latent Factor Model）等。

1. 基于用户的协同过滤

基于用户的协同过滤（下文简称 User-Based CF）的基本思想为：向用户推荐与他兴趣相似的用户感兴趣的物品。当需要向用户 a（下文称 a）推荐时，首先，找到与 a 兴趣相似的用户集合（用 u 表示）；然后，把集合 u 中用户感兴趣而 a 没有听说过（未进行过操作）的物品推荐给 a。算法分为两个步骤：①计算用户之间的相似度，选取最相似的 n 个用户；②根据相似度计算用户评分。

（1）用户相似度计算

用户相似度计算是基于用户的协同过滤算法的重要内容，主要可以通过余弦相似度、杰卡德系数等方式进行计算。

假设给定用户 u 和用户 v，令 $N(u)$ 表示用户 u 有过正反馈的物品集合，$N(v)$ 表示用户 v 有过正反馈的物品集合，则用户 u 和 v 之间的相似度可以通过如下方式计算：

$$w_{uv} = \frac{|N(u) \cap N(v)|}{\sqrt{|N(u)| \cdot |N(v)|}} \quad (\text{余弦相似度})$$

$$w_{uv} = \frac{|N(u) \cap N(v)|}{|N(u) \cup N(v)|} \quad (\text{杰卡德系数})$$

（2）根据用户相似度评分

得到用户相似度后，可以根据如下公式计算用户评分：

$$r(u,i) = \sum_{v \in S(u) \cap N(i)} w_{uv} r_{vi}$$

其中 $r(u,i)$ 为用户 u 对物品 i 的评分，$S(u)$ 为与用户 u 最相似的 N 个用户，$N(i)$ 为对物品 i 进行过操作的用户集合，w_{uv} 为用户 u 与用户 v 的相似度，r_{vi} 为用户 v 对物品 i 的评分。

2. 基于物品的协同过滤

基于物品的协同过滤（下文简称 Item-Based CF）是目前应用最为广泛的推荐算法，该算法的基本思想为：向用户推荐与他们以前喜欢的物品相似的物品。这里所说的相似并非从物品的内容角度出发，而是基于一种假设：喜欢物品 a 的用户大多也喜欢物品 b，代表着物品 a 和物品 b 相似。

基于物品的协同过滤算法能够为推荐结果做出合理的解释，比如电子商务网站中的"购买该物品的用户还购买了……"。Item-Based CF 的计算步骤和 User-Based CF 大致相同：首先计算物品相似度，选出最相似的 n 个物品，然后根据相似度计算用户评分。

（1）物品相似度计算

假设 $N(i)$ 为喜欢物品 i 的用户集合，$N(j)$ 为喜欢物品 j 的用户集合，则物品相似度计算公式可以定义为：

$$w_{ij} = \frac{|N(i) \cap N(j)|}{|N(i)|}$$

上述公式将物品 i 和物品 j 的相似度定义为：同时喜欢物品 i、j 的用户数占只喜欢物品 i 的用户数的比例。但如果物品 j 十分热门，大部分用户都喜欢，那么任意一个物品都会与 j 有较高的相似度，因此需要对计算公式进行如下改进：

$$w_{ij} = \frac{|N(i) \cap N(j)|}{\sqrt{|N(i)| \cdot |N(j)|}}$$

改进后的相似度计算公式惩罚了物品 j 的热门度，在一定程度上减少了热门物品对相似度带来的影响。

（2）根据物品相似度评分

得到用户相似度后，可以根据如下公式计算用户评分：

$$r(u,i) = \sum_{v \in S(u) \cap N(i)} w_{uv} r_{vi}$$

其中 $r(u,i)$ 代表用户 u 对物品 i 的评分，$S(u)$ 代表和用户 u 最相似的 n 个用户，$N(i)$ 为对物品 i 进行过操作的用户集合，w_{uv} 为用户 u 和用户 v 的相似度，r_{vi} 为用户 v 对物品 i 的评分。

3. 两种协同过滤的对比

User-Based CF 的推荐结果反映了用户所在的一个兴趣群体中的热门物品，更加社会化但缺乏个性化，能够满足物品的时效性，在新闻推荐领域发挥很大的作用。用户的兴趣在一段时间内是相对固定的，因此用户相似度矩阵不会实时更新，存在新用户的冷启动问题。

Item-Based CF 的推荐结果更加个性化，反映了用户的个人兴趣，对挖掘长尾物品有很大帮助，被广泛应用于电子商务系统中。在物品数较多时，物品相似度计算效率较低，因此通常以一定时间间隔离线计算，然后将物品相似度数据缓存在内存中，这样一来，便可以根据用户的新行为实时向用户推荐。Item-Based CF 同样存在新用户的冷启动问题。

4.1.2 Embedding I2I

I2I 由于在线部署简单，可以很容易地通过实时的用户足迹实时召回商品，所以应用非常广泛。然而传统的 I2I 协同过滤是基于一些规则来计算的，比如根据 Jaccard 或其他公式做相似度计算，我们称之为记忆存储（Memory-Based）方法。随着深度学习算法的不断推广，Embedding 技术也逐渐得到广泛应用。可以通过模型学习 Learning-Based 的方式拟合数据，得到每个商品的向量表达，即 Embedding。由此，在线部署可以通过向量召回技术高效地召回商品。同时，为了进一步提升召回效率，向量召回一般采用近似计算，如 FAISS 算法。下面介绍 DeepWalk 和 word2vec 算法在电商推荐场景的应用。相比传统的降维方法，这些 Embedding 技术的计算效率更高，效果也更好。尽管这些算法的初衷不是为了做推荐系统，但可以有效地应用在推荐系统领域。另外，4.1.3 节将重点介绍 DeepMatch 的相关算法和实际应用场景。

1. DeepWalk

电商网站有大量的商品，商品的数量级远远超过词的数量级，这会增加训练难度，可能会面临训练数据不足而难以拟合的问题。这时我们可以借助 Graph Embedding 的方法采样出一些序列，通过数据增强解决训练数据不足的问题。

DeepWalk 是一种简单有效的 Graph Embedding 方法，其采样时是以均匀的概率选择当前节点要游走到的另一个邻居节点。首先在 Graph 上以均匀的概率随机游走得到节点序列，然后将节点序列输入 word2vec 训练得到节点的 Embedding。从 Graph 的角度看，随机游走得到的序列是基于节点之间的邻居关系的，因此建模学习得到的 Embedding 之间便可以体现出节点之间的距离关系。

那么要想应用于商品推荐的场景，首先我们需要构造一个 Graph。构图的方式有多种，比如可以构造一个纯商品的 Graph，每个商品是一个节点，如果两个商品被同一个用户点击、收藏、购买（也可为其他行为类型）过，则在这两个节点之间连一条边。这样我们就可以通过采样得到无数的商品序列，从而让 Embedding 的学习更加充分。另外，还可以将用户节点、属性节点放到 Graph 中，用户对商品产生行为则连一条边，属性的从属关系也可以连一条边，这样就构成一个异构网络。而 DeepWalk 可以学习出 Graph 中每个节点的 Embedding 向量，从而用于 I2I、U2I、C2I 等推荐。

前面提到，DeepWalk 在采样时是以均匀的概率选择当前节点要游走到的另一个邻居节点，但在实际应用场景中可能边是有不同权重的，这时以均匀的概率随机游走就不太合适了。比如，节点的共现关系有强有弱，体现在共现的次数上，用户对商品的点击、收藏、加购、支付的行为强度均不同。当我们根据业务目标定义好节点的转移概率之后，就可以用不同的概率进行序列采样了。

2. word2vec

word2vec 在词的表达上取得了巨大成功。该算法的输入是语句，即词的序列。以 Skip-Gram 方法为例，其目标是用一个单词去预测其周围的词，模型训练产出的 Embedding 向量用于下游任务。词的相似度可以通过计算 Embedding 之间的 L2 距离或余弦相似度得到。word2vec 学到的 Embedding 非常有趣，其中隐含了很多语言的规律和模式。比如与 vec（"马德里"）-vec（"西班牙"）+vec（"法国"）的结果最相近的向量是 vec（"巴黎"）。这得益于 word2vec 使用的简单线性模型。

Skip-Gram 的模型结构如图 4-2 所示，它的学习任务是用中间的词去预测周围的词，训练得到词的 Embedding 便可以用于下游任务。另外还有一种模型叫 CBOW，它使用周围的词去预测中间的词，应用比较少，这里不做介绍。Skip-Gram 的形式化定义：给定单词序列 $w_1, w_1, \cdots, w_T$，其目标是最大化平均的对数概率

$\frac{1}{T} \sum_{t=1}^{T} \sum_{-c \leqslant j \leqslant c, j \neq 0} \log(p(w_{t+j}, w_t))$，其中 c 是窗口大小，c 越大则样本数越多，预测准确性越高，但同时训练时间也越长。Skip-Gram 定义概率 $p(w_{t+j}, w_t)$ 的基本形式是使用 Softmax，$p(w_{t+j}, w_t) =$

$\frac{\exp(v'_{w_{t+j}} v_{w_t})}{\sum_{i=1}^{W} \exp(v'_{w_i} v_{w_t})}$，其中 v_w 和 v'_w 分别是 w 的"输入"和"输出"的向量表达。每个单词两套向量表达的方式通常效果比单套向量表达的方式好，因为两套向量表达的方式应用到下游任务时可以取两个 Embedding 的平均值。需要注意，W 是词表中单词的总数，通常都很大，这在实际计算 $p(w_{t+j}, w_t)$ 的时候是不切实际的。

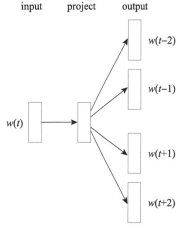

图 4-2　Skip-Gram 模型结构

word2vec 提出了两种方法解决该问题，一种是层次化的 hierarchical softmax，通过构建二叉树结构将计算量降为对数级 $\log_2(W)$，这里不详细介绍。我们主要介绍一下更常用的 negative sampling 负采样，其效率更高。其定义为：

$$\log\sigma(v'_{w_{t+j}} v_{w_t}) + \sum_{i=1}^{k} \mathbb{E}_{w_i \sim P_n(w)}[\log\sigma(-v'_{w_i} v_{w_t})]$$

其中 $P_n(w)$ 是噪声分布，采样生成 k 个负样本，任务变成从噪声中区分出目标单词 w_o。整体的计算量和 k 成线性关系，k 在经验上取 2～20 即可，远小于 hierarchical softmax 所需要的 $\log_2(W)$ 词计算。$P_n(w)$ 的经验取值是一元分布的四分之三次方，效果远超简单的一元分布或均匀分布。

3. word2vec 在推荐上的应用

类似于 word2vec 根据单词序列数据训练 Embedding，也可以把用户在网站的商品行为序列数据喂给 word2vec 算法，训练得到商品的 Embedding，我们叫它 item2vec。有一个技巧是可以在行为序列中加入商品类目等属性信息，这样可以让同属性的商品聚到一起，因为同属性的商品经常会一起出现。在实际应用中我们发现，这些上层的属性特征可以让模型收敛得更快。增加属性特征后的输入序列如图 4-3 所示，每个 item 后面跟上属性特征，属性特征也可以一并学出 Embedding 表达，用于冷启动召回。

图 4-3 属性特征结构示意

但增加属性特征同时带来了一个问题：训练数据量会翻倍，可能会影响训练的效率。解决这个问题，可以采用一些采样的方法，例如一个序列中可能有很多同类目的商品，我们只需要保留一个类目即可。

4.1.3 DeepMatch

Match 是推荐链路的重要一环。前文提到的各种经典的 I2I 召回方式是根据商品的共现关系计算所有商品之间的相似度，非常适合线上根据实时行为商品作为 trigger

进行召回。但这类方法都只局限于"用户 – 商品对"的历史交互行为，没有利用用户、商品各自的属性信息和用户所处环境的上下文信息，比如用户的年龄、性别、购买力，商品的类目、店铺、标题等，所以会存在以下几个问题。

- ❑ 严重的冷启动问题。如果新用户没有任何历史行为，将无法为其进行召回推荐，而新商品如果没有被交互过，也无法把它推荐给用户。
- ❑ 难以利用更多属性信息。目前简单的解决方案是针对某一种属性单独做一路召回，比如类目偏好召回，根据用户对类目的偏好，召回该类目下优质的商品。但单路召回也只能利用某一特定的属性信息，在现实情况下，用户的行为偏好往往会由多种信息互相影响。
- ❑ 难以建模复杂用户行为。传统召回不能理解"用户 – 商品对"行为背后的深层语义信息，只用简单的共现统计限制了模型的表达能力，无法对用户和商品之间复杂的非线性关系建模。
- ❑ 用户的兴趣分布融合问题。传统的召回策略没有区分用户不同兴趣的强烈程度，且会过于依赖最近的兴趣，而忽略用户的长远兴趣。如何对用户的不同兴趣做强弱程度的区分，如何平衡用户的长短期兴趣，就需要更先进的召回模型来解决。

基于此背景，我们开发了 End-to-End 的深度召回模型 DeepMatch，将商品召回建模成一个大规模的多分类问题，同时根据"用户 – 商品对"的历史交互行为和用户、商品的属性信息，预测用户的下一个交互商品。深度学习模型的非线性变换能力使得模型的表达能力更强，并且通过 RNN 或 Attention 等方式可以方便地对行为序列建模。

1. 模型结构

DeepMatch 模型基本结构和谷歌的 DNN4YouTube 召回算法类似，根据用户行为和用户信息预估用户下一个可能点击的商品的概率分布。这个概率分布通过最后的 Softmax 层得到。DeepMatch 网络结构如图 4-4 所示。

下面详细介绍一下模型的具体结构，自下而上分别是输入层、DNN 层，以及输出层。

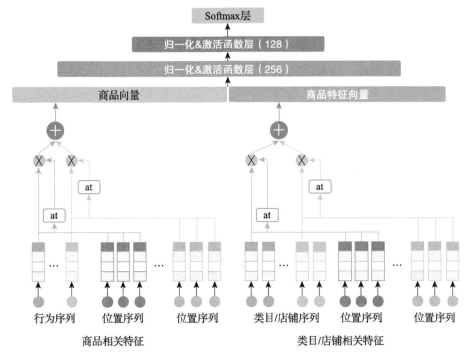

图 4-4　DeepMatch 网络结构图

（1）输入层

输入层主要是特征的 Embedding，由商品序列足迹的 Embedding 和对应的内容序列足迹的 Embedding 组成。

商品序列足迹来自用户在 1688 平台上的商品行为，包括点击、收藏、加购、购买等，离线构造训练集以 session 对足迹序列进行划分，获取用户 24 小时内在 1688平台的行为。内容序列足迹是行为的泛化信息，包括行为商品的属性（如类目、价格、商铺、标题等）和用户与商品的交互信息（如停留时长，商品在序列的位置等）。通过内容足迹对商品序列足迹的补充，可以增加模型的泛化性，更能反映用户 high-level 的意图和偏好。这里需要注意的是，由于 1688 平台 B 类电商的特殊性，用户主要是中小企业用户，没有性别、年龄等明显的人口统计学特征。

在实际训练中，每个 item 的权重通常是不一样的。比如最近一次行为的 item 权重可能比较远行为的 item 高，停留时长更长的 item 权重可能比停留时间短的 item高，收藏的 item 的权重可能比点击的 item 高，等等。这里，我们通过 Bahdanau

Attention 机制，以上下文特征作为 Query，计算出特征序列中的特征的权重，加权求和得到带权重的 Pooling Embedding。对每个特征包括 itemid 分别进行这样的处理，再将所有带权重的 Weighted Pooling Embedding 进行 concat 拼接，并输入两层 DNN 网络中。

描述成公式表示，用 e_{ij} 代表第 i 个属性特征在位置 j 的 Embedding，其中 $i = \{1 \cdots n_e\}$，$j = \{1 \cdots L\}$，L 为窗口大小；用 c_{ij} 代表第 i 个上下文特征在位置 j 的 Embedding，其中 $i = \{1 \cdots n_c\}$，$j = \{1 \cdots L\}$。目前上下文特征用了 item 处于整个序列的位置、user 在 item 详情页停留时长、user 对 item 的行为类型（点击、收藏、加购、支付）3 种。

考虑到不同属性特征受上下文特征的影响程度不同，实现的时候是对每个特征序列单独创建与之对应的上下文特征 Embedding，而不是共享 Embedding。最后将所有上下文特征的 Embedding 进行拼接，得到上下文特征的 Query c_j。即

$$c_j = \mathrm{concat}(c_{1j} \cdots c_{n_c j})$$

从而可以计算 Bahdanau Attention：

$$\alpha_{ij} = \frac{e^{\alpha_{ij}}}{\sum_{k=1}^{L} e^{\alpha_{ik}}}$$

其中 $\alpha_{ij} = v^{\mathrm{T}} \tanh(W_c c_j + W_e e_{ij})$，以 context 特征和当前特征 Embedding 计算权重，并归一化。最后以 Bahdanau Attention 作为加权分，对输入特征 Embedding 加权求和，然后把所有的加权特征 concat 拼接起来，得到最终的深度网络输入 e^*：

$$e^* = \mathrm{concat}(e_1^* \cdots e_L^*)$$

其中 $e_i^* = \sum_{j=1}^{L} \alpha_{ij} e_{ij}$。

（2）DNN 层和输出层

将第一部分输入层最终得到的输出 e^* 输入两层 DNN 网络中，以 Leaky_ReLU

函数激活。其中，DNN 最后一层是模型根据用户的行为序列及辅助信息（side-information）得到的用户向量（user vector），记为 U。

$$Z_1 = \text{Leaky\_ReLU}(W_1 e^* + b_1)$$
$$Z_2 = \text{Leaky\_ReLU}(W_2 Z_1 + b_2) = U$$
$$\hat{y} = \text{softmax}(UV)$$

Leaky_ReLU 是 ReLU 函数的改进版，防止在负值时梯度为 0。在最后的 soft-max 层的参数，则是输出的商品向量（item vector），记为 V。商品向量将用于召回时与用户向量做基于向量相似度的最近邻查询。

2. DeepMatch 在 1688 首页的实现

我们所用的训练特征主要由用户行为商品 id、对应叶子类目、一级类目、店铺 id、价格分段、停留时长、标题和位置等组成。注意由于用户直接的足迹长度可能不一致，为了便于模型统一训练，我们把不等长的每个特征都用 0 补充到固定长度 20。

DeepMatch 在 1688 首页的实现主要依托于阿里巴巴集团的个性化平台 TPP，DeepMatch 的整体实现框架如图 4-5 所示。离线训练部分，在本地用 T−30 天的用户在全网的行为日志和商品特征构造训练数据，训练 DeepMatch 模型预测最后一次的点击商品。训练完成后，将模型保存在 OSS 存储系统中，并输出训练过程得到的商品向量 item_vector。同时把商品特征导入 iGraph 中，供线上 TPP 方案调用。训练好的模型分两部分：一是把在 OSS 上 checkpoint 形式的模型转成 pb 格式，并导入实时打分服务系统 RTP 中；二是将商品向量 item_vector 导入推荐系统的召回引擎 BE 中，用于向量化查询召回结果。

线上部分，通过统一特征服务平台 ABFS 获取用户的实时足迹，通过 TPP 调用 iGraph 表得到对应的商品特征，从而构造用户的行为特征序列，作为 DeepMatch 的模型输入。再通过 TPP 调用存在 RTP 上的模型，根据用户的实时行为输入通过模型得到用户向量 user_vector，最后通过 TPP 调用 BE，与存在于 BE 中的商品向量 item_vector 表做基于 FAISS 的最近邻查询，得到用户最可能点的 TopK 个商品，作为召回结果返回。

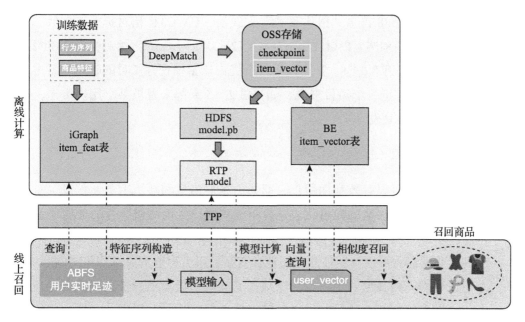

图 4-5 DeepMatch 在 1688 首页的整体实现框架

DeepMatch 召回方案能根据用户足迹召回最相似的 TopK 商品,召回结果示例如图 4-6 所示。可以看到对于用户丰富的足迹,DeepMatch 可以召回类似的商品,为用户提供更多的选择可能性。

图 4-6 召回结果示例

DeepMatch 在 1688 首页"猜你喜欢"上线后，UV-CTR 相对提升 0.92%，人均点击次数相对提升 9.81%，PV-CTR 相对提升 2.63%，L-O 转化相对提升 1.30%，发现性曝光占比相对提升 8.04%。其中发现性曝光占比指发现性类目的曝光数量占整体曝光数量的比例。对于一个类目来说，如果过去 15 天都未曾被某个用户点击，则称这个类目对这个用户是发现性类目。

总结一下 DeepMatch 的主要能力：

- ☐ 用深度模型可以有效利用用户、商品的属性信息和环境上下文信息，对用户和商品进行高层次的向量化表达，提取"用户－商品对"背后的深层语义信息，增强模型的泛化性，提高召回结果的多样性；
- ☐ 向量化的能力可以召回任意商品池的商品，很大程度解决了冷启动问题；
- ☐ 可以建模不同长度的用户行为序列，更准确地捕捉用户长短期意图，且可以用注意力机制的方式，对用户不同兴趣进行不同强弱程度的捕捉。相比于传统 I2I 召回，深度召回的方式更个性化。比如两个用户点序列 B C A 和 D E A，传统 I2I 会根据商品 A 给两个用户召回相同的结果，但 DeepMatch 可以根据上下文信息给两个用户召回不同的结果，具有更强的个性化能力。

4.2 排序

为了提高推荐的准确率，通常需要在召回商品集合的基础上引入排序模型，从而使得最可能符合用户兴趣点的商品优先展示。传统的排序模型主要有回归模型 LR 和树模型 GBDT 两种，近年来，深度模型技术在工业界得到广泛应用和效果验证，本节重点介绍相关模型的算法，以及在 CBU 业务场景的应用效果。

4.2.1 Wide&Deep 模型

2016 年 Google 发表了论文 *Wide&Deep Learning for Recommender Systems*，第一次提出如何结合大规模特征线性模型和深度模型来做个性化推荐。Wide&Deep 模型的核心思想是结合线性模型的记忆能力（Memorization）和 DNN 模型的泛化能力（Generalization），在训练过程中同时优化两个模型的参数，从而使整体模型的预测能力最优。具体而言，记忆性即从历史数据中发现 item 或者特征之间的相关性；泛化性即相关性的传递，发现在历史数据中很少或者没有出现的新的特征组合。两者对比，记忆性更为保守，倾向于推荐已经存在过的用户 – 商品关系，而泛化性更趋于发现新的用户 – 商品关系，提高推荐系统的多样性。

如图 4-7 所示，Wide&Deep 模型主要由线性部分 Wide 模型和深度部分 Deep 模型组成。接下来详细介绍一下两部分模型。

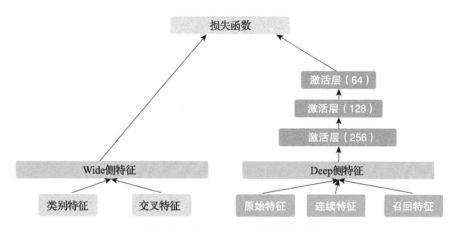

图 4-7　Wide&Deep 模型结构图

1. Wide 侧模型

Wide 侧模型就是线性模型 LR，输入特征包括了原始特征和交叉特征，主要处理 ID 类特征。其公式表示为：

$$y = w^{\mathrm{T}}x + b$$

其中 y 为预测结果，$x = [x_1, x_2, \cdots, x_d]$ 是 d 维的特征向量，$w = [w_1, w_2, \cdots, w_d]$ 是模型参数，b 为偏置项。其中，交叉特征的计算可以表示为公式：

$$\varphi_k(x) = \prod_{i=1}^{d} x_i^{c_{ki}}, c_{ki} \in \{0,1\}$$

其中，c_{ki} 为一个逻辑类型变量，若第 i 个特征是第 k 个变换 φ_k 的一部分，则 c_{ki} 为 1，否则 c_{ki} 为 0。Wide 侧模型使用的交叉特征向量的可解释性强，对于大规模的稀疏数据有很好的记忆效果，是模型重要的记忆性来源。

2. Deep 侧模型介绍

Deep 侧模型是最基本的前馈神经网络，由 3 个 ReLU 层组成，最后接一个 logistic loss 层。输入的各种特征，首先被转为低维的 Embedding 特征，再把所有特征 Embedding 拼接起来得到最终的输入层。第 l+1 层的计算公式为：

$$a^{(l+1)} = f(W^{(l)}a^{(l)} + b^{(l)})$$

其中 l 是层数；f 是激活函数，一般为 ReLU；$a^{(l)}$、$b^{(l)}$ 和 $W^{(l)}$ 分别为前一层的输出、偏置项和参数。在训练过程中，一般先随机初始化 Embedding 向量，然后通过模型的训练学习，逐渐将各个 Embedding 向量的值收敛，得到最终的参数结果。Deep 侧模型训练出来的隐向量，虽然可解释性弱，但蕴含了丰富的高阶信息，是模型重要的泛化性来源。

3. 联合训练

联合训练（Joint Training）指同时训练 Wide 模型和 Deep 模型，并将两个模型结果的加权作为最终预测结果。联合训练会同时优化所有参数，通过反向梯度传播、随机梯度下降得到全局最优的参数。最终的预测函数可以写为：

$$P(Y=1|x) = \sigma(w_{\text{wide}}^{\text{T}}\varphi(x)) + w_{\text{deep}}^{\text{T}}a^{(l_f)} + b$$

其中 Y 是二分类的 label，$\sigma()$ 是 sigmoid 激活函数，$\varphi(x)$ 是交叉特征项，b 是偏置项。通常情况下，Wide 部分是用 FTRL（Follow-the-regularized-leader）+ L1 正则化训练，而 Deep 部分是用 AdaGrad 来训练。

4. Wide&Deep 模型在 1688 首页为你推荐的应用

1688 和一般场景的区别在于用户主要为 B 类买家，所以 C 类的用户特征如年龄、性别等都不能作为特征来使用。由于很多买家都是工厂店，所以对于商品一般也没有品牌特征，但会有 B 类用户特有的一些特征，如是不是淘宝卖家用户等。总之，我们用到的特征主要有以下几类。

❑ 用户特征：买家类型等。
❑ 商品特征：行业类目等。

- 用户 – 商品交叉特征。
- 上下文特征：商品的召回来源（如 swing、DeepMatch）等。

训练数据来自目标日前 7 天内在 1688 首页猜你喜欢模块的行为数据，曝光点击的为正样本，曝光未点击的为负样本。特征构造中所用的滑窗指目标日前 1/3/5/7/15/30 天的行为窗口。

Wide&Deep 模型在 1688 首页的实现主要依托于阿里集团的 Porsche、ODPS、RTP、TPP 等平台，整体的线上框架如图 4-8 所示。整个流程主要分为以下几部分。

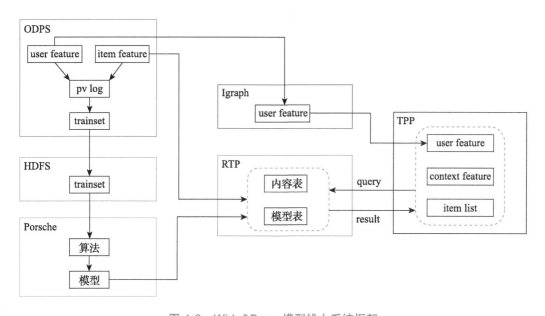

图 4-8　Wide&Deep 模型线上系统框架

首先，在 ODPS 上进行 user 特征构建、item 特征构建及场景 log 解析，三者综合来构建训练集。其中 user 特征导入 iGraph，item 特征 pb 化后导入 RTP 作为内容表，训练集导入 HDFS 上存储。对于实时数据，则需要在 Porsche 上进行数据解析和训练集构建。

其次，在 Porsche 上启动 Wide&Deep 算法读取 HDFS 上的训练集进行训练，训练得到的模型发布到 RTP 作为模型表供其他平台调用。

最后，TPP 从 iGraph 中读取 user 特征，并与 context 特征、item 列表一起作为参数；调用存储在 RTP 上的 Wide&Deep 模型，得到最终的打分结果；根据打分结果对所有的 item 排序，得到最终的输出顺序。

4.2.2　DIN

基于深度学习的模型广泛遵循类似 Embedding&MLP 的范例。在这些方法中，大规模稀疏输入首先将特征映射到低维嵌入向量中，然后以分组方式转换为定长向量方式，最后串联在一起，以感知机（MLP）学习特征之间的非线性关系。用这种方式，无论候选广告是什么，用户特征都被压缩为同一个固定长度的表示向量。这种方法将给采用 Embedding&MLP 方法从丰富的历史行为中有效捕获用户的不同兴趣带来困难。因此，阿里巴巴妈妈团队提出了 DIN（Deep Interest Network，深度兴趣网络）来解决这一问题。DIN 中设计了一种局部激活单元，该激活单元可以根据某个广告有关的历史行为来自适应地学习用户兴趣的表示形式。此表示向量因广告不同而不同，大大提高了模型的表达能力。

1. 深度兴趣网络

首先，我们来看一下遵循类似 Embedding&MLP 的范例的基础模型，如图 4-9 所示。

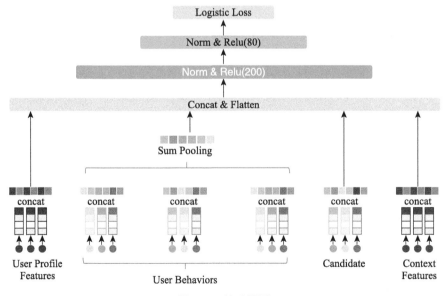

图 4-9　基础模型

基础模型简单地将用户行为序列里的每个商品 Embedding 成一个固定长度的向量再求和池化（Sum Pooling）来表示用户兴趣的多样性，但这种方式表达出来的信息是不够全面的。

与基本模型相比，在其他结构保持不变的情况下，DIN 引入了一种新颖的局部激活单元，如图 4-10 所示。具体而言，DIN 将激活单元应用于用户行为特征，在给定候选广告 A 的情况下，实现自适应地计算用户表示向量。在这个场景里，广告就是商品。

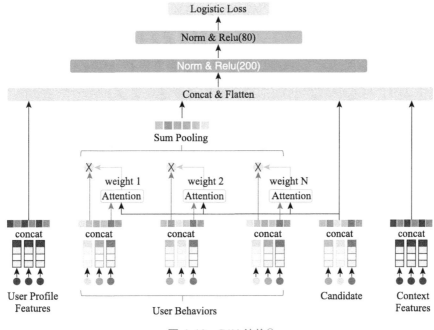

图 4-10　DIN 结构[一]

使用数学形式可以表示如下：

$$v_u(A) = f(v_A, e_1, e_2, \cdots, e_H) = \sum_{j=1}^{H} a(e_j, v_A)e_j = \sum_{j=1}^{H} w_j e_j$$

其中 $\{e_1, e_2, \cdots, e_H\}$ 是用户 u 行为长度为 H 的 Embedding 向量列表，v_A 是广告 A

〇　Zhou G, Zhu X, Song C, et al. Deep interest network for click-through rate prediction[C]//Proceedings of the 24th ACM SIGKDD International Conference on Knowledge Discovery & Data Mining. ACM, 2018: 1059-1068.

的 Embedding 向量。采用这种方式，在不同的候选广告下，用户表示向量 $v_u(A)$ 是不同的。$a(\cdot)$ 是一个前馈网络，用来计算激活权重。除了两个输入 Embedding 向量之外，$a(\cdot)$ 还添加了它们的外积，然后反馈到后续的网络中，以辅助关联建模。看过 DIN 官方开源代码的人会发现，实现中并没有用两个输入向量的外积，而是采用了点积的形式，这在传统的 Attention 机制中很常用，同时还使用了两个向量对应元素的差值，最后拼接输入后续网络。

2. 小批量感知正则化

过拟合是训练工业级网络的重大挑战。在稀疏输入和数亿个参数的网络上直接应用传统的正则化方法（例如 ℓ_1 和 ℓ_2 正则化）是不切实际的。以 ℓ_2 正则化为例，在基于 SGD 的优化方法的情况下，当加上 ℓ_2 正则化时，需要为每个小批量计算整个参数的 L2- 范数，导致计算量极大。

小批量感知正则化（Mini-batch Aware Regularization）只对小批量里出现的稀疏特征进行 ℓ_2 正则。设 $W \in \mathfrak{R}^{D \times K}$ 表示整个稀疏特征 Embedding 字典参数，其中 D 为 Embedding 向量的维数，K 为特征空间的维数。将 W 的 ℓ_2 正则化扩展到所有样本，解析表达式为：

$$L_2(W) = \| W \|_2^2 = \sum_{j=1}^{K} \| w_j \|_2^2 = \sum_{(x,y) \in S} \sum_{j=1}^{K} \frac{I(x_j \neq 0)}{n_j} \| w_j \|_2^2$$

其中 $w_j \in \mathfrak{R}^D$，表示第 j 个 Embedding 向量，$I(x_j \neq 0)$ 表示实例 x 是否具有特征 j，n_j 表示特征 j 在所有样本里出现的次数。在小批量感知的方法里，上述表达式可改写为：

$$L_2(W) = \sum_{j=1}^{K} \sum_{m=1}^{B} \sum_{(x,y) \in \mathcal{B}_m} \frac{I(x_j \neq 0)}{n_j} \| w_j \|_2^2$$

其中 B 表示小批量的数目，$\mathcal{B}_m$ 表示第 m 个批量。让 $\alpha_{mj} = \max_{(x,y) \in \mathcal{B}_m} I(x_j \neq 0)$，表示在 $\mathcal{B}_m$ 里是否存在至少一个具有特征 j 的实例，由此可以被约等于：

$$L_2(W) \approx \sum_{j=1}^{K} \sum_{m=1}^{B} \frac{\alpha_{mj}}{n_j} \| w_j \|_2^2$$

通过这种方式，我们得出了 ℓ_2 正则化的近似小批量感知版本。对于第 m 个小批量，关于特征 j 的 Embedding 权重的梯度为：

$$w_j \leftarrow w_j - \eta \left[\frac{1}{|\mathcal{B}_m|} \sum_{(x,y) \in \mathcal{B}_m} \frac{\partial L(p(x), y)}{\partial w_j} + \lambda \frac{\alpha_{mj}}{n_j} w_j \right]$$

其中仅出现在第 m 个小批量中的特征参数参与正则化的计算。

3. 数据自适应激活函数

DIN 论文里也提出了一种新的数据自适应激活函数 Dice，其脱胎于 PReLU[⊖]，解析表达式为：

$$f(s) = p(s) \cdot s + (1 - p(s)) \cdot \alpha s, \quad p(s) = \frac{1}{1 + e^{-\frac{s - E[s]}{\sqrt{\mathrm{Var}[s] + \varepsilon}}}}$$

其中，s 是激活函数 $f(\cdot)$ 的一维输入，α 是一个学习参数。在训练阶段，$E[s]$ 和 $\mathrm{Var}[s]$ 是每个小批量中输入的均值和方差。在测试阶段，$E[s]$ 和 $\mathrm{Var}[s]$ 是通过在数据上滑动平均 $E[s]$ 和 $\mathrm{Var}[s]$ 来计算的。ε 在实践中设置为 10^{-8}。

4.2.3　DIEN

在 DIN 中没有考虑到用户行为的时间顺序及用户兴趣随时间的演化；另外，DIN 直接将用户行为的表征当作兴趣，缺少对行为背后的潜在兴趣的建模。DIEN（Deep Interest Evolution Network，深度兴趣演进网络）是对 DIN 的改进，其模型结构如图 4-11 所示，使用了兴趣抽取层和兴趣演化层根据用户行为建模用户兴趣的演化。

⊖　Kaiming He, Xiangyu Zhang, Shaoqing Ren, and Jian Sun. 2015. Delving deep into rectifiers: Surpassing human-level performance on imagenet classification. In Proceedings of the IEEE International Conference on Computer Vision. 1026–1034.

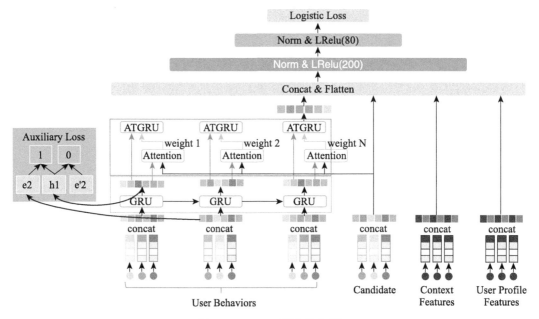

图 4-11 DIEN 网络结构图

DIEN[一]是对 DIN 的进一步改进，在 DIN 中没有考虑到用户行为的时间顺序以及用户兴趣随时间的演化；另外，DIN 将行为直接行为的表征直接当作兴趣，缺少对行为背后的潜在兴趣的建模。

下面介绍 DIEN 的模型结构，DIEN 兴趣抽取层和兴趣演化层根据用户行为建模预测用户兴趣的演化。

1. 兴趣抽取层

GRU 是一种循环神经网络（RNN），擅长处理序列信息，并且克服了 RNN 中梯度消失的问题，在 NLP 领域应用广泛。DIEN 使用 GRU 来建模用户行为之间的依赖关系，每个行为对应的隐藏状态就表达了一个兴趣状态，公式如下：

$$u_t = \sigma(W^u i_t + U^u h_{t-1} + b^u)$$
$$r_t = \sigma(W^r i_t + U^r h_{t-1} + b^r)$$
$$\tilde{h}_t = \tanh(W^h i_t + r_t \circ U^h h_{t-1} + b^h)$$
$$h_t = (1 - u_t) \circ h_{t-1} + u_t \circ \tilde{h}_t$$

⊖ Deep Interest Evolution Network for Click-Through Rate Prediction - AAAI19.

其中 i_t 是第 t 个行为，h_t 是第 t 个隐藏状态，σ 是 sigmoid 函数。使用 GRU 会有一个问题，GRU 是串行的结构，从反向传播的角度来看，序列中的隐藏状态不能得到很好的监督训练，尤其是序列头部的行为。为了解决这个问题，DIEN 引入了辅助 loss，用第 $t+1$ 个行为作为正样本，同时采样负样本，监督第 t 个隐藏状态的学习。辅助 loss 的公式如下。

$$L_{\text{aux}} = -\frac{1}{N}\left(\sum_{i=1}^{N}\sum_{t}\log\sigma(h_t^i, e_b^i[t+1])\right) + \log(1 - \sigma(h_t^i, \hat{e}_b^i[t+1]))$$

其中 $e_b^i[t+1]$ 代表第 t 个行为，$\hat{e}_b^i$ 代表第对应的负样本。最终的 loss 为：

$$L = L_{\text{target}} + \alpha * L_{\text{aux}}$$

其中 α 是超参，用于调整两部分 loss 的权重。这样，每个隐藏状态都能得到足够的监督训练，从而对用户兴趣有了更好的表达。

2. 兴趣演化层

建模兴趣演化的优势在于两方面：一是兴趣演化模块可以为最终的兴趣表达提供更丰富的相关历史信息；二是以兴趣演化的趋势去预测 CTR 效果更好。需要注意的是，用户兴趣通常是不断变化的，每种兴趣有自己的演化过程。比如，用户在上一个时刻对书感兴趣，下一个时刻对衣服感兴趣，而两种兴趣的演化是彼此独立的。我们只关心和当前商品相关的兴趣演化。在兴趣抽取层我们已经得到了兴趣表达，再结合 Attention 机制的局部激活能力和 GRU 的序列学习能力即可对兴趣演化进行建模。以目标商品对兴趣表征做局部激活可以增强相关兴趣的效果，减轻兴趣变化的影响。Attention 的公式如下：

$$a_t = \frac{\exp(h_i W e_a)}{\sum_{j=1}^{T}\exp(h_j W e_a)}$$

其中 e_a 代表目标商品，即当前待预估的商品。兴趣演化层的 GRU 以兴趣抽取层输出的兴趣表征作为输入，最简单的一种方式是直接用 Attention 权重 a_t 和隐藏状态 h_t 相乘得到第二层 GRU 的输入。理想情况下，不相关的行为权重应该趋于 0，然而即使输入是 0 也会改变 GRU 的隐藏状态，也就是说不相关的兴趣也会影响兴趣演化的学习。DIEN 使用 Attention 权重结合 GRU 的更新门，直接改变隐藏状态，公式如下：

$$\tilde{u}_t' = a_t * u_t'$$
$$h_t' = (1 - \tilde{u}_t')^\circ h_{t-1}' + \tilde{u}_t'^\circ \tilde{h}_t'$$

在原有的更新门上乘以 Attention 权重 a_t，当权重 a_t 为 0 时，隐藏状态不更新。

以上就是 DIEN 对兴趣演化的建模，第二层 GRU 的最终隐藏状态代表最终的兴趣，和其他特征一起输入多层感知机中完成最终的预测。

4.2.4 DMR

本节介绍我们团队自研的深度学习排序模型（Deep Match to Rank，DMR），我们在 1688 的"为你推荐"模块上线 DMR 模型，对比模型是 DIN（我们上一个版本的 CTR 模型），CTR 相对提升 5.5%，DPV 相对提升 12.8%。论文" Deep Match to Rank Model for Personalized Click-Through Rate Prediction"被 AAAI-20 顶级会议录用。

以电商场景优化用户点击为例，推荐系统的任务是从海量的候选商品中选出用户最感兴趣且最可能点击的商品。为了提升检索的效率，通常分为两阶段来检索：召回 / 候选生成（Matching/Candidate Generation）阶段根据 U2I 相关性从整个候选集中筛选出少量的候选商品（比如 1000 个），常用协同过滤方法；排序（Ranking）阶段根据排序模型预估这小部分候选商品的 CTR，排序后展示给用户。

推荐系统中 CTR 预估的重要性不言而喻，其中个性化是提升 CTR 模型效果的关键。本节介绍一种全新的排序模型，其主要的思想是融合 Match 中的协同过滤思想，在 Rank 模型中表征 U2I 的相关性，从而提升模型的个性化能力，并取得不错的效果。

在搜索场景中，用户通过输入搜索词显式地表达用户的意图，而在推荐场景中没有这种显式获取用户意图的方式。用户的意图往往隐藏在用户行为序列中，可以说用户行为序列就是推荐中的 Query。因此，对用户行为序列进行建模来抽取其中的用户意图就非常重要了。DIN 及 DIEN 关注用户兴趣的表征以提升模型效果，而我们的工作在此基础上又往前走了一步——关注 U2I 相关性的表征。U2I 相关性可以直接衡量用户对目标商品的偏好强度，读者可以将其理解成从用户特征（用户兴趣表征）到 U2I 交叉特征（U2I 相关性表征）的升级。

表征 U2I 相关性很容易想到召回中的协同过滤（CF）。I2I CF 是工业界最常见的方法，提前计算 I2I 的相似度，然后根据用户的行为和 I2I 相似度间接得到 U2I 相关性。使用因子分解（factorization）的方法更加直接，即通过用户表征和商品表征的内积直接得到 U2I 相关性，这里暂且称这种方法为 U2I CF。最近有一些深度学习的方法进入相关领域，比如 I2I CF 中有 NAIS⊖，用 Attention 机制区分用户行为的重要性，和 DIN 做法相似；U2I CF 中有 DNN4YouTube⊖，把召回建模成大规模多分类问题，也就是前文所说的 Deep Match。Deep Match 可以看作因子分解技术的非线性泛化。我们根据协同过滤中的 U2I CF 和 I2I CF 分别构建了两个子网络来表征 U2I 相关性。

DMR 模型的网络结构如图 4-12 所示。仅仅依靠 MLP 隐式的特征交叉很难捕捉到 U2I 的相关性。对于输入 MLP 中的 U2I 交叉特征，除了手工构建的 U2I 交叉特征，还可以通过 User-to-Item 子网络和 Item-to-Item 子网络来表征 U2I 相关性，进一步提升模型的表达能力。

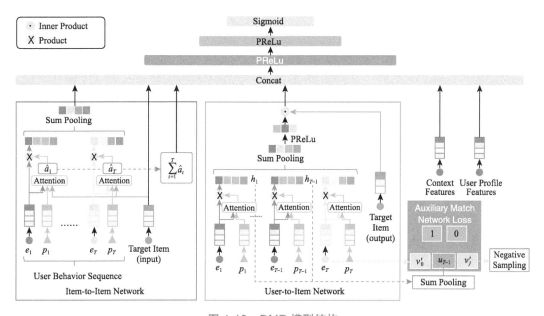

图 4-12　DMR 模型结构

⊖　NAIS - Neural Attentive Item Similarity Model for Recommendation - TKDE18.
⊖　Deep Neural Networks for YouTube Recommendations - ResSys16.

1. User-to-Item 网络

受因子分解方法的启发，我们用用户表征（user representation）和商品表征（item representation）的内积来表征 U2I 相关性，这可以看作是一种显式的特征交叉。用户表征根据用户行为特征得到，一种简单的方法是做平均池化（average pooling），即把每个行为特征看得同等重要。考虑到行为时间等上下文（context）特征对行为重要性的区分度，我们采用 Attention 机制，以位置编码（positional encoding，参考 Transformer）等上下文特征作为 Query 去适应性地学习每个行为的权重。其中位置编码是行为序列按时间顺序排列后的编号，表达行为时间的远近。公式如下：

$$a_t = z^{\mathrm{T}} \tan h(W_p p_t + W_e e_t + b)$$
$$\alpha_t = \frac{\exp(a_t)}{\sum\limits_{i=1}^{T} \exp(a_i)}$$

其中 p_t 是第 t 个位置 Embedding，e_t 是第 t 个用户行为的特征向量，α_t 是第 t 个用户行为的归一化权重。通过加权求和池化（weighted sum pooling），得到定长的特征向量，然后通过全连接层进行非线性变化得到用户表征，以匹配商品表征的维度 d_v。最终的用户表征可以定义为：

$$u = g\left(\sum_{t=1}^{T}(\alpha_t e_t)\right) = g\left(\sum_{t=1}^{T}(h_t)\right)$$

其中函数 $g(\cdot)$ 代表非线性变换，输入维度 d_e，输出维度 d_v，h_t 是第 t 个用户行为的带权的特征向量。

目标商品表征直接通过查询得到，这个 Embedding 矩阵 V' 是个单独的矩阵，用于输出端，和输入端的 item 使用的 Embedding 矩阵 V 不同（类似于 word2vec 中一个单词有输入和输出两种表征）。有了用户表征和商品表征，我们用内积来表征 U2I 相关性：

$$r = u^{\mathrm{T}} v'$$

r 越大代表 U2I 相关性越强，从而对 CTR 预测有正向的效果。然而从反向传播的角度考虑，仅仅通过点击 label 的监督很难学出这样的效果。另外，Embedding 矩阵 V' 的学习完全依赖于唯一的相关性单元 r。基于以上两点，我们提出了 Deep-

Match 网络（即图 4-12 中最右侧的 Auxiliary Match Network），引入用户行为作为 label 监督 User-to-Item 网络的学习。

DeepMatch 网络的任务是根据前 $T-1$ 个行为预测第 T 个行为，是一个大规模多分类任务，有多少个候选商品就有多少个分类。根据上述用户表征的形式，我们可以获得前 $T-1$ 个用户行为对应的用户表征，记作 u_{T-1}。用户在发生这 $T-1$ 个行为后，下一个点击商品 j 的概率可以用 softmax 函数来定义：

$$p_j = \frac{\exp(u_{T-1}^{\mathrm{T}} v_j')}{\sum\limits_{i=1}^{K} \exp(u_{T-1}^{\mathrm{T}} v_i')}$$

其中 v_j' 是第 j 个商品的（输出）表征。目标商品的输出表征 V' 实际上就是 softmax 层的参数。以交叉熵为损失函数，我们有以下损失：

$$L_{\mathrm{aux}} = -\frac{1}{N} \sum_{i=1}^{N} \sum_{j=1}^{K} y_j^i \log(p_j^i)$$

其中 y_j^i 代表第 i 个样本的第 j 个商品的 label，p_j^i 是相应的预测结果，K 是不同的分类数，也就是商品数。当且仅当 $y_j^i = 1$ 时，商品 j 是用户行为序列中的第 T 个行为。考虑到 softmax 的计算量太大，正比于商品总数 K，采用负采样（negative sampling）的方法来简化计算，损失变为如下形式：

$$L_{NS} = -\frac{1}{N} \sum_{i=1}^{N} \left(\log(\sigma(u_{T-1}^{\mathrm{T}} v_o')) + \sum_{j=1}^{K} \log(\sigma(u_{T-1}^{\mathrm{T}} v_j')) \right)$$

其中 $\sigma(\cdot)$ 是 sigmoid 函数，v_o' 是正样本，v_j' 是负样本，K 是采用的负样本数，远小于总体商品总数。DeepMatch 的 loss 损失会加到 MLP 最终的分类 loss 上。Deep-Match 网络会促使更大的内积 r 代表更强的相关性，从而帮助模型的训练。实际上，User-to-Item Network 是 Ranking 模型和 Matching 模型以统一的方式进行联合训练。这和简单地将召回阶段的 match_type、match_score 等特征加入排序模型中不同。召回阶段通常是多路召回，不同召回方式的分数不在同一个 metric 尺度下，无法直接比较（比如 swing 和 DeepMatch 的分数不能直接比较）。DMR 通过 User-to-Item 网络能够针对任意给定的目标商品表征 U2I 相关性，且可以相互比较。

2. Item-to-Item 网络

User-to-Item 网络通过内积直接表征 U2I 相关性，而 Item-to-Item 网络通过计算 I2I 相似度间接表征 U2I 相关性。回忆一下 DIN 等模型中的目标注意力（target attention）机制，即以目标商品为 Query 对用户行为序列做 Attention，区分出行为的重要程度。我们可以使用类似 I2I 的相似度计算方式，用户历史行为过的商品与目标商品越相似，就可以获得越高的权重，从而主导 pooling 后的特征向量。基于这样的理解，我们将所有的权重（softmax 归一化之前）求和就得到了另一种 U2I 相关性表达。Item-to-Item 使用 Bahdanau attention⊖机制计算，区别于 User-to-Item 的内积形式，可以让增强表征能力。除了 U2I 相关性表征，Item-to-Item 也将目标注意力机制计算后的用户表征输入 MLP 中。DMR 如果没有 U2I 相关性表征及位置编码，则和 DIN 模型基本相同。

3. 小结

DMR 提供了一个 Matching 和 Ranking 联合训练的框架，U2I 相关性表征的模块可以很容易地嵌到现有的 CTR 模型中，相当于向原来的模型中加入一些有效的特征。

4.2.5 ESMM

阿里巴巴 CBU 平台 App 的 "为你推荐" 模块，在满足用户浏览需求的同时，也肩负着引导用户成交的商业目的，所以 CVR 预估也就成了不可或缺的部分。CVR 是指用户点击后的转化率，转化为数学形式表达即 pCVR=P(conversion | click, impression)。转化可以有不同的定义，在我们的场景里，指的是用户最终对点击的商品下单付费。

在商品排序中，点击率（CTR）预估问题被广泛探索，业内涌现了各种各样的优秀方案，诸如 Wide&Deep、DeepFM⊖、DIN。那么对于和 CTR 预估问题类似的 CVR

⊖ Neural Machine Translation by Jointly Learning to Align and Translate - ICLR15.

⊖ Guo H, Tang R, Ye Y, et al. DeepFM: a factorization-machine based neural network for CTR prediction[J]. arXiv preprint arXiv:1703.04247, 2017.

问题，是否可以简单地迁移 CTR 预估模型应用到 CVR 问题上呢？下文我们会进行阐述。

1. 问题和方法

直接使用 CTR 预估的建模方法来解决 CVR 问题，具有两个明显的缺陷。

- 样本选择偏差：采用的训练样本是抽取的用户点击样本，但线上预测的时候却是预测曝光的样本，二者的分布不一致。
- 数据稀疏：采用的训练集是用户点击样本集合，只是用户的曝光样本集中很小的一部分，如图 4-13 所示。

针对上述两个问题，我们借鉴了阿里妈妈 ESMM 全空间建模的思想，并在此基础上进行了优化。下面将着重介绍我们在模型结果方面的优化和尝试。

图 4-13　用户样本集合

2. ESMM 模型

ESMM[○]是阿里妈妈算法团队提出的一种 CVR 预估模型，全称为完整空间多任务模型（Entire Space Multi-Task Model）。该模型利用用户的自然用户行为序列（曝光－点击－转化）数据，在完整的样本空间里同时学习曝光点击率 CTR（post-view click-through rate）和曝光转化率 CTCVR（post-view click & conversion rate），模型网络结构如图 4-14 所示。

ESMM 模型借鉴了多任务学习的思路，从图 4-14 中可以看到，ESMM 引入了两个辅助任务，分别学习 CTR 和 CTCVR，目标函数为：

$$L(\theta_{\mathrm{cvr}}, \theta_{\mathrm{ctr}}) = \sum_{i=1}^{N} l(y_i, f(x_i; \theta_{\mathrm{ctr}})) + \sum_{i=1}^{N} l(y_i \, \& \, z_i, f(x_i; \theta_{\mathrm{ctr}}) * f(x_i; \theta_{\mathrm{cvr}}))$$

θ_{cvr} 和 θ_{ctr} 表示 CVR 和 CTR 网络的参数，$l(\cdot)$ 表示交叉熵损失函数，x_i 表示输入

○　Ma X, Zhao L, Huang G, et al. Entire space multi-task model: An effective approach for estimating post-click conversion rate[C]//The 41st International ACM SIGIR Conference on Research & Development in Information Retrieval. ACM, 2018: 1137-1140.

的样本特征向量，y_i 表示点击标签，z_i 表示转化标签。从 loss 的式子我们可以看出，CVR 是通过 CTR 和 CTCVR 两个任务的监督信号进行学习的，从另一方面说就是在整个样本空间里学习，也就解决上了上述样本选择偏差问题。更直观的解释是，模型结构 Embedding 层是两个任务共享的，由于 CTR 的任务在所有的样本中相对 CVR 任务要丰富得多，通过该共享机制可以让 CVR 网络学习未点击的样本，从而缓解前面说的数据稀疏问题。

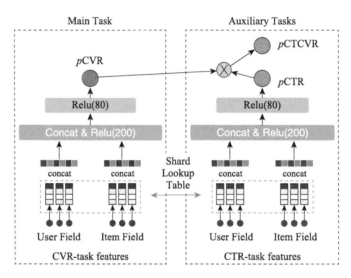

图 4-14　ESMM 模型结构

3. Multi-gate MoE（MMoE）网络优化

MMoE 网络是谷歌在 KDD2018 上针对多任务学习提出的网络结构。多任务学习有个缺点，在任务差异很大的情况下，会导致模型效果很差。而 MMoE 网络就是考虑了任务差异进行建模的网络结构。

ESMM 模型，如果进一步抽象的话，其实是一种典型的 shared-bottom 结构，如图 4-15 所示。shared-bottom 结构在输入层之后有一些底层被多个任务共享，在 ESMM 中对应的就是 Embedding 层。MMoE 做的就是取代 shared-bottom 层。

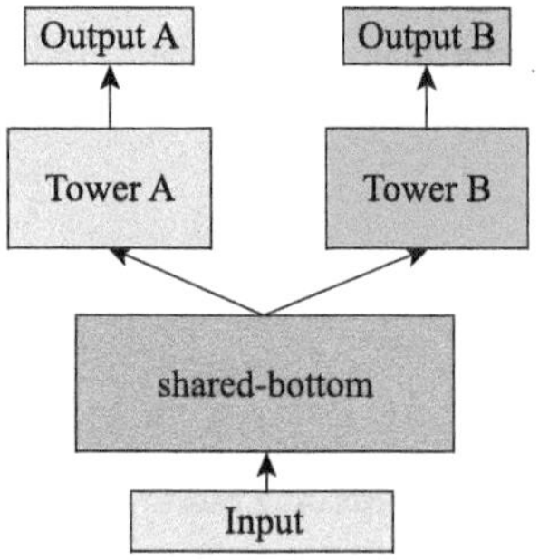

介绍 MMoE 之前，我们先来介绍一下 MoE（Mixture-

图 4-15　shared-bottom 结构

of-Experts）结构。MoE 是一个由多个反馈网络（Expert）输出通过一个 Gate 网络线性加权求和并作为最终输出的结构，数学公式为：

$$y = \sum_{i=1}^{n} g(x)_i f_i(x)$$

其中 $\sum_{i}^{n} g(x)_i = 1$，$g(x)$ 表示 Expert 专家网络 f_i 的输出；$f_i(i=1,\cdots,n)$ 代表 n 个 Expert 网络；g 表示对所有 Expert 结果进行线性加权求和的 Gate 网络。

谷歌的 MMoE 是在 MoE 的基础上针对每个任务构建一个专属的 Gate 网络，从而实现 Expert 的结果不同、任务不同的线性加权，最终作为特征向量输入对应的任务网络中，具体网络结构如图 4-16 所示。

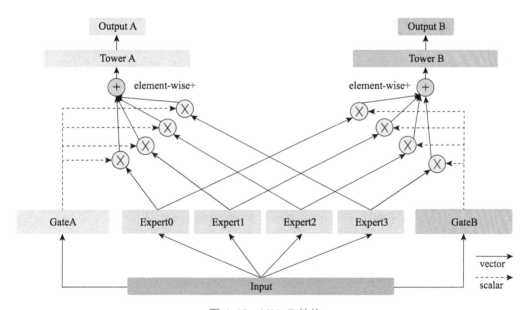

图 4-16　MMoE 结构

用数学算式表示为：

$$y_k = h^k(f^k(x))$$
$$f^k(x) = \sum_{i=1}^{n} g^k(x)_i f_i(x)$$
$$g^k(x) = \mathrm{softmax}(W_{gk}x)$$

其中 h^k 表示任务 k 的塔型网络，g^k 表示任务 k 专属的 Gate 网络，$W_{gk} \in \Re^{n \times d}$ 是一个可训练的矩阵，n 是 Expert 网络个数，d 是特征维度。

MMoE 可以在不引入更多参数的基础上学习共享的任务信息及任务特定的信息。故我们在 ESMM 的基础上引入 MMoE 的结构，得到新的 CVR 预估模型 ESMMoE（Entire Space Multi-task Learning with Multi-gate Mixture-of-Experts），具体结构如图 4-17 所示。

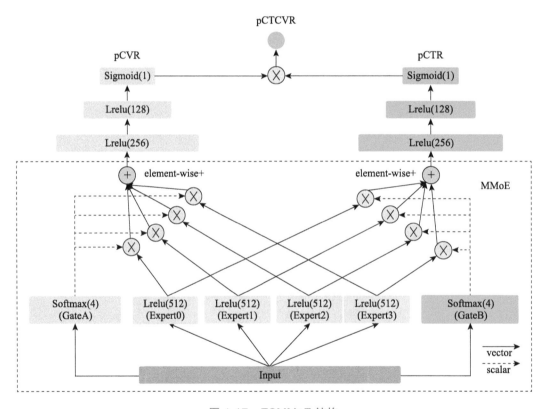

图 4-17 ESMMoE 结构

4. 特征工程

"为你推荐"场景作为阿里巴巴 App 里流量最大的推荐场景，有着丰富的用户行为数据和商品数据，如何在这些数据中提取有效的特征是很重要的一环。我们用到的特征包括用户标签特征、商品标签特征、用户历史统计特征、商品历史统计特征、用户实时特征、商品实时特征等。后续会对特征预处理、特征向量化、效果检验分别阐述。

（1）特征处理

离散型特征都是在 one-hot 后进行 Embedding 处理。连续型特征处理方式有两种：像点击率这类统计特征，都是直接乘以一个 Embedding 向量，这样处理的目的是让该维特征表达的信息量更丰富，同时便于和其他特征进行特征交叉；而像价格这种值范围非常大的特征，则采取分段离散 one-hot 编码，然后再 Embedding。

（2）用户兴趣向量

用户的兴趣是十分重要的特征，会直观地表现在用户的各种行为序列当中。现在各种基于 Attention 机制的用户兴趣向量生成网络十分丰富，如 DIN、DIEN、BST 等。我们由原先对序列特征进行 Embedding mean pooling 操作改为这种兴趣向量生成网络。经过一系列尝试，我们采用基于 Multi-Head Attention 进行用户兴趣向量生成。具体结构如图 4-18 所示。

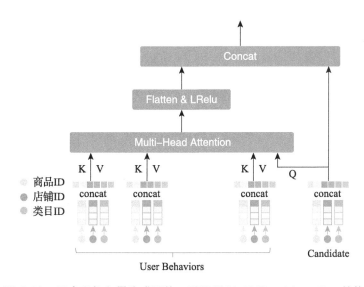

图 4-18　用户兴趣向量生成网络，采用了 Multi-Head Attention 结构

候选商品信息作为 Q（Query）输入网络，与行为序列的商品信息进行 Attention 计算。

（3）离线效果

我们在阿里巴巴 CBU 主客 App 的首页"为你推荐"模块上线过 ESMM 进行 A/B 测试，离线 AUC 评测指标如表 4-1 所示。由于我们的场景是不允许点击率下降过多的，于是用 CVR 网络分支去 L2D 的测试集上测算 AUC，发现 AUC 很差。因此，我们添加 CTCVR-L2D 的 loss $\left(\sum_{i=1}^{N} l(y_i, f(x_i; \theta_{ctr}) * f(x_i; \theta_{cvr})) \right)$ 来修正 CVR 对 L2D 排序的影响权重，通过牺牲一些转化率来保住点击率，评测 AUC 提升 6.33%。另外，添加了用户兴趣生成向量的版本，此处暂且称为 ESMMoE_v2，相比 ESMMoE，其 L2O 的 AUC 提升 2.23%，L2D 的 AUC 提升 3.82%。

表 4-1　ESMM 系列评测效果

模　　型	AUC			
	CTR-L2D	CVR-L2O	CTCVR-L2D	CTCVR-L2O
ESMM	0.6738	0.6962	0.5452	0.6322
ESMMoE	0.6771	0.6979	0.5505	0.6383
ESMMoE（添加 CTCVR-L2D loss）	0.6767	0.6871	0.6470	0.6734

说明：L2D 指的是样本曝光到点击，L2O 指的是样本曝光到成交。

第 5 章

营 销 算 法

用户增长的重要目标之一是获取并激活新用户，使他们成为活跃用户，最终达到促进平台用户持续增长和平台繁荣发展的目的。互动营销则是用户增长过程中提高活跃买家数最为关键的一种手段，我们通过发放红包和优惠券等营销手段，配合泛新人目标人群 push 策略在大促当日将用户召回平台，再用各种丰富的会场承接，促使用户下单，实现转化。同时，我们也会派发商家优惠券，帮助商家进行营销。本章将讲解红包和优惠券的分发策略。

5.1　红包

红包作为一种重要的营销手段，能够降低泛新人用户下单的决策成本，吸引用户体验平台完整的交易流程，从而帮助用户建立对平台的信心，逐渐成长为活跃用户。而红包的资金成本是由平台自己承担的，在预算充足的情况下，我们可以选择对所有的目标用户发放红包，以便转化尽可能多的用户。但预算的消耗会随红包发放量大幅提高，而预算往往是有限的，因此发放红包需要权衡投放预算与最终转化人数，即在有限的投放预算下，尽可能转化更多的用户。

5.1.1 用户敏感度建模

在对红包业务应用算法之前，我们选择的策略是向所有用户发相同金额的红包。而实际情况是，转化率低的用户对红包更敏感，而对于转化率高的用户，对红包不敏感，他们下单的概率都比较高。那么，也许可以对高转化率人群发放低额红包（如 2 元），向低转化率人群发放高额红包（如 5 元），从而更好地拉动泛新人低活跃用户，如图 5-1 所示。

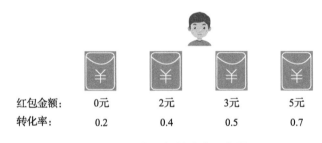

图 5-1　红包权益转化示意图

泛新人用户对红包和权益的敏感度不完全与其自然转化率直接相关，而是受到本身对红包敏感度的影响。所以我们需要对用户的权益敏感度进行建模，如图 5-2 所示。权益敏感度即用户在不同优惠额度下的一组转化率预估数据。

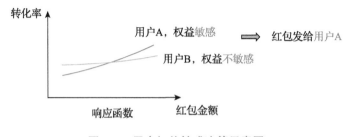

红包金额：	0元	2元	3元	5元
转化率：	0.2	0.4	0.5	0.7

图 5-2　用户红包敏感度示意图

用户的权益敏感度模型解决的是一个经典的弹性预测问题，与商品定价 – 转化率、机票 / 酒店价格 – 预定率模型相似，该模型的目的也是预测在单一因子 X 变化的情况下，最终目标 $Y = F(X)$ 的变化，即建模一个响应函数（见图 5-3）。

图 5-3　用户权益敏感决策示意图

大多数弹性预测问题会遇到以下难点。

❑ 样本稀疏性：没有反映同一个用户在领取到不同金额红包后的转化情况的不同样本。

❑ 个体差异性：每个用户的响应函数不同。

针对上述难点，我们提出了以下解决方法。

❑ 对于样本稀疏性，虽然通常没有同一个用户在不同金额情况下的转化数据，但在网站的运营过程中我们积累了很多相似用户在不同金额情况下的转化样本，可以将其作为机器学习的样本来泛化学习整个弹性预测的函数。

❑ 对于个体差异性，基于样本稀疏性，我们不能为每个用户单独建模对应的响应函数，因此，这里首先假设处在同一转化率区间的用户有着类似的响应函数，然后基于用户自然转化率预估模型的结果，将用户分为高、中、低 3 层，每一层分别学习对应的响应函数。

接下来从模型和特征层面分解这个问题。

在模型层面，在用户权益敏感弹性预测中，我们使用的样本是同一层用户在不同红包金额情况下是否转化（0/1）的情况，因此这是一个典型的二分类问题。由于响应函数的建模是一个高度非线性的过程，这里主要使用了 GBM 类的梯度提升树模型，以及 DNN、Wide&Deep 深度学习模型。

在特征层面，主要分为以下两类。

❑ 用户基础特征：包括用户在不同时间进行操作的数据，以及表示用户偏好的Embedding 向量等。

❑ 用户红包额度组合特征：包括用户在不同时间段的客单价与红包金额的差值、比例等。

使用 DNN、GBM 类方法的效果类似，同时观察模型的特征重要性，分析发现，用户的历史客单价类特征与红包金额的交叉特征，在整个模型的特征上占了非常重要的位置，可以说明整个权益敏感预估的有效性。

在学习出每一层用户的响应函数后，就可以给每个用户不同的红包金额，如 0元、2 元、3 元、5 元，构建对应的交叉特征组成样本，去预测用户在不同金额下的转化率，如表 5-1 所示的模拟转化率预估结果，作为下一步红包分配的基础。

表 5-1 权益敏感转化率示意表

用　户	权益金额	转化率 p
用户 A	0 元	0.21
用户 A	2 元	0.22
用户 A	3 元	0.23
用户 A	5 元	0.24
用户 B	0 元	0.09
用户 B	2 元	0.09
用户 B	3 元	0.09
用户 B	5 元	0.09

可以看到，模型能学习出每个用户基准转化率的不同，以及对应不同红包金额转化率的变化，反映了用户的权益敏感。

5.1.2　离线红包分配

红包分配优化可以定义为规划优化问题。针对整数规划模型，通常的解决方法是使用单纯形法（Simplex Method）、配合分支定界法（Branch and Bound）和割平面法（Cutting Plane Approach）找到最优整数解。

单纯形法由 George Dantzig 在 1947 年提出，利用不断转换相邻的基可行解的方式找到线性规划的最优解。单纯形法求解出来的很大概率是非整数解，而分支定界法和割平面法的加入，就是为了找到最优整数解。

分支定界法由 Richard M. Karp 在 20 世纪 60 年代提出，主要由分支和定界两部分组成。分支过程是指当最优解中有非整数变量 xi=bi 时，[bi] 是不超过 bi 的最大整数，则构造出两个新的约束条件 xi ≤ [bi] 和 xi ≥ [bi]+1。分别将两个约束条件并入原问题中，从而形成两个分支，如此不断地对问题进行拆分求解。定界过程则是利用整数可行解集是松弛问题（将原问题的整数约束松弛为非整数约束）子集的特性，来决定是否在当前分支下继续搜索。简而言之，分支缩减了搜索范围，定界提高了搜索效率。

割平面法由 R. E. Gomory 在 1958 年首先提出，该方法每次从非整数变量中选取一个用以构造一个线性约束条件，将其加入原问题，"割去"原非整数最优解。通过这种不断加入"切割"约束的方式重新求解新问题，最终找到最优整数解。

在实际场景中，在已知来访人群的前提下，我们使用根据离线背包问题建模的整数规划模型能求解出最优分配方案。

背包问题（Knapsack Problem）是一类组合优化的 NP 完全问题。问题可以描述为：给定一组物品，每种物品都有自己的重量和价值，在限定的总重量内，如何选择才能使物品的总价值最高。而红包分配的问题是一个有限资源情况下，资源使用效率优化的问题，可以将其非常自然地抽象为背包问题，即在有限预算的情况下，如何分配红包使全局用户的转化率最高。

首先了解一下分组背包问题（MCKP，Multiple-Choice Knapsack Problem）的定义。

有 M 组物品，每组内有 N_i 个物品，每组内物品互斥，只能选择一个，使价值最大，目标函数解析表达式为：

$$\max \sum_{i=1}^{M} \sum_{j=1}^{N_i} p_{ij} x_{ij}$$

$$\text{s.t.} \sum_{i=1}^{M} \sum_{j=1}^{N_i} w_{ij} x_{ij} \leqslant W$$

$$\sum_{j=1}^{N_i} x_{ij} = 1; \ i = 1, \cdots, M$$

$$x_{ij} \in {0,1}; \ i = 1, \cdots, M, \ j = 1, \cdots, N_i$$

红包分配问题可以进一步抽象为分组背包问题，即在总重量（预算）的限制下，每个用户仅可选择一个物品（一种红包），使收益最大化。具体特征如下：

❑ 有 M 组物品（M 个用户）；

❑ 从每组 N_j 个物品中选择一个（每个用户从 N 种候选红包里选择一种）；

❑ 每个物品 c_{ij}（每种金额的红包）的价值为 p_{ij}（转化率，由前面的权益敏感模型得到），重量为 w_{ij}（红包金额）；

❑ 背包最大的重量为 W（总发放预算）；

❑ 目标为最大化物品价值（最大化网站全量用户的转化率，即最大化买家数）。

对于大部分电商业务，通常目标是全网的转化人数，即买家的平均转化率，物品价值为上面用户权益敏感模型求出的对应红包金额下的转化率。

有了对应的算法抽象后，我们将上面的用户权益敏感转化率的样本通过分组背包问题求解。只要像上面抽象里一样定义好背包问题中的物品重量、收益、背包总重量，就可以解出在有限预算情况下，使全站用户转化率收益最大的方案。

需要注意的是，这里的总预算为总的背包分配预算 W，而实际业务中，预算为发放预算 F 或者使用预算 S。如果发放预算 F 为 1000 万元，这里分配预算 W 也定为 1000 万元，就会出现某些用户并不会来访，造成预算浪费的情况。因此，在发放预算 F 的约束下，需要预估 / 统计出发放人群池的来访率 P，则 $W = F/P$。而在使用预算 S 的约束下，还需要预估 / 统计出红包的领取转化率 P_{cvr}，则 $W = F/(P \cdot P_{cvr})$。另外，总分配预算 W 也需要根据大促预热期的领取情况灵活调整。

5.1.3 在线红包分配

实际过程中，我们并不能预知未来人群的来访情况。有可能转化率比较高的人群并没有出现，分配给他们的权益也并未被领取，这样就会造成预算的浪费。比较直接的解决方式是对来访情况进行预估，然后将发放预算适当放大。但是如何精准预估用户的来访情况，也是一个比较难的问题。

另外，为了更有效地利用预算，我们对权益的玩法进行了升级。在最近的大促中，我们新增了 2 小时回滚红包，即在收到红包的 2 小时内，若用户没有使用该红包，红包便会被回收至资金池，重新分配给其他用户。这种新规则需要我们对发放预算进行实时调整，这对分配计算的时效性要求更高。之前的离线方法需要大量的计算时间，无法满足这种新营销策略的实时计算需求，因此针对这种新玩法，我们使用了在线资源分配方案。

下面先对在线资源分配的基础做一定的概述。

在线资源分配解决的问题是如何将固定的、受时间限制的资源分配给按顺序抵达的不同客户。举一个蛋糕店的例子，蛋糕店需要将当天做好的蛋糕售出，每个用户有着不同的偏好，用户相继到店购买蛋糕，而售出的蛋糕不能被回收再销售。蛋糕店要做的决定就是随着时间的流逝，应该以什么价格将蛋糕标价、出售，使得收益最大化。现实中，蛋糕店的定价方式也是根据当前时间和剩余蛋糕数量来决定的。每天刚开始营业时，时间跟蛋糕量都比较充沛，蛋糕的定价一般会高一些；每天营业时间快结束时，如果还有大量蛋糕剩余，蛋糕店就会开始打折出售蛋糕。除此之外，在线资源分配有着很广的应用领域，如表 5-2 所示。

表 5-2 资源分配应用举例

应用领域	受时间限制资源	不同的客户	有顺序的决策
电商	商品库存	在线用户	推荐组合
医院排班	医生时间空档	病人	指派预约
在线广告	竞价者的每日预算	广告竞价者	指派广告客户

再举一个酒店出租房间的例子，有限的房间是酒店的资源，这些房间既可以以相对低的价格出租给一类客户，也可以以相对高的价格出租给另一类客户。如果酒店直接以先到先得的策略来出租房间，那么在最坏的情况下，所有的房间都以最低价格成交；如果酒店只打算高价出租房间，但是目标人群就是不出现，那么又会造成资源的浪费。有个很简单的策略能大大改善这个情况，就是预留出一部分房间只出租给高价客户。这样无论客户到访的情况如何，都能较好地分配房间，保证获取到可观的收益，如图 5-4 所示。

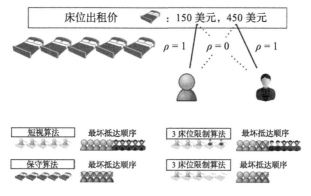

图 5-4 酒店房间资源优化示意图

我们的权益发放也是一个在线资源分配问题，固定的资源是每天的发放预算，客户是每天到访的用户，需要做的决策是根据手头现有的资源，给到访的用户发放合适面额的权益。这个问题可以进一步建模成在线背包问题。

在线背包问题（Online Knapsack Problem）是离线背包问题的一个拓展。对于离线背包问题（见图 5-5a），可供选择放入背包的商品是已知的，我们需要做的决策是该把哪些商品装入背包中，使得装入的商品总价值最高并且不超出背包的承重上限。而对于在线背包问题（见图 5-5b），商品是陆续出现的，我们不能提前知道有什么商品、商品以什么顺序抵达。每个商品出现时，我们需要实时做一个判断，是否将当前商品装入背包中，对于已放入背包的商品，我们没有反悔的权利，不能因为后面来了一个价值更高的商品，而将前面已放入背包的商品置换出来。因此在线背包问题是一个即时奖励和未来机会的权衡，我们需要做的决策是将当前商品装入背包获得即时奖励，还是放弃当前商品，等待下一个奖励更大的商品出现。

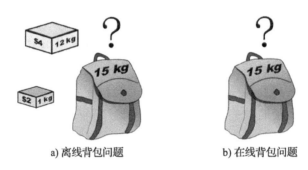

a) 离线背包问题　　　　　b) 在线背包问题

图 5-5　背包问题

我们的在线权益分发问题可以被定义为以下形式：

- ❑ 已知权益发放总预算为 B；
- ❑ 有 J 种不同面额的权益 w_j；
- ❑ 用户 $i = 1, 2, \cdots$ 陆续抵达；
- ❑ 用户 i 获取权益面额 w_j 后的转化率为 v_{ij}；
- ❑ 对每个用户一次只能发放一种权益；
- ❑ 目标为最大化买家数。

结合上述变量定义和图 5-6 所示的直观呈现，下面我们介绍详细的算法。

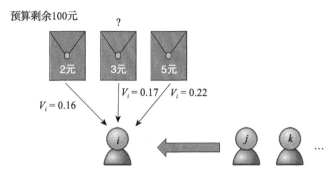

图 5-6　红包权益最优化示意图

1. ON-MCKP-THRESHOLD 算法

我们使用了 Deeparnab Chakrabarty 等人提出的 ON-MCKP-THRESHOLD 算法，该算法概念简单、鲁棒性强，并且有着很好的理论保障。ON-MCKP-THRESHOLD 算法概念十分简单。在初期，我们应该尽可能转化所有到访用户；随着预算的减少，我们应该对到访用户的发放更有选择性，即只有当到访用户的 $\dfrac{v_{ij}}{w_j}$ 大于等于一个门槛时，才会向其发放权益。这个门槛跟已使用预算的百分比成正相关关系，也就是当预算使用得越多时，这个门槛会越高。在一些收益管理的文献中，已消耗资源的百分比和门槛值的映射关系被称为竞价函数（Bid Price Function）或价值函数（Value Function）。在 ON-MCKP-THRESHOLD 算法中，竞价函数定义为

$$\Psi(z) \equiv \left(\frac{Ue}{L}\right)^z \left(\frac{L}{e}\right)$$

其中 z 代表预算已被使用的百分比，U 和 L 分别为转化率和面额比值上限和下限，即对数函数的底数。$\dfrac{v_{ij}}{w_{ij}} < y\ L \leqslant \dfrac{v_{ij}}{w_{ij}} \leqslant U$，$e$ 是自然当预算还未被使用，即 $z = 0$ 时，$\Psi(0) = \left(\dfrac{L}{e}\right)$ 为一个小于 L 的值，因为任意一个到访用户的权益效能 $\dfrac{v_{ij}}{w_j} \geqslant L$，所以都会给他发放权益；当预算被用完，即 $z = 1$ 时，$\Psi(1) = U$，因为任意一个用户的权益效能 $\dfrac{v_{ij}}{w_j} \leqslant U$，所以停止发放权益，从图 5-7 可知，$\Psi(z)$ 是一个随着 z 增加而增加的单调

递增函数。

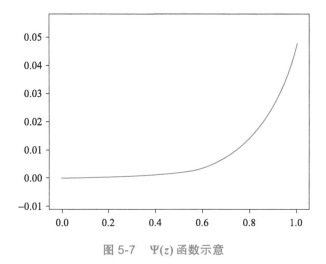

图 5-7 $\Psi(z)$ 函数示意

算法的步骤如下：

算法 ON-MCKP-THRESHOLD

竞价函数定义为 $\Psi(z) \equiv \left(\dfrac{Ue}{L}\right)^z \left(\dfrac{L}{e}\right)$

N_t 为可以发放给用户 t 的权益类型集合

for 用户 $t = 1, 2, \cdots, z(t)$ 为已使用预算百分比 do

 计算

$$E_t \equiv \left\{ j \in N_t \mid \frac{v_{ij}}{w_j} \geq \Psi(z(t)) \right\},$$

 if E_t 不为空 then

 选取集合 E_t 中转化率 v_{ij} 最大并且没有超预算的权益 j 进行发放。

$$W_{t+1} \leftarrow W_t - w_j$$

$$z(t+1) \leftarrow \frac{W_{t+1}}{W_0}$$

 end if

End for

---

2. 竞争比

我们使用竞争比（Competitive Ratio）来衡量在线算法的表现情况。竞争比的定义如下。

对于 $c \le 1$，如果满足

$$\inf \frac{\mathbb{E}[\text{ALG}(\mathcal{A})]}{\text{OPT}(\mathcal{A})} \ge c \text{，对于所有 } \mathcal{A}$$

则在线算法的竞争比为 c，其中 $\mathbb{E}[\text{ALG}(\mathcal{A})]$ 为在线算法在人群抵达顺序 $\mathcal{A}$ 下的期望转化，$\text{OPT}(\mathcal{A})$ 是在提前已知人群抵达序列 $\mathcal{A}$ 的情况下得到的最优解。竞争比代表了在线算法得到的期望情况与最优解的最大差距，即在线算法的理论表现下限。在 Deeparnab Chakrabarty 等人的论文里，ON-MCKP-THRESHOLD 算法被证明竞争比为 $\dfrac{1}{\ln(U/L)+2}$，即算法在最差的情况下获得的转化人数是最优情况下的人数的 $\dfrac{1}{\ln(U/L)+2}$。具体证明可以参考论文《 Online Knapsack Problems 》。

3. 模拟仿真

为了保证线上效果，我们对大促权益玩法进行了模拟。我们使用了大促的用户来访情况对实际发放情况进行了模拟，加入了 2 小时的红包有效期限，模拟流程如图 5-8 所示。

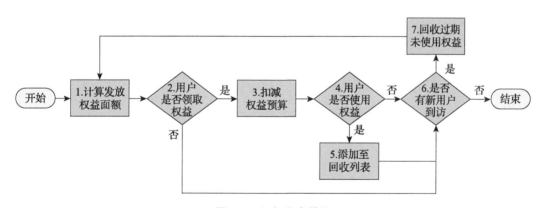

图 5-8　红包分发模拟

假设：

❑ 用户依次陆续到访；

❑ 大促人群到访情况类似；

□ 用户按照固定 $x\%$ 的概率领取权益（根据历史领取情况测算获得）；

□ 对用户在各面额下的转化率和下单概率的预测准确；

□ 用户是否使用权益只受权益转化率影响；

□ 每个用户最多只能领取两个权益。

执行以下步骤。

（1）调用在线算法计算权益分配面额。

（2）模拟用户以 40% 的概率领取权益，如果权益被领取则到步骤 3，否则跳到步骤 6。

（3）从发放预算中扣去相应的金额。

（4）用预测的用户转化率模拟用户是否使用权益。如果未使用则到步骤 5，否则到步骤 6。

（5）将过期的权益回收到资金池。

（6）判断是否有新到访用户。如果没有则结束计算，否则跳到步骤 7。

（7）将过期未使用的权益回收至资金池。

我们随机抽取了几百万条真实用户到访数据进行模拟，假设资金是 100 万元。在预算比较充足的情况下，全发 5 元意味着尽可能转化所有人，因此该方案为在线发 2 元、3 元、5 元方案的上限。我们可以通过比较算法结果与上限的差距来衡量算法的效果。从上述实验中，我们发现只发 5 元的情况相比不发权益的情况买家数能有 10% 的提升；而使用在线分发方案，相比不发权益的买家数有 10% 的提升，接近全发 5 元的情况，可见在线分发方案接近最优情况。在发放预算的使用上，在线分发方案相比只发 5 元方案低 20%，用更少的钱转化了接近的买家数。

5.2　营销优惠券

互动玩法可以让买家和卖家更多地参与到商人节中，加深买家和卖家对 CBU 商人节的认知，为商人节爆发积势蓄力。店铺优惠券作为互动玩法中重要的一环，在给卖家吸引更多买家的同时，也给买家带来了更多的实惠。店铺券是商家最常用的营销权益之一，也是各类权益中量级较大的一种，对网站贡献的买家数和 GMV 都

有不少的占比。店铺券主要包括买家主动领券和平台发券两种形式，在主动领券和
被动发券两种场景下，用户的感知度、心智差异较大，因此两个场景下的策略也
有所不同。优惠券在促进用户转化的同时，也能引导用户去凑单，从而带来更多的
GMV。

　　店铺优惠券是商家设置的营销手段，可有效吸引更多买家。而如何把合适类型、
面额、折扣力度的优惠券分发给感兴趣的买家，则是提升优惠券核销率的关键。至
于用户是否会使用某张券以及如何把最合适的店铺券展示/分发给用户，需要综合
考虑买家、卖家、店铺券和商品等多维度特征及两两之间的交叉特征等，包括买家
的历史用券行为、买家偏好的商品类目、卖家互动玩法熟练度、卖家历史券核销率、
店铺券门槛、店铺券折扣率及优惠券对应商品的价格和类目等。优惠券分发的流程
主要包括推品带券（召回）、基于核销率预估的券排序、券资源再分配 3 个步骤，如
图 5-9 所示。

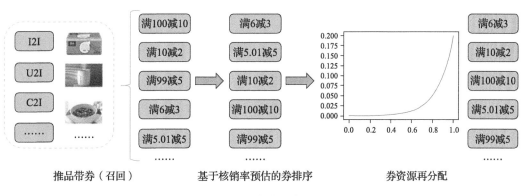

图 5-9　优惠券分发流程

　　优惠券和商品息息相关，用户一般会先对商品感兴趣，若该商品价格合理，同
时给用户推送了一张可用的满减优惠券，则可能加大用户下单的概率。若优惠券面
额稍大，则可能引导用户去凑单，从而带动更多的交易。在优惠券的推荐流程中，
用户最近加购、收藏、点击的感兴趣的商品非常重要。假如用户对一件 100 元的连
衣裙非常感兴趣，浏览后加入购物车中，但仍在犹豫是否下单，若此时恰好给用户
推送了一张该连衣裙可用的"满 99 减 10 元"优惠券，则用户下单的可能性会大大
提高。

因此，使用推荐的优惠券召回方式主要是通过召回用户感兴趣的商品，再通过商品关联出可用的优惠券。商品召回主要包括用户足迹、I2I、U2I、C2I、S2I 及热门兜底等。召回得到用户感兴趣的商品后，关联商品可用的优惠券，即完成优惠券的召回。

完成优惠券的召回后，开始构建优惠券核销率预估模型。统计网站历史 N 天内用户对店铺优惠券的领取和使用情况，对领取未使用和领取已使用的优惠券按照 2：1 的比例采样作为正负样本，基于这部分样本训练模型预估出用户对于优惠券的使用概率。优惠券的使用与否涉及券自身以及买家、卖家和商品等多维度的信息，故我们分别从这些维度统计相关特征。

以过去 N–1 天的样本作为训练集，最近一天的样本作为测试集，训练 GBDT 模型。模型训练完成后，部署上线完成实时打分，并依据打分结果对买家偏好的店铺券进行排序。离线测试集上评估优惠券核销率模型，AUC 约为 0.78。

另外，优惠券的资源是有限的，特别是热门商品且折扣力度较大的优惠券，优惠券资源会非常容易耗尽。为了最大化优惠券的核销率，需要对有限的资源进行合理的分配，对于抢手的或资源紧张的优惠券，应该分发给使用概率更高的人群。为此，我们引入优惠券的消耗 cost 因子，对优惠券排序时，用券排序分减去 cost 后，再重新排序。优惠券被消耗的数量越多，cost 值越大，$cost = \alpha \times \beta^{\epsilon-1}$，其中 $\epsilon = \dfrac{n}{N}$ 表示优惠券的领取率。cost 曲线形式大致如图 5-10 所示，在优惠券的资源充足时，cost 的值非常小，对优惠券的排序几乎无影响；随着资源的快速消耗，cost 的值迅速抬升，会优先将资源紧张的券分发给核销率更高的用户。

店铺优惠券是商家设置的一种营销手段，在吸引更多买家的同时，也能够引导用户凑单，牵引更多的 GMV。优惠券的分发需要综合考虑优惠券自身以及买家、卖家和商品等多方面因素的影响，这里我们通过推品带券（召回）、基于核销率预估的券排序和券资源分配等步骤完成优惠券的分发流程。后续我们会继续优化优惠券推荐问题，持续提升买家体验和优惠券核销率。

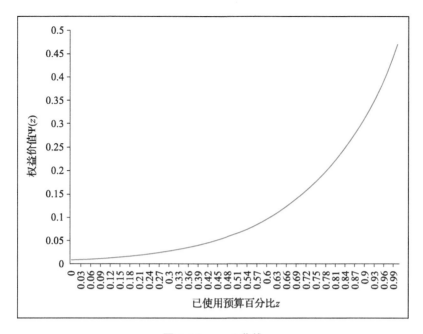

图 5-10　cost 曲线

第 6 章

多模态内容场景与端智能

随着互联网内容的多元化和丰富化，用户越来越难被传统图文模式的电商内容所吸引，因此，借助算法对电商内容的呈现方式进行升级就成为整个行业的大趋势。本章将重点介绍我们在直播、短视频、内容卡片、首图个性化、端智能方面的落地尝试。

6.1　直播推荐算法

内容化是电商网站发展的重要趋势。对于当前的电商平台，想要显著增加用户的使用时长，增强用户黏性，内容导购业务的构建非常重要。淘宝、蘑菇街、小红书等网站已经成功验证了内容业务的重要性。在 1688 网站上，包含直播、短视频、头条 Feeds、各种类型的专辑（榜单、发现好货）、卡片等内容导购业务。"1688 商 + 直播"是非常具有特色的 B 类内容导购场景，如图 6-1 所示。

直播的商家大多为工厂与产地的货源商家，他们在直播间中向用户讲解商品，每个商家每次直播若干个小时。利用算法对直播进行推荐，核心工作是对正在直播中的商家的直播间列表进行排序。排序时，既要考虑用户对直播主的偏好，也要考虑用户对正在讲解的商品的偏好。此外还要考虑排序的优化目标，如直播间的点击率、用户在直播间内的停留时长、直播间的转化率等，可见直接推荐是个颇有难度的推荐问题。本节从直播场景入手，着重介绍电商内容推荐设计的关键算法——多目标学习的用户行为建模。

 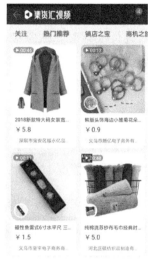

1688 内容
推荐业务

1688 商 + 直播　　　　　　　　　　1688 集货汇视频

图 6-1　"1688 商 + 直播"模式

6.1.1　多目标学习

多目标学习在推荐系统中有着广泛的应用。在电商直播业务中，用户行为链路为用户曝光直播间→用户点击直播间→用户观看直播→用户关注直播间→用户点击直播间的商品→用户下单，我们希望算法能够覆盖多个业务指标。

1688 的直播包含以下核心指标。

- ❑ Click Through Rate（CTR）：用户进入直播间的 UV_CTR，反映用户对直播间的偏好，会受到直播封面图、当前观看人数等因子的影响。
- ❑ Average Stay Time（AST）：用户在直播间的停留时长，反映直播内容的质量与吸引力。
- ❑ Conversion Rate（CVR）：观看直播的用户下单的比例，是场景的核心指标。
- ❑ Follow Rate（FLR）：观看直播的用户关注直播间的比例，反映用户与商家的关系，是反映用户留存的指标。

因此，在之后的排序模型中，我们融入了深度学习中常用的多目标学习（Multi-Task Learning，MTL）方法。

6.1.2　用户异构行为

电商网站进行推荐时，通常会基于用户在商品上的行为来捕捉用户的兴趣，但是用户在商品上的行为与其在内容上的兴趣是有差异的。比如，一个偏好运动装的用户，可能会喜欢运动服饰的直播，也可能会有其他方面的兴趣，比如喜欢美妆讲解等内容。因此，我们在建模时需要综合考虑用户在商品和内容上的兴趣。

对内容进行推荐，传统的方法大多是直接用 ID 编号表示，但会面临内容表征不足、冷启动问题严重等情况。

电商网站的内容都挂接着商品，是一个典型的异构网络（Heterogeneous Information Network，HIN），包含着多个静态与动态用户行为的网络边关系，如用户 – 点击 – 商品、用户 – 点击 – 短视频、短视频 – 映射 – 商品、短视频 – 挂载 – 类目、直播 / 卡片 – 挂载 – 多个商品 / 类目等。在后面的模型中，我们也会使用 HIN 的方法来对内容进行表征，进而对内容进行推荐。

下面将详细介绍如何在直播推荐的迭代过程中解决上述两个关键算法问题。

6.1.3　直播排序模型

1. 直播排序模型 V1：特征工程 + 机器学习

业务上线初期，我们采用了经典的特征工程 + 机器学习（LR/GBDT）的模型对直播进行排序。推荐采用经典的物品单边特征、用户单边特征、用户与物品交叉的双边特征三大类特征。注意，在直播的推荐里，这里的物品同时包含了直播间的 LiveID 和正在讲解的商品的 ItemID，用于区分用户对直播间的兴趣和对正在讲解的商品的兴趣。

在直播排序模型 V1 上，我们采用了 GBDT point-wise 模型对直播进行排序，训练样本为用户曝光直播是否点击的样本。考虑到上面所提到的多目标（CTR、CVR、

AST）均衡，我们对样本进行了加权，加权方式为转化正样本 n 倍权重，或者按停留时长 $k \times \text{Log(AST)}$ 对样本进行加权。相较于按实时点击率 / 买家数排序的赛马排序方案，V1 的 UV 点击率（UV_CTR）提升 10%，CVR 和 AST 均提升超过 30%。

2. 直播排序模型 V2：深度学习双序列模型 + 多目标学习

在图 6-2 所示的深度学习排序模型里，我们采用的大框架是经典的 Embedding + MLP 端到端训练的模型。深度学习的优点是可以基于业务特点和诉求灵活地构建我们想要的模型，为了贴合业务场景特色，我们在模型构建中主要考虑的是用户在 Item 和 Live 上存在兴趣差异性。

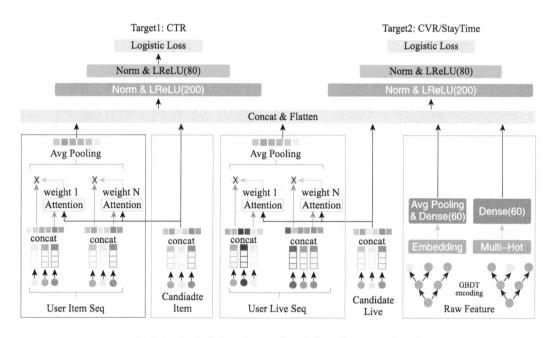

图 6-2　深度学习双序列模型 + 多目标学习模型结构图

因此，在模型的用户行为序列建模中，我们参考了 DIN（Deep Interest Network，深度兴趣网络）框架，将用户在 Item 上的行为序列和在 Live 上的行为序列抽成了两条单独的序列，即图 6-2 中的 User Item Seq 和 User Live Seq，并分别使用直播的直播间 ID（Candidate Live，候选打分直播）和商品 ID（Candidate Item，候选打分直播当前讲解品）对两条序列进行 Attention，抽取用户在当前直播间和当前商品上的兴趣表达。

（1）直播实时特征

在机器学习模型中，GBDT 具有优秀的可解释性，基于 GBDT 模型的特征权重，我们发现实时特征对于直播的排序非常重要，即直播自开播后近 10 分钟和近 1 小时的曝光次数、点击次数、点击率、下单人数等。这也与人工的先验知识相符合。

因此，在深度学习模型中同样需要加入大量的直播实时统计特征。但是，由于 DNN 类模型通常使用 SGD 梯度下降类的优化方法，对特征的尺度与量纲非常敏感，因此通常需要进行特征的标准化和归一化。

介绍一种在我们内部有效且通用的方法来处理这些量纲尺度不同的实时特征，即 GBDT Embedding 的方法，其具体过程如下。

- 基于实时特征的点击样本训练一个 GBDT 模型，在线下训练和线上服务时，将实时特征输入 GBDT 模型中，得到 GBDT 所有决策树叶子节点，如 50 棵树，每棵树深度为 5，即有 32 个叶子节点，共 $50 \times 32 = 1600$ 个叶子节点。
- 一条样本的实时特征经过 GBDT 后，会落在其中的 50 个叶子节点内，模型会取出一个长度为 1600 的 Multi-Hot encoding，其中有 50 个取值为 1，其余都为 0。
- Mutli-Hot encoding 经过一个全连接层，可以表征为维度为 K 的特征向量（我们的模型中 K 取 50），再与用户行为序列与商品的 Embedding 特征做拼接，就构成了输入 MLP 全连接之前的所有特征。

对 CTR 预估模型比较了解的读者会发现，该做法借鉴了 Facebook 提出的 GBDT+LR 模型的方法，如果去掉 GBDT Multi-Hot encoding 后面的全连接层和用户行为序列建模，直接连接一层 sigmoid，该模型即退化为一个 GBDT+LR 排序模型。

（2）直播多目标模型

在直播场景中，有 CTR、CVR、AST、FLR 等多个核心指标，因此在模型的大框架上，我们采用了经典的多目标学习的方法，即底层的 Embedding 层共享，上层根据不同任务的目标，分成多塔来进行单独 MLP 层参数的学习。在我们的模型中，尝试了以下两种目标的组合。

- CTR+log(AST) 两个目标学习的 MTL 模型：顶层的多目标任务由 CTR 的分类任务和 log(AST) 用户停留时长预测的回归任务两部分组成。在最终排序中，我们将 CTR × log(AST) 的打分公式作为直播间的最终排序分。

□ CTR+CVR 的 ESMM 模型：ESMM 是一个简单的一阶贝叶斯网络模型，在真实业务中，我们观测不到全量的点击到转化的样本，通常只能观测到曝光到点击、曝光到转化的样本。

顶层的双塔分别表示 CTR 塔和 CVR 塔两个目标，我们分别用模型预测 CTR 的 logits 与真实点击 label 计算 log loss，用 CTR × CVR 的预测概率值与真实能观测的曝光到转化的 label（$\text{CTCVR}_{\text{label}}$）计算 log loss，并将两个 loss 相加来进行网络的学习，即

$$\text{loss} = \log\text{loss}(\text{CTR}_{\text{logits}}, \text{CTR}_{\text{label}}) + \log\text{loss}(\text{CTR} \times \text{CVR}, \text{CTCVR}_{\text{label}})$$

具体的动机为解决样本偏差，读者可以阅读 ESMM 的论文进行更深层次的理解。在我们的任务中，我们同样上线了 ESMM 形式的 CTR 和 CVR 共同学习的模型，将 CTCVR 的分数作为线上排序的分数，发现线上曝光转化率提升较大，而曝光点击率却有一定程度的下降。因此我们在最终的 loss 中，约束 CTR 和 CVR 都需要有较好表现，即在 loss 中添加了一项 CTR × CVR 到 CTR_label 的 loss：

$$\text{loss} = \log[\text{loss}(\text{CTR}_{\text{logits}}, \text{CTR}_{\text{label}})] + \log[\text{loss}(\text{CTR} \times \text{CVR}, \text{CTCVR}_{\text{label}})]$$
$$+ \log[\text{loss}(\text{CTR} \times \text{CVR}, \text{CTR}_{\text{label}})]$$

经过这样的改造后，在线下实验中我们的 MTL 在点击和转化上都相对单目标模型有了 1% 左右的 AUC 提升。

在业务场景中，我们上线了融合用户 Item 和 Live 双序列 Attention，以及 GBDT Embedding 实时特征，并优化了点击与转化率的 MTL 模型。上线后，UV_CTR 提升 2.2%，CVR 提升 5.2%，AST 提升 17.6%。

（3）直播排序模型 V3：Item 到 Live 异构行为激活

上面介绍的 V2 模型虽然同时考虑了用户的商品行为与直播行为，但是可以发现它对行为的激活都是同构的，即用直播的商品去关注用户的商品行为来提取用户的商品兴趣表征，用直播间去关注用户的直播行为来提取用户的直播兴趣表征。

很多用户，尤其是新用户，有着大量的商品行为，却只有很少的直播行为，如

何基于用户的商品行为直接预测用户对直播的兴趣是一个很有收益的迭代点，并且
也是只有深度学习模型才能解决的问题（两
种不同类型节点的兴趣推断，将异构节点嵌
入同一向量空间，传统机器学习模型的特征
工程无法建模这类特征）。

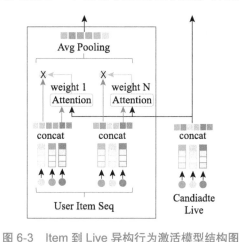

因此，我们在模型中加入了一路 Can-
didate Live 到 Item Seq 的兴趣提取单元，如
图 6-3 所示，并且在 Live 和 Item 的表征中
尝试了以下几种不同的方法。

图 6-3　Item 到 Live 异构行为激活模型结构图

- ❏ end2end share embedding：与模型的
  其他 Embedding 共享、端到端的训

  练，但由于该路 attention 倾向于将 Live 和 Item 学习到同一向量空间，可能
  会影响模型其他部分的表达。

- ❏ end2end not share embedding：单独为异构的兴趣激活创建一个 Embedding 表
  征，端到端地学习来将两种异构向量嵌入同一空间。

- ❏ HIN Pre-Train：直播 – 商品 – 用户可以构成一个异构网络（HIN），HIN 网
  络中的节点为直播、商品、用户等不同实体，HIN 网络的边为用户对直播
  和商品的点击行为，直播历史包含讲解过的商品、商品间的 Item CF 相似度
  等，这样，我们基于 metapath2vec 等方法可以将 HIN 网络的节点预训练出
  Embedding，并输出到最终模型的 HIN Attention 异构兴趣提取单元中。

- ❏ 基于 Transformer 的用户 Item 行为与 Live 匹配：任何一个直播间都可以描述
  成多个商品的集合，在上述提到的方法中，我们在尝试用基于异构网络图表
  征的方法来表征直播，而 Transformer 则是另一种尝试的思路。

在我们的业务场景中，我们选取了直播间过去 30 天热度（销量 + 点击数）最高
的 top m 个商品以及当前直播正在讲解的 n 个商品作为直播间的商品描述，这样，一
个直播间即可被表达成 $m + n$ 个商品的集合序列（业务中取 $m = 10$，$n = 5$）。同样，
我们可以获取用户的 Item 行为序列，将两个序列做拼接后即可使用 Transformer 做
任意维度的 Item 到 Live 内商品的兴趣激活。该方法与 HIN 或者 GCN 的方法相比，
优点在于，在使用直播间的核心商品作为直播间的异构表征的同时，又方便地实现

了端到端的模型训练。

目前，我们在业务中上线了 end2end not share embedding 的异构行为激活版本，在线上取得了 CVR 提升 2.47%、AST 提升 3.92% 的效果。在用户直播行为少而 Item 行为丰富的大促期间，更是将 CVR 提升了超过 10%。同时算法工程师正在尝试基于 Transformer 的用户异构行为建模。

至此，我们介绍了 1688 直播算法排序模型的迭代，从经典的特征工程结合机器学习模型方法，迭代到深度学习多目标学习结合异构行为引入的方法，在业务中取得了明显的提升与价值，1688 商 + 直播也成为 1688 平台导购业务中每天转化人数最多、转化率最高的场景。

6.2　短视频推荐算法

短视频推荐，即 1688 集货汇视频，是一个新兴的推荐场景，其特色为在短视频频道场景内向用户推荐商品的展示视频。传统的商品推荐一般是基于用户对商品的行为做 I2I CF 来进行推荐召回的，而短视频场景是一个由用户的商品和短视频行为到短视频的异构类型推荐场景。由于每个短视频背后都挂载一个到多个商品，在基础的推荐策略里，我们通过基于商品到商品的 I2I 再倒排查找短视频来进行推荐，将短视频推荐简化为一个商品到商品推荐的问题，但这样的推荐无法表征用户在商品与短视频上的兴趣差异性、短视频的类型（讲解、颜值、展示、户外）、短视频质量等（如商品到商品的召回好，但是商品背后的短视频未必质量好）。

6.2.1　短视频推荐概述

本节主要介绍异构网络的概念，期望将不同类型的异构节点映射到同一向量空间，可直接基于用户在商品和短视频上不同类型的行为来表征商品与短视频之间的相关性，同时将短视频的类型、质量等学习在表征向量中。

正如上面的背景介绍，对于短视频推荐，我们有 4 种解决方案，表 6-1 为方案对比表。

表 6-1 短视频推荐方案对比

方 案	介 绍	优 势	劣 势
I2I CF	商品到短视频背后商品的 CF 推荐	召回比较丰富	商品和内容之间存在差异
I2V CF	商品直接到短视频的 CF 推荐	基于共现关系，召回比较准确	用户同时点击商品和视频次数比较少，训练不充分
同构图	将用户、商品、短视频视为同构类型	处理方法包括 DeepWalk、GCN 等	没有考虑节点和边的异构性，对少数类型节点训练不充分
异构网络图	将用户、商品、短视频视为异构类型	较好地表征节点的异构关系	异构网络比较复杂，研究比较少

在阿里巴巴内部，我们使用的 CF 方法是集团自研的 Swing 算法，有兴趣的读者可以在网上搜索、学习。

6.2.2 基于异构网络图的推荐方案

对比表 6-1 中的 4 种解决方案，可以看到异构网络方案的优越性，它既可以将多种类型的节点映射到同一向量空间，又可以解决数量少的类型节点的训练充分性问题。因此本节介绍采用异构网络图来实现内容推荐的方案。

首先简单介绍一下基于异构网络推荐的逻辑，如图 6-4 所示，核心点如下：

❑ 根据用户、商品、内容之间的关系建立起异构网络；

❑ 对于异构网络进行表征学习，学习到每个节点的低维稠密向量；

❑ 将向量与推荐系统相结合，比如送到向量召回引擎中进行召回（Query 向量化从 Index 召回 Items）。

下面分别从异构网络表征学习的 metapath、改进优化、实验效果及总结与思考四方面展开陈述。

1. metapath

metapath2vec 是一种对异构网络进行表征学习的经典方法，如图 6-5 所示，其主要目的是对异构图中每个节点学习到一个低维的稠密向量。metapath2vec 算法分成两个部分：

- 基于 metapath 的随机游走；
- 基于异构的 skip-gram 模型。

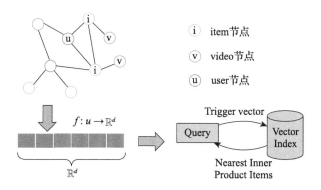

图 6-4　用户、商品、内容关系图

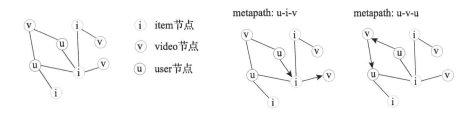

图 6-5　基于 metapath 的随机游走

首先来看为什么对异构图进行随机游走。由于图是一个高维的非欧几里得数据结构，学习起来比较困难，因此希望能够通过一些方法来把图变成规则的数据结构，而随机游走就是这样一个转化的办法。通过随机游走可以把图变成序列，然后就可以对序列进行一些操作。但是对图进行采样的过程是一个降维的过程，一定会带来图结构信息的丢失，因此我们希望通过 metapath 来指导图的随机游走，尽可能保存更多的图结构信息。

随机游走过程中，对下一个节点的选择是以完全均匀概率进行采样的，不考虑节点的权重和边的权重。这样，基于 metapath 的随机游走有两个好处。

- 对少数类型的节点进行充分采样。因为采样的样本一定是根据 metapath 来的，因此我们的训练样本中少数类型的节点也可以得到充分的训练和采样。
- 训练时只用考虑采样到的节点对，不需要考虑图的其他结构。

前面我们已经从图中采样得到序列，下面基于向量表征经典的 skip-gram+ 负采样（negative sampling）模型来得到每个节点的表征。在使用负采样加速训练的过程中，我们有两种负采样方式。

❑ metapath2vec：从全部节点中随机采样，不考虑节点的类型。
❑ metapath2vec++：负采样节点类型与正样本类型相同。

这就是 metapath2vec 的两个主要部分，算法的思路并不难，但在实践中还存在以下几个关键问题。

（1）metapath 的选取问题

metapath 在算法中非常重要，关系着图语义信息的保留和训练数据的生成。目前选取 metapath 的方法基本都是人工选取，这对于一个千万级别的异构网络来说是不现实的。因此我们希望能够设计一种自动的 metapath 生成方法。

（2）节点本身信息补充问题

metapath2vec 的方法中，只能学习到异构图的结构信息，但是节点本身的属性信息也是很重要的。比如对于 item，一二三级类目、品牌等信息非常重要。因此我们希望能够将这部分信息表征在 Embedding 向量中。

（3）多语义的问题

异构网络的不同 metapath 对应着不同的语义空间，比如 i-u-i 和 u-i-u 分别对应着 user_cf 和 item_cf 的召回语义。而传统的 metapath2vec 方法支持一种 metapath 采样，忽略了从不同的 metapath 中提取到的不同的语义信息。因此，我们希望能够设计一种多语义的融合模型来融合多种 metapath 的训练结果。

2. 改进优化

针对上述关键问题，根据业务与数据特点及从模型深度考虑，我们对基于 metapath 的异构网络 HIN 模型做了如下几点改进。

（1）metapath 建模

前面我们已经介绍了在异构网络中 metapath 的重要性，因此我们希望使用自动的 metapath 生成方案来替代人工选取，整体流程如表 6-2 所示。

表 6-2　metapath 建模逻辑

步　骤	路径数量	规　则
原始采样	400 万以上	每个节点采样 5 条路径，路径长度为 10
规则约束	353	人工规则约束
打分函数	Top N	基于打分函数，取 Top 结果

在复杂网络中生成最优路径的方法有两种：贪心法和集合中最优化。贪心法比较复杂，而且很难找到最优路径，因此我们希望能够在集合中找到最优路径。首先对异构网络进行随机游走，并且指定游走的路径长度；然后对随机游走得到的元路径加以规则约束，比如在当前场景下需要每条路径中都包含 3 种类型的节点等；最后对剩下的 metapath 进行打分，得到分数最高的几条路径。

打分函数的设计和场景有关，在短视频推荐的场景中会更重视 video 节点出现的数量，因此设计了如下打分函数：

$$\text{score}(i) = (\text{cnt}(i) - 600) * \frac{\log(\text{cnt}(i))}{\dfrac{i.\text{count}(u)}{i.\text{count}(v)}}$$

最终基于上面的打分函数，按预先设定的规则约束自动选出 3 条 metapath：iuiuiuvuvui、iviviviuii、iuiiuvuvui。这 3 条 metapath 选出来的节点取交集之后，统计发现，对所有节点的覆盖率达到 96%。

（2）加入节点的属性信息

传统的 metapath2vec 方法仅提取图的网络结构信息，但是节点本身的属性信息也很重要，因此希望在生成节点的 Embedding 时既考虑异构网络信息，也考虑节点本身的属性信息。但是我们的网络是一个异构网络，节点类型是不同的，因此我们设计了分开的节点特征提取网络，如图 6-6 所示，对于不同类型的节点，提取不同的特征。

对于特征映射到低维稠密向量这一步，我们是直接通过矩阵相乘来解决的，为了防止因某些特征类别出现太少而无法充分训练的问题。

（3）加入多语义的融合和邻居节点的聚合

前面提到多语义的问题，对于一个异构图而言，不同的 metapath 提取到的是不同的语义关系，如图 6-7 所示。

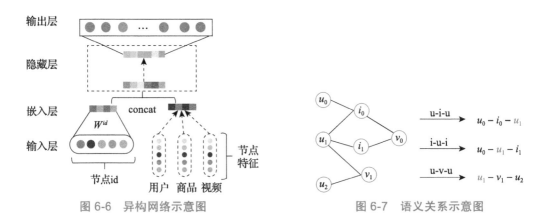

图 6-6　异构网络示意图　　　　　　　　图 6-7　语义关系示意图

我们发现 u_1 节点在 3 条路径中都被采样到，那么这个节点就会在不同的语义空间中学习到不同的向量表征，因此希望能够通过一个融合模型来对这 3 个空间下的表征进行融合学习。在 GraphSage 的启发下，我们发现当前节点的邻居节点对节点本身是有帮助的，因此，我们做了基于 metapath 的邻居节点聚合来补充当前节点的信息，如图 6-8 所示。

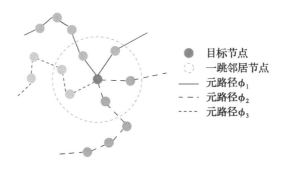

图 6-8　节点关系示意图

在第一条 metapath 采样下，与中心节点相连的是基于 metapath 的一跳邻居节点。任意取一跳 metapath 的路径，那么这个路径上的节点叫作基于 metapath 的多跳节点。我们认为一跳邻居节点获得的是图的 bfs 采样，获取到的是局部信息；多跳邻居节点获得的是图的 dfs 采样，获取到的是全局信息。这两种方式对节点的表中应该都有所帮助。

因此，我们设计了基于 metapath 的多语义融合和邻居节点聚合的融合模型，如图 6-9 所示。

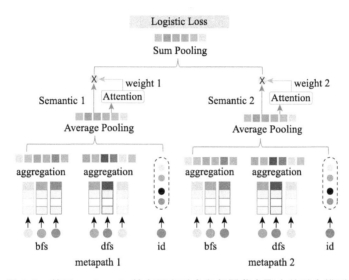

图 6-9　基于 metapath 的多语义融合和邻居节点聚合的融合模型

对于聚合方式，可以选择 mean-pooling、sum-pooling 等方法，我们这里使用 attention 进行聚合，并且比较了 soft-attention 和 self-attention 的结果（见图 6-10）。

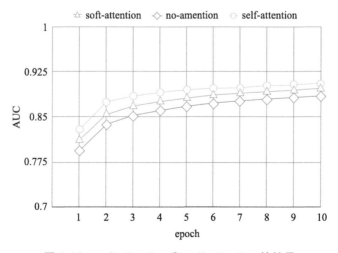

图 6-10　soft-attention 和 self-attention 的结果

在数据量比较大的时候，我们发现 self-attention 因为多头注意力机制的存在，效果比其他方法都好。最终我们的模型图如 6-11 所示。

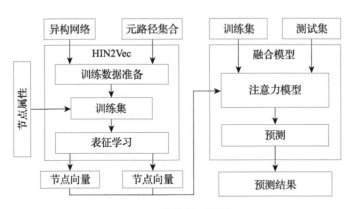

图 6-11　最终模型结构图

模型分成两个部分，分别是生成模型和融合模型。生成模型考虑异构网络、节点属性信息，生成每个节点的 Embedding 表示。融合模型针对不同的任务学习到不同的融合函数，得到在不同场景下的节点 Embedding 融合结果。

3. 实验效果

在网站用户 – 短视频 – 商品的异构数据集上，我们选取历史 30 天内所有点击过短视频的用户，以及他们点击过的商品。我们设计了以下 4 种方法来评估异构网络推荐的效果，下面来一一介绍。

❑ 向量召回效果的案例分析
❑ 离线测试集指标分析
❑ 线上指标分析
❑ 聚类效果分析

（1）向量召回效果的案例分析

我们对尾部、腰部、头部 3 种热度的商品进行对比分析，主要对比了目前线上正在使用的 Swing I2I2V 的方法，如图 6-12 所示。对于腰部商品和头部商品，HIN 的方法发散性更好。而对于尾部商品，由于 HIN 可以基于 metapath 多轮游走采样，训练较为充分，效果得到保障。

图 6-12　向量召回效果的案例示意图

（2）离线测试集指标分析

为了防止数据穿越问题，我们选取了 1 个月训练数据集之后的 5 天的数据作为测试样本，定义了以下两种指标。

❑ 召回率：value=(recall and real_click)/real_click，即真正被点击过的视频中被召回的视频占比。

❑ 精准率：value=(recall and real_click)/recall，即召回的视频中被点击过的视频占比。

表 6-3 为不同方法的结果，HIN 的方法召回率仅次于目前线上的方法，因为我们使用的数据都是通过 Baseline Swing I2I 的方法曝光的，因此召回率有所下降，而精准率在所有方法里面是最好的。

表 6-3　不同方法的结果

方　法	召回率	精准率
I2I	0.38	0.07
I2V	0.12	0.01
随机行走（rank<=50）	0.08	0.02
HIN（rank<=50）	0.29	0.13

（3）线上指标分析

训练出来的向量部署到向量召回平台 BE，通过用户的 trigger 来召回视频。线上的 A/B 测试显示 HIN 的方法最终的 CTR 上涨 4.5%。经过 rank 模型之后，TOP 50 的曝光占比有 17% 来自 HIN 的召回。

（4）聚类效果分析

这里选取了日用百货、饰品、女装、家纺家饰、鞋子这 5 个一级类目的一些商品做了 Embedding 的聚类效果，如图 6-13 所示。对于一级类目，可以比较明显地区分开，这从一定程度上验证了算法的有效性。

图 6-13　聚类结果分析

4. 总结与思考

本节对电商平台上的短视频推荐场景，提出了异构网络在内容推荐上的应用，并且以 metapath2vec 这个方法为基础，进行了以下 3 点改进，取得了不错的效果：

❑ 提出了 metapath 的自动生成方案；
❑ 实现了结合异构节点属性信息的 Embedding 生成模型；
❑ 实现了多 metapath 语义空间的融合和邻居节点的聚合模型。

对未来异构网络发展和应用的思考主要有以下方向。

❑ 用 metagraph 提取语义：现在使用的 metapath 对图结构信息保存得比较少，如果使用 metagraph+CNN 的方法，可能会保留和提取更多图结构信息。

❑ 动态网络表征：目前模型是离线训练表征，而且要重新使用新的边关系，开销很大，动态地学习节点的表征可以解决这个问题。

6.3　榜单算法

在 1688 日常的业务场景中，榜单（如图 6-14 所示）一直以来都对买家起到了很好的风向标作用，但在日常场景中，运营对榜单的人工干预较大，人力成本较高，同时多是大颗粒度的投放，并没有进行深层的细分挖掘。随着我们对流量和商品的进一步挖掘，更多的细分主题市场、流量特征被挖掘出来，使得在细分主题市场上生成榜单，并对流量做精准的匹配变成可能。在日常，以类目为主线，在细粒度的主题市场上生成了上万个榜单，投放于榜单会场中，并个性化地呈现在买家面前。

6.3.1　榜单生成

传统的榜单生成需要大量的人力参与，所以让人在大促的时候生成榜单，成本会非常大。也正因为如此，我们尝试用纯算法的方式自动化生成。

图 6-14　榜单产品示意图

与人工生成榜单相比，算法生成榜单无论是在榜单的多样性还是生产效率上都有非常大的优势，如图 6-15 所示，但在榜单的准确度和重复度上，可能不及人工生成的榜单。所以，这次算法生成榜单要在保证效率和多样性的基础上，再提高准确度，同时降低榜单语义上的重复。

在榜单生成上，我们刚开始考虑直接用叶子类目，这种做法的好处是可以非常快地对商品进行聚合，并用叶子类目的名称对榜单进行定义，然后进行排序并展示给用户。但是这也会有问题，问题在于不同的行业类目的层级和细分程度是不一样的。就以女装为例，连衣裙是女装的一个叶子类目，但是生成一个连衣裙榜，这个榜单个性化程度还是太粗，凡是偏好连衣裙的用户看到的榜单内容还是完全一致的。用户会迅速产生使用疲劳。

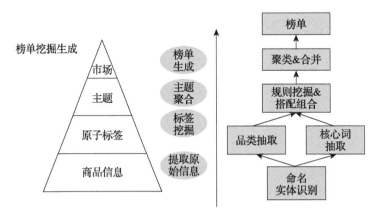

图 6-15　榜单生成过程示意图

从算法的角度来讲，榜单生成可以看成对指定的一批商品，根据商品特征进行聚类，然后对聚类后的内容进行定义的过程，如图 6-16 所示，其中属性词为基于商品标题和属性的电商命名体识别，品类词为基于商品标题识别的品类词＋类目信息＋威尔逊置信区间打分。

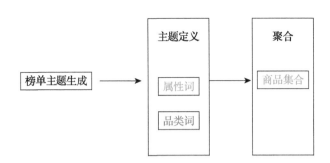

图 6-16　榜单主题生成过程示意图

这样就可以得到每个商品对应的属性词和品类词。将这些属性词和品类词制作成商品的标签，然后利用属性词和品类词的组合来生成榜单。假设商品类目和属性如表 6-4 所示，定义榜单主题集合为收脚运动裤、垂钓头灯、户外登山鞋。利用以上方式可以快速从 0 到 1 生成初始榜单，并且绝大部分主题效果是不错的，但还是会出现雷同的主题。考虑到在无线会场推荐的时候，如果根据用户行为召回榜单却出现雷同的主题榜单，那么用户体验会非常差，也会浪费流量，因此在初始榜单生成后，需要对榜单进行合并归一化。

表 6-4　商品类目和属性

类　目	属　性	类　目	属　性
女装	款式元素 & 材质 & 场景 & 风格	配饰	人群 & 元素 & 材质 & 功能 & 风格
男装	款式元素 & 材质 & 场景 & 风格	个护	功效 & 材质 & 人群 & 地点

在生成的榜单中可能会出现类似下面这样的榜单，从产品的角度来看，这类榜单必须合并。

榜单 1：卡通杯子榜、卡通水杯榜。

榜单 2：垃圾桶榜、纸篓榜、垃圾筒榜。

榜单 3：长袖 T 恤榜、长袖 T 恤衫榜。

仅仅从名称入手，榜单 3 是比较好合并的，而榜单 1 和榜单 2 就不太好合并了。榜单的合并必须从榜单中的商品集合入手。这里我们用了 jaccard 相似度计算的方式解决这个榜单合并的问题。假设 A 榜单的商品集合为 A，B 榜单的商品集合为 B，那么通过 jaccard 相似度计算的公式，A 与 B 的交集除以 A 与 B 的并集，就得到榜单 A 和榜单 B 的相关度了。相关度越高，两个榜单就越好合并。

利用这个方法，可以非常快速地找到两个相似的榜单，但是如果直接拿 jaccard 相似度来计算会有一些极端情况。比如要计算 A 和 B 两个榜单的相关度，假设 A 榜单中所有的商品几乎都出现在了 B 榜单中，但是 A 榜单的商品集合相对较小，B 榜单的商品集合很大，那么根据 jaccard 相关度计算公式，两个榜单的相关度会非常小，从而使两个榜单无法合并。这个时候我们需要把 jaccard 的相关度算法做个小改进：

$$\text{sim} = \frac{A \cap B}{A}$$

其中 A 为 A 和 B 中元素较少的榜单集合。如果发现 A 榜单和 B 榜单内的商品集合相关度高，那么就把 A 榜单合并到 B 榜单中，这样就可以比较好地规避上面提到的问题。

6.3.2 榜单召回推荐

榜单召回主要考虑用户的实时足迹偏好和类目偏好两个维度，如图 6-17 所示，主要的召回策略见表 6-5。

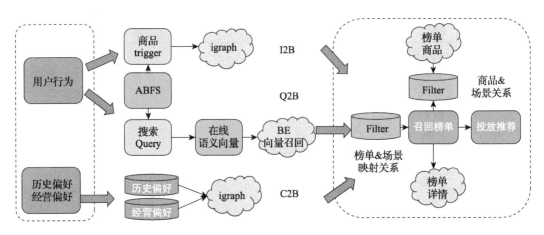

图 6-17 榜单召回策略示意图

表 6-5 榜单召回策略

召回策略	描　　述
I in B	如果用户的足迹在某个榜单的商品中，那么召回对应的榜单
I2I in B	如果用户的足迹不在榜单商品中，那么将用户浏览过的商品扩展到更大的商品集合，再匹配到榜单内的商品，然后把对应的榜单召回
C2B	根据偏好类目召回榜单

6.3.3 榜单内商品排序

为了保证榜单的权威性，并不会对榜单内部商品进行个性化排序。对榜单内部的商品，按照大促所属的不同周期选择不同的排序方案。预热期按照买家的访问和下单的情况进行排序，大促爆发期则按照商品的实时 GMV 进行排序。

当然，也可以引入机器学习和深度学习构建排序模型，这部分内容和搜索、推荐相关章节的比较类似，就不展开陈述了。

6.3.4 榜单个性化文案

1. 背景

榜单作为商品内容化的重要载体，如何展示更丰富的信息，起到"种草"、辅助成交转化的作用，一直是这一产品优化的方向。我们通过智能文案技术，为榜单生成定制化的描述文案，通过一句话概括榜单内商品的功能功效和设计亮点，使其不只是商品的简单聚合，还能打出特有的内容心智。整体技术方案如图 6-18 所示，我们尝试加入风格控制，目的是在智能文案生成的过程中控制文案的风格。

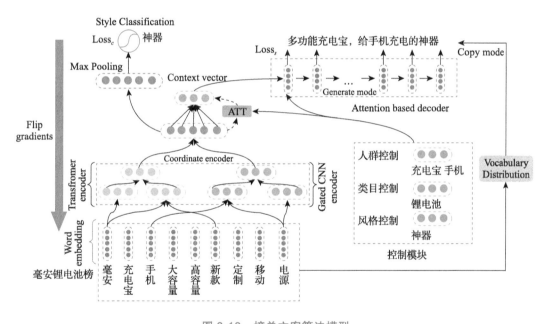

图 6-18 榜单文案算法模型

2. 数据预处理

我们采用基于单品的短亮点文案数据进行模型训练。榜单作为相同细分品类商品的聚合，包含的商品属于相同的品类并具有相似的属性，因此可以采用单品文案模型进行生成。

在测试数据上，我们首先选取了各榜单头部 N 个商品的标题，进行分词后，以 TF-IDF 算法计算词权重。以当前榜单中的词，在相同叶子类目的所有榜单中出现的频率作为其逆文档频率（IDF），与其在当前榜单中出现的频率（TF）相乘后进行排序，旨在选出当前榜单中最具有代表性的 K 个关键词，作为模型的输入。

3. 风格控制

榜单作为产品化组件，往往会在不同主题的日常与大促会场进行插入。因此，需要配合不同的使用场景，生成不同风格的榜单文案。

我们通过命名实体识别的方式，选出营销服务、款式元素、功能功效、新品、人群、修饰等实体词作为限定的风格词，采用风格化控制文案模型，根据需求的不同，分别生产出偏营销、偏细节描述、偏"种草"、偏节日氛围等不同风格的榜单文案，示例如表 6-6 所示。

表 6-6　榜单风格文案示例

榜　　单	风　　格	示　　例
韩版连衣裙榜	可爱	韩版春季连衣裙，穿出可爱气质
	羊绒	韩版羊绒针织连衣裙，时尚又减龄
	少女	韩版宽松学生连衣裙，秒变韩剧美少女
	爆款	今夏最热的爆款连衣裙，穿上就是韩剧女主

4. 人群个性化文案

文案的个性化一直是文案生成的优化方向。我们在生成文案时，将不同人群的历史偏好特征考虑在内，旨在生成更符合用户兴趣的文案，实现更好的转化效果。

我们统计了用户在各叶子类目下的点击行为，选取了用户点击商品标题、卖点文案中的高频词，以及用户在相应叶子类目下的搜索词，作为用户偏好特征，并通过聚类按照相似偏好划分人群，得到不同人群在各叶子类目下的点击和搜索高频词。我们认为，这些词更符合相应人群对当前类目商品的需求与表述习惯。我们将其编码后输入生成模型进行人群控制，针对各人群生成个性化的榜单文案，示例如表 6-7 所示。

表 6-7　人群个性化文案

榜　　单	人群偏好词	生成文案
纯棉四件套榜	睡眠 舒适	舒适的睡眠哲学
	床单 纯棉 亲肤	纯棉床单，给你裸睡般的舒适
运动卫衣榜	运动风 学院	学院风，让你回到少女时代
	卫衣 女 时尚	时尚卫衣，让你秒变女主角

个性化榜单数量十分庞大，智能文案解决的就是给榜单命名及描述榜单的问题，让榜单不是单纯地罗列商品，不同的榜单也有多样的描述，如图 6-19 所示。

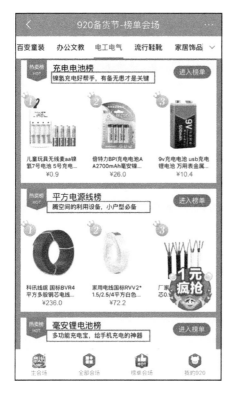
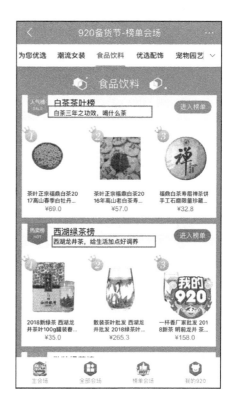

图 6-19　榜单个性化文案效果图

6.4　多形态内容混排

随着 CBU App "为你推荐" 模块在全链路里地位的不断提升，它已经不再是一个单一的商品推荐渠道，而开始融入更多的内容场景卡片，如图 6-20 所示。1688 平台沉淀了一系列内容场景，如在大促期间的高转化导购场景（榜单、必买清单），新产生的主题市场、发现好货等心智组货场景。我们希望将导购场景以卡片的形式插入现有的"为你推荐"模块里，一方面是为这些场景分发流量，另一方面是希望提高整体的坑位曝光收益。

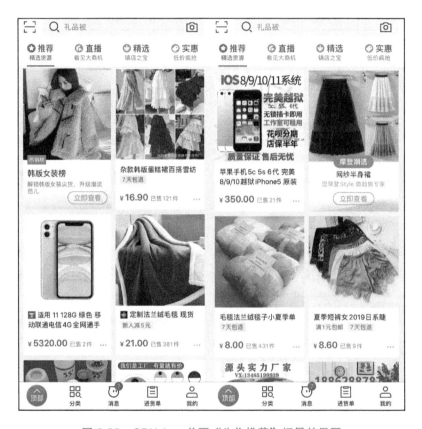

图 6-20　CBU App 首页"为你推荐"场景效果图

现在插入的导购场景都是商品集合类型的，"为你推荐"模块里原本是商品的坑位变成这些导购场景的入口，我们希望在为它们引流的同时，每个坑位能引导更多的商品点击（IPV），故我们定义曝光收益计算公式为曝光收益 = IPV/ 曝光 PV，并以此来评估策略效果。在只有商品推荐的情况下，这个衡量指标其实就是 PV_CTR。

这就是"为你推荐"模块推荐出来的商品，那么在商品推荐里如何插入这些营销场景卡片呢?

1. 弱个性化

我们定义了一个卡片质量分及用户偏好分，最终一个商品是否要变成卡片以及变成哪种卡片不再是按设定概率随机挂载，而是通过图 6-21 所示的关系来挂载。通过多天的离线日志数据，统计出每个用户对商品及不同卡片类型的偏好强度，即图 6-21 中的用户偏好分，并以每个商品或每张卡片每次曝光能引导几次商品详情页的点击（IPV）作为考核该商品或该卡片的质量，即图 6-21 中的卡片质量分。通过 α 系数影响最终卡片得分，使其提高或降低曝光量。对用户推荐的所有商品，以图 6-21 的关系式对每个商品能挂载的卡片进行遍历计算，最后得到每个商品是应该保留自身还是应该变成某种卡片里的某张卡片的结果。

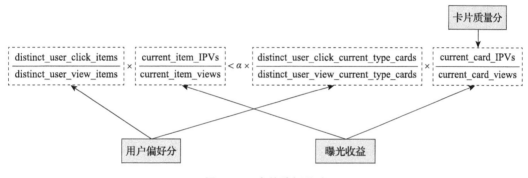

图 6-21　卡片选择公式

与此同时，不再简单地利用业务方提供的商品 – 卡片关系，而是对业务方提供的"商品 – 卡片" pair 对集合进行筛选。一个商品的每种卡片类型下可能会映射有该类型的多张卡片，通过卡片质量分来筛选，同时离线计算好用户卡片形态的偏好分。每天将上述二者同步到 iGraph 中，在在线调度的时候，在商品推荐结果上，依据图 6-21 中的公式对能触发卡片的商品进行卡片挂载选择。同时，进行卡片的展示间隔控制，卡片与卡片之间至少要有一定数量的商品，这样能避免卡片堆积，从而进一步提高效果。

2. 机器学习模型

在为用户推荐的商品中，某些商品有多张卡片可以挂载，那么挂载哪张卡片时用户点击的概率最高呢？这就是我们的模型需要学习的，这可以转化为一个 CTR 预估问题。按预估出来的 CTR 值排序，取 Top1，但最终展示时还需要遵守一定的规则，下文会阐述。

（1）样本和特征

从"为你推荐"模块的数据里抽取可以挂载卡片的商品的曝光与点击数据作为训练样本。特征分成 3 部分：用户特征、触发品特征和卡片特征。商品形态作为一种特殊的卡片形态。我们选用了 85 个特征作为模型输入，包括各种实数特征（62个）、Categorical 特征（19 个）和交叉特征（4 个）。实数特征主要是用户、触发品、卡片维度的一些统计特征。例如，某个商品（触发品）在"为你推荐"模块上的CTR、不同形态下的 CTR 的统计值。而对部分 Categorical 特征，我们采用对其进行Embedding 处理再输入模型。

（2）召回

基于"为你推荐"最终的商品推荐结果，从我们筛选好的"商品 – 卡片"pair对集合召回候选集合，即 item2item2card。商品与卡片之间的映射关系目前只是简单采用了上述的卡片质量分，并没有考虑商品与卡片之间的关系。卡片整体承接效果好，不代表在某个触发品的情况下，承接效果也好。因此考虑增加 item2theme 的方式，theme 表示 item-card。我们利用多天卡片曝光点击数据，将触发品 – 卡片（item-card）对直接作为一个 item 实体看待，采用 Swing 算法进行构建。

（3）排序模型

我们选择了 Wide&Deep 模型，迭代过程中我们也尝试了 DCN（Deep & Cross Network）。经过线上 A/B 测试发现，二者的曝光收益差距很小，最终我们选择 DCN模型。模型目前采用 TensorFlow 每天定时训练并推送到 RTP。

（4）效果

效果其实由两部分因子构成："为你推荐"层面上的精准分发，以及卡片的内部效果。卡片内部若效果糟糕，其实会进一步降低用户再次点击此类卡片的欲望，也就会影响上游分发。目前策略相比弱个性化，曝光收益提升 6.77%，人均点击商品数增加 18.60%；相比单纯的商品推荐，曝光收益提升 1.58%。

（5）系统流程线上调度

"为你推荐"原有的商品推荐决定着整体商品顺序，而卡片排序模型则决定着哪些商品挂载什么卡片，最终结合规则（沿用弱个性化时期的卡片间隔策略），决定最终卡片展示的位置。图 6-22 所示是一个调度的流程示意，囊括弱个性化与现在的机器学习。

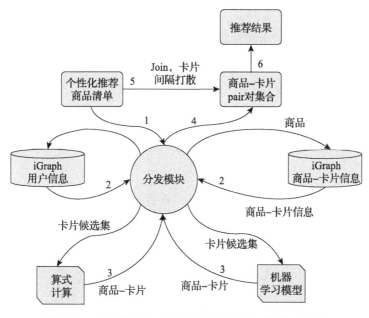

图 6-22　调度流程示意（含弱个性化和机器学习模型）

（6）卡片兜底与冷启动

如果单次请求最终结果里有卡片类型缺失，对于缺失的卡片类型，按设定的概率，每种卡片最高出一个，间隔策略也影响着最终兜底的情况，如果没有合适的坑位，则不会出。这样既同时保证了卡片兜底和冷启动，又增加了卡片多样性，让用户有机会看到其他类型的卡片。

在当前 1688 的"为你推荐"场景中，我们已接入了榜单、必采清单、发现好货、主题市场等多种形式的异构卡片内容，取得了不错的效果。后续还会继续接入如直播、短视频等内容载体。卡片形式的丰富也对后续内容间的混排提出更大挑战，使其成为后续重点优化的方向。

6.5　App 端智能

本节介绍端智能的概念与应用。在介绍端智能之前，必须先提边缘计算的概念。

边缘计算是一种优化云计算系统的方法，它通过在网络的边缘、靠近数据源的地方执行数据处理来实现。云计算是一种中心化的计算模式，所有的终端设备都需要把数据远距离传输给云上的服务器进行计算并得到结果，这样就存在着明显的缺陷，那就是巨大的通信开销，且时延对于一些实时性要求高的应用是不可接受的。而边缘计算则是直接利用终端设备的计算能力，优势明显，可以进行更实时的数据处理，同时减少数据传输。边缘计算和云计算是互补的关系。云上的一些计算环节可以下放到终端上进行处理，降低通信开销，提高实时性。端智能就是利用边缘计算能力进行算法决策。

现在手机的存储和计算能力不断提升，而这些手机上的资源并没有被完全利用起来，这就给了边缘计算这个概念一个落地空间。我们结合实际的业务问题，借助边缘计算的优点，进一步优化我们的推荐系统。

1. 更实时的推荐系统

现有的推荐系统都是对一次请求给出一个分页结果的模式。用户在一个分页里的实时行为数据被上传到云上，有着较大的时延，云上的系统无法及时获取这些信息，同时端上一些细节的用户行为数据，如滑屏手势、曝光位置信息等，由于通信量的问题无法全都上传到云上，这样就会造成系统对用户实时意图感知弱。由于分页机制，只能在下一次请求时才有机会调整策略，所以会造成决策慢的问题。

利用边缘计算的能力，我们可以更实时地捕获用户当前意图，及时调整推荐策略，让用户与推荐系统之间有更好的交互。基于此，我们设计了一套实时推荐系统，具体架构如图 6-23 所示。

这套系统涵盖多种推荐内容的能力，本节主要介绍其中基于捕获的用户实时兴趣点推荐相关商品的能力。具体产品形态为当用户在阿里巴巴 App "为你推荐" 的瀑布流中点击了一个商品后，返回瀑布流时会实时插入一张卡片。如图 6-24 所示，推荐内容为 4 个榜单。

我们的推荐内容是有多种形态的，如图 6-25 所示。单商品和四商品是直接链接到商品详情页的，四榜单是链接到榜单承接页，四 Query 词则是链接到基于当前推荐的 Query 词的搜索页面。

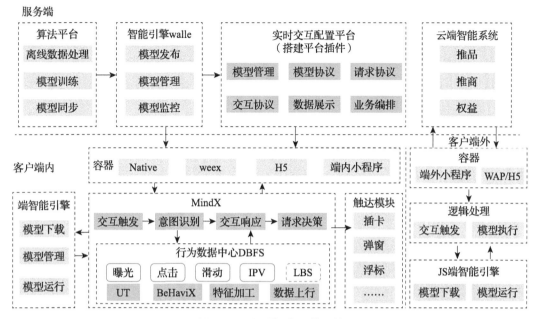

图 6-23 实时推荐系统架构

图 6-24 实时推荐系统的产品形态

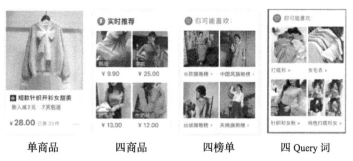

单商品　　　　四商品　　　　四榜单　　　　四 Query 词

图 6-25 多样的推荐内容

2. 端上逻辑

我们在 App 端部署了用户商品满意分模型,这个模型负责评估用户对所点击商品的满意程度,以此来判断是否要在当前推荐瀑布流里实时插入一个与该商品相关的卡片。卡片承载的内容可以有多种,如单商品、四商品、四榜单、四 Query 词。

如果用户最终对所点击的商品进行了收藏、加购或下单操作,则将其作为一个正 Label;反之,则作为负 Label。每条样本特征是通过抽取 12 个小时内用户在 App 上对当前商品的交互行为得到的,主要是用户点击商品的次数、用户在商品详情页里各种操作行为及停留时长等,如图 6-26 所示。

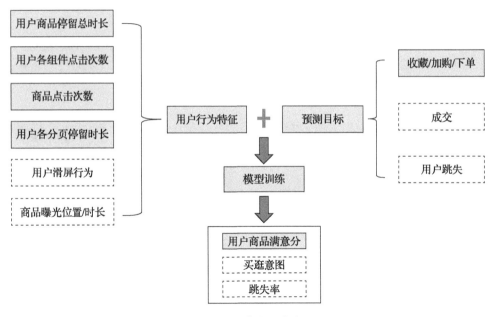

图 6-26　用户商品满意分

我们采用 PS-SMART 训练这个模型,PS-SMART 是 GBDT 基于 Parameter server 架构的一种实现。基于阿里的端智能基建 WALL 平台,将模型拉取到 App 并执行。我们选择在用户从商品详情页返回到推荐瀑布流时进行触发。同时设定一个阈值,只有当用户商品满意分高于这个阈值时,才向云上发起推荐请求。这个用户满意分除了作为门控之用,也可以作为一维基础特征进行沉淀。

3. 云上逻辑

端上发起请求，把用户商品满意分、商品 ID 以及用户在 App 上的一些实时特征，如当前会话里的实时点击序列，上传给云上的推荐服务端以获取推荐结果。流程示意如图 6-27 所示。

我们根据推荐的内容采用不同策略进行推荐。

❑ 对于单商品 / 多商品推荐，基于多种 I2I 策略，同时严格保证叶子类目一致进行商品召回，采用 DIN CTR 预估模型进行商品排序。

❑ 对于 Query 词 / 榜单推荐，首先与商品推荐一样，召回一批商品候选集合。如果推荐的是 Query 词，则再基于离线计算好的商品与 Query 词表进行 Query 词召回，商品依然采用 DIN CTR 预估模型进行排序，以排序分结合 Query 词的召回分得到最终推荐结果；如果推荐的是榜单这种卡片，则召回榜单卡片进行排序。

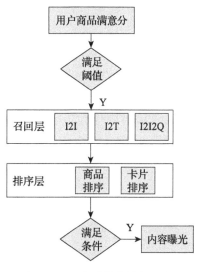

图 6-27　实时推荐流程示意

4. 线上效果

上线后，由于实时兴趣点的捕获及插入卡片的动效，上述几种推荐内容的曝光坑位效果都十分显著。

❑ 单商品 / 多商品推荐，单商品的坑位点击率是普通推荐坑位的 3 倍，四商品的坑位为普通推荐坑位的 2.4 倍。

❑ Query 词 / 榜单推荐，Query 词的坑位点击率是普通推荐坑位的 1.8 倍，四榜单的坑位为普通推荐坑位的 1.6 倍。

❑ 坑位点击效果异常好，但我们发现大盘各项指标没有得到预期的提升。经过分析发现，用户的曝光 PV 和普通坑位点击率都因为实时推荐内容的插入而发生不同程度地降低，从而导致对大盘的提升效果不明显。

那么如何让这款产品的效果变得显著呢？我们要做的是提高用户的曝光 PV 和普通坑位点击率，而不是禁掉这款产品。在提高用户曝光 PV 和普通坑位点击率方面，端智能拥有天生的优势，在当前推荐会话里及时干预未曝光的内容，让用户进一步在场景里逛起来，并提高点击率，即端上重排序。

6.6　首图个性化

1688 首图作为 1688 移动 App 的第一道流量入口，所推荐的商品会让用户产生对 1688 的第一印象，极大影响用户接下来的行为。因此 1688 首图个性化对提升用户体验、高效分发流量和树立 1688 品牌形象起到非常重要的作用。

从 1688 App 首页可以看见，一共有大厂直供、发现好货、组货优选和必采清单等 10 个频道，其中微商专供与淘宝专供、质享家与摩登潮选共享一个门洞，如图 6-28 所示。

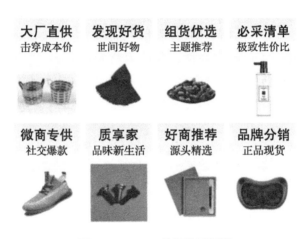

图 6-28　1688 首页首图频道

之前的门洞首图存在的问题是门洞之间无联动，同质化推荐严重，用户点击率较低。所以改进的主要目标就是门洞联合打散，提升推荐多样性；改进召回排序，提升用户点击率。接下来就从这两个方面介绍这部分工作。

6.6.1　全局最优视角联合打散

1. 用户体验提升

联合打散是运营人员提出的第一个强诉求，主要是因为不打散既伤害了用户体验，也出现了重复推荐，浪费了频道位资源。经过与运营人员以及有过相关实践的同事交流，联合打散要注意如下两方面的问题。

- ❑ 如果强制按照叶子类目或一级类目打散，会推荐用户没有任何关联的商品，也会影响用户的体验。因此在进行打散的同时，要注意多样性与相关性之间的平衡。
- ❑ 八门洞联合打散，不可能每个门洞都推荐自己门洞里点击率最高的商品，所以在联合去重的时候要保障门洞之间的公平性。

2. 基于 MMR 规则的打散

调研了阿里巴巴集团其他部门的相关工作后，我们选择了基于 MMR（Maximal Marginal Relevance）规则的联合打散，主要原因是这个方案能同时考虑相关性和多样性，并且易于短时间内实现。作为一个基准版方案，能够满足运营人员的急促需求。

具体方案如下：

```
Input：A：待推荐的商品组合（去重后的推荐）
       alpha：用户多样性与相关性的折中因子
       G：随机参数，每次请求产生一个随机的商品池 id 排列 P        // 可以保证每个商品池推出商品的
                                                                // rank_score 公平性
       P[i]：产生的商品池 ID 序列中的第 i 个商品池，P[i][j] 为该商品池第 j 个商品
initial：A = {}, P.
       for i∈[0, P.size())
         if i=0          // 第一个商品池取 rank 得分最高的商品
           A=A∪P[i][0]
         else            // 其他的商品池中每个商品计算多样性得分与 rank 得分的总分
           sum_score=0; index=0;
           for j ∈ [0, P[i].size())
             diverse_score=cate_distance(A, P[i][j])
             cur_score=alpha*rank_score(P[i][j])+(1-alpha)*diverse_score
             if cur_score>sum_score
               sum_score=cur_score; index=j
         A=A∪P[i][index]
       return A
```

其中 alpha 是控制推荐多样性与相关性的折中因子，用来解决刚刚提到的第一个问题。随机参数 G 随机对门洞排序，虽然单次推荐中排在前面的门洞会受益，但是

在此推荐中，各门洞的公平性还是可以得到保障的。

多样性得分是由叶子类目向量的欧式距离表示的，而这个叶子类目向量距离是由用户点击过的叶子类目序列，输入 node2vec 算法中所得到的叶子向量。通过这种方法计算得到的叶子类目距离，比传统的 0-1 距离（如果叶子类目相同，距离为 0，否则为 1）更加符合推荐场景中用户对商品的主观分类。我们也验证了 node2vec 算法生成的叶子类目向量是否符合主观感受，于是我们输出与晴雨伞这个叶子类目距离最近的 5 个叶子类目，如表 6-8 所示，基本符合主观感受。

表 6-8　node2vec 效果验证

叶子类目	距　离	叶子类目	距　离	叶子类目	距　离
遮阳伞 / 太阳伞	0.023	高尔夫伞	0.11	广告伞	0.164
雨伞	0.042	其他伞	0.141		

3. 效果验证

我们首先通过一个样例展示推荐多样性，后面通过 A/B 测试数据直观地展示效果。从图 6-29 中可以看到，当不加打散策略时，会推荐两双拖鞋、两副手套；当加入打散策略且将多样性得分权重设置为 0.4 时，拖鞋打散了；加更大的多样性权重时，后面就没有同一个叶子类目下的商品了。由此可见，我们的策略在不同的权重因子下，确实可以保持多样性与准确性的平衡。

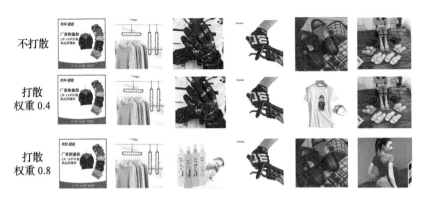

图 6-29　推荐多样性样例

在线上环境中，取两天各切 20% 流量进行 A/B 测试。发现次均曝光一级类目数提升 81%，次均曝光叶子类目数提升 41.53%，极大地提升了推荐多样性。

6.6.2　跨域召回

前面已经提到首图目前用户点击率比较低，所以我们的第二个目标就是改进召回排序，提升用户点击率，为首图各个频道带进更多的流量。

首图作为 1688 移动 App 的第一道流量入口，是一个入口比较浅的场景。在大促期间，会有许多新用户因为各种优惠、广告等信息登录 1688，而首图就是 1688 给这些新用户的第一道推荐。首图的推荐效果直接影响这批新用户接下来的行为。但是由于一个新用户在 1688 没有行为，无法向其个性化地推荐商品。因此我们需要找到一个更大的信息源，从中抽取用户的信息，实现个性化推荐。下面以淘宝为例介绍如何跨越召回 1688 相关的商品。

我们希望构造一版从淘宝到 1688 的召回，因为淘宝的商品池更为丰富，更能满足用户的个性化需求。

（1）方案一

我们首先基于 Swing，将用户在淘宝和 1688 的行为序列作为数据输入 Swing 中，然而这个方案只在淘宝这一侧覆盖的商品数量远远不能满足需求，主要原因是每天在淘宝和 1688 都有行为的用户比较少。虽然这个方案不能满足需求，但是我们得到一个初始版的桥梁，能够连接淘宝和 1688 的商品。接下来的改进就有两个方向。改进一是桥梁不动，淘宝和 1688 的商品各自向外扩散，但是我们发现 1688 的叶子类目不够精细，导致按叶子类目向外扩散的时候，召回的商品不相关。于是就有了改进二，也就是下面的方案二——扩充桥梁。

（2）方案二

因为方案一验证了 1688 叶子类目不够精细，所以方案二主要是希望能直接增加 1688 的召回。要想增加 1688 的召回，就得有更多的用户在淘宝和 1688 都有行为。因此我们决定根据用户在淘宝—1688 的点击序列和用户在 1688 的点击序列，构造更多的淘宝—1688 点击序列。

如图 6-30 所示，圆形图标和方形图标分别代表商品为淘宝和 1688 商品，数字则代表商品的叶子类目。1688 的点击序列需要满足两个条件：

☐ 这些商品来自同一个 session 内，一个 session 内的商品可以近似认为是用户在短时间内感兴趣的，这段时间内用户的兴趣未发生转移；

☐ 用户在每个商品上面的停留时间大于 1s，近似认为用户是真的对这些商品感兴趣，而不是误点等情况。

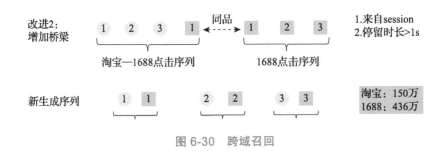

图 6-30 跨域召回

如果淘宝—1688 点击序列内有商品与 1688 点击序列内商品为同一个商品，则将这两个序列拼接起来，同时按照叶子类目拆分成不同的序列。通过这个方法，1 条淘宝—1688 点击序列就被扩充成 3 条淘宝—1688 点击序列，通过扩充所有的淘宝—1688 点击序列，将扩充完的点击序列输入 Swing 中，我们得到足量的淘宝商品和 1688 商品。1688 商品已经达到我们的需求，下一步需要扩充淘宝这边的商品。

（3）方案三

在方案二中讲到淘宝的商品不足，所以我们用 Swing 将淘宝的商品向外扩散一跳。我们选取淘宝的 Swing I2I 中权重大于 0.5 的边来扩展。扩展后淘宝的商品量基本达到需求。我们选取一个真实的案例展示一下完整的方案。如图 6-31 所示，方案二完成以后，用户点击中间的淘宝商品就会召回右边 1688 的 4 个化妆品，而在方案三中用 Swing 向外扩展完成以后，用户点击 3 个淘宝商品中的任意一个商品，都会召回右边 1688 的 4 个化妆品。可以看到，在淘宝一侧使用 Swing I2I 扩展极大地增加了用户命中召回源的概率。

线上 A/B 测试实验结果显示，UV_CTR 提升 4.7%，人均点击次数提升 4.3%，次均曝光一级类目、叶子类目略微减少。

Swing 扩展   淘宝   1688 商品

图 6-31   跨域召回案例展示

第 7 章

认 知 推 理

发展是平台永恒的话题，以电商平台为例，在基于用户身份、历史行为挖掘偏好，以实现精准搜索和推荐结果展示之外，为了激励用户在平台进行更多采购，需要专门构建强化采购激励、拓宽采购品类的场景。本章以知识图谱为切入点，讲述认知相关的工作实践。

7.1 电商知识图谱

知识图谱并不是一个全新的概念，它经历了知识工程、专家系统、语义网络等多种形式。

7.1.1 知识工程与专家系统

在 1977 年第五届国际人工智能会议上，美国斯坦福大学计算机科学家 Edward A. Felgenbaum 发表的文章 *The art of artificial intelligence. 1. Themes and case studies of knowledge engineering*⊖，系统性地阐述了"专家系统"的思想，并且提出了"知识工程"的概念。他认为："知识工程利用了人工智能的原理和方法，为那些需要专家知

⊖　Feigenbaum E A. The art of artificial intelligence. 1. Themes and case studies of knowledge engineering[R]. Stanford Univ CA Dept of Computer Science, 1977.

识才能解决的应用难题提供求解的一般准则和工具。在 1984 年 8 月全国第五代计算机专家讨论会上，史忠植教授提出："知识工程是研究知识信息处理的学科，提供开发智能系统的技术，是人工智能、数据库技术、数理逻辑、认知科学、心理学等学科交叉发展的结果。"

专家系统最成功的案例是 DEC 的专家配置系统 XCON⊖。1980 年，XCON 最初被用于 DEC 位于新罕布什尔州萨利姆的工厂，它拥有大约 2500 条规则。截至 1986 年，它一共处理了 80 000 条指令，准确率达到 95%～98%。据估计，通过减少技师出错时送给客户的组件以加速组装流程和增加客户满意度，它每年为 DEC 节省 2500 万美元。

一个典型的专家系统如图 7-1 所示，其特点⊜主要包括：

□ 在特定领域里要具有和人一样或者超出人的高质量解决困难问题的能力；

□ 拥有大量、全面的关于特定领域的专业知识；

□ 采用启发的方法来指导推理过程，从而缩小解决方案的搜索范围；

□ 能够提供对自己的推理决策结果进行解释的能力；

□ 引入表示不同类型知识（如事实、概念和规则）的符号，专家系统在解决问题的时候用这些符号进行推理；

□ 能够提供咨询建议、修改、更新、拓展能力，并能处理不确定和不相关的数据。

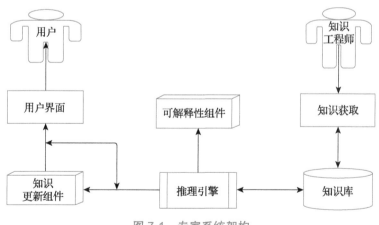

图 7-1　专家系统架构

⊖　维基百科 . Xcon[EB/OL]. [2019-10-19]. https://zh.wikipedia.org/wiki/Xcon.

⊜　Tripathi K P. A review on knowledge-based expert system: concept and architecture[J]. IJCA Special Issue on Artificial Intelligence Techniques-Novel Approaches & Practical Applications, 2011, 4: 19-23.

可以看到，专家系统大量依靠领域专家人工构建的知识库。在数据量激增、信息暴涨的当下，人工维护知识库的方式在效率和覆盖率上都难以达到令人满意的水平。另外，推理规则的增加也增加了系统的复杂度，从而导致系统非常难以维护。

7.1.2　语义网络与知识图谱

1. 语义网络

伴随着 Web 技术的不断发展，人类先后经历了以网页的链接为主要特征的 Web 1.0 时代到以数据的链接（Linked Data）为主要特征的 Web 2.0 时代，目前 Web 技术正逐步朝向 Web 之父 Berners Lee 在 2001 年提出的基于知识互联的语义网络（semantic Web），也就是 Web 3.0 时代迈进。

在 Web 2.0 时代，互联网发展迅猛，数据的规模呈爆发式增长，基于统计的机器学习方法占据主流，并且在各个领域取得不错的成果。例如搜索引擎，搜索的流程大致可拆分为基于用户查询、召回、L2R 这 3 个过程，一定程度提升了用户获取信息的效率。但是这种服务模式仍然是把一系列信息抛给用户，用户最终还是需要对数据进行筛选、甄别，才能拿到自己最需要的信息。因此这种服务方式在效率、准确率上都有缺陷。

语义网络的目标是构建一个人与机器都可理解的万维网，使得网络更加智能化，在解析用户查询意图的基础上，提供更加精准和快速的服务。传统的语义网络要做到这一点，就需要把所有在线文档构成的数据都进行处理并存放在一起，形成一个巨大、可用的数据库。

这么做需要强大的数据处理和 Web 内容智能分析能力：首先就需要对这些 Web 数据进行语义标注，但是由于 Web 数据具有体量巨大、异质异构、领域范围大等特点，所以如何自动给 Web 上的网页内容添加合适的标签成为技术痛点之一。另外，面对已经标注过的 Web 数据，机器如何进行思考和推理也是亟待解决的问题。

由于上述问题的存在，在语义网络提出后的 10 年间，其没有得到大规模应用，但是在对其研究的过程中，积累沉淀了成熟的本体模型建模和形式化知识表达方法，例如 RDF（Resource Description Framework）和万维网本体语言（Web Ontology Language，OWL），这为后续知识图谱的出现奠定了基础。

2. 知识图谱

（1）知识图谱概述

知识图谱由 Google 公司于 2012 年 5 月 16 日第一次正式提出并应用于 Google 搜索中的辅助知识库。谷歌知识图谱除了显示其他网站的链接列表，还提供结构化及详细的相关主题的信息。其目标是提高搜索引擎的能力，希望用户能够使用这项功能来解决他们遇到的查询问题，从而提高搜索质量和用户体验。

知识图谱是结构化的语义知识库，用于以符号形式描述物理世界中的概念及其之间的关系。其基本组成单位是"实体 – 关系 – 实体"三元组，以及实体及其相关属性 – 值对，实体间通过关系相互连接，构成网状的知识结构。随着知识图谱构建规模越来越大，复杂度越来越高，开始出现实体、类别、属性、关系等多颗粒度、多层次的语义单元，这些关联关系通过统一的知识模式（Schema）抽象层和知识实例（Instance）层共同作用构成更加复杂的知识系统。

从定义中可以看到，知识图谱是一个语义知识库，具备足够的领域知识，其最重要的组成成分是三元组。三元组通常可以表示为 $G = < E_h, R, E_t >$，其中 R 表示知识图谱中实体间所有关系的集合，例如关系" is_a "。一般情况下，关系都是带方向且有明确语义的，反之则关系不能成立，例如"阿里巴巴 is_a 公司"。也有一些关系是双向的，例如"张三 is_friend_of 李四"，反之亦然。对于这种双向关系，通常情况会对调实体位置，拆分为 2 个三元组分别存储。实体 E_h、$E_t \subseteq E = \{e_1, e_2, \cdots, e_{|E|}\}$ 分别表示头实体（Head Entity）、尾实体（Tail Entity），两个实体共同用于表征关系的方向。

实体及其属性可以用一种特殊的关系三元组表示，例如" has_a "。实体和属性的界线比较模糊，一般从业务角度出发，在设计 Schema 的时候，如果认为某类属性具有一类概念的共性，同时在后面的推理（例如路径游走时新关系发现）中能够发挥作用，就可以把它作为实体对待。还有一类属性，比如年龄、身高，这类单纯描述实体特征的最细粒度属性，则一般被设计为属性。

（2）常见开放知识图谱

WordNet 是由普林斯顿大学认知科学实验室于 1985 年构建的一个英文电子词典和本体知识库，采用人工标注的方法构建。WordNet 主要定义了名词、形容词、动词和副词之间的语义关系，包括同义关系、反义关系、上下位关系、整体部分关系、蕴含关系、因果关系、近似关系等。比如，其中的名词之间的上下位关系，"水果"是"苹果"的上位词。

Freebase 是由创业公司 MetaWeb 于 2005 年启动的一个以开放、共享、协同的方式构建的大规模链接数据库语义网络项目，2010 年被谷歌收购并成为谷歌知识图谱中的重要组成部分。Freebase 主要数据源有 Wikipedia、世界名人数据库（NNDB）、开放音乐数据库（Music-Brainz）以及社区用户的贡献。它主要通过三元组构造知识，并采用图数据存储，有 5800 多万个实体和 30 多亿个实体间关系三元组。2016 年正式关闭，数据和 API 服务都迁移至 Wikidata。

Yago 是由德国马普研究所研发的链接知识库，主要集成了 Wikipedia、WordNet 和 GeoNames 这 3 个数据库中的数据。Yago 将 WordNet 的词汇定义与 Wikipedia 的分类体系进行融合，从而使得 Yago 相对于 DBpedia 有更加丰富的实体分类体系，同时 Yago 还考虑了时间和空间知识，为知识条目增加了时间和空间维度属性描述。目前 Yago 已经包含 1.2 亿条三元组知识，是 IBM Watson 的后端知识库之一。

OpenKG 是一个面向中文领域的开放知识图谱社区项目，主要目的是促进中文领域知识图谱数据的开放与互联。OpenKG 上已经收录了大量开放中文知识图谱数据、工具及文献。目前开放的知识图谱数据包括百科类的 zhishi.me（狗尾草科技、东南大学）、CN-DBpedia（复旦大学）、XLore（清华大学）等。

当然，还有一些垂直领域知识图谱，这类知识图谱不像上述通用领域知识图谱那样所涉内容广而全。垂直领域知识图谱主要面向特定领域的特定知识、应用场景进行构建，比如医疗领域的 Linked Life Data、电商领域的阿里巴巴商品知识图谱和场景导购知识图谱。

7.1.3 知识图谱构建

知识图谱构建是一个系统工程，涵盖多种信息处理技术，用于满足图谱构建过程中的各种需要。典型的图谱构建流程主要包括：知识抽取、知识推理和知识存储。

知识表示贯穿于整个知识图谱构建和应用的过程，在不同阶段知识表示具有不同的体现形式，例如在图谱构建阶段，知识表示主要用于描述知识图谱结构，指导和展示知识抽取、知识推理过程；在应用阶段，知识表示则主要考虑上层应用期望知识图谱提供什么类型的语义信息，用以赋能上层应用的语义计算。

本节重点讲述面向应用的知识图谱表示。

1. 知识抽取

知识抽取是知识图谱构建的第一步，是构建大规模知识图谱的关键，其目的是在不同来源、不同结构的基础数据中进行知识信息抽取。按照知识在图谱中的组成成分，知识抽取任务可以进一步细分为实体抽取、属性抽取和关系抽取。

知识抽取的数据源有可能是结构化的（如现有的各种结构化数据库），也有可能是半结构化的（如各种百科数据的 infobox）或非结构化的（如各种纯文本数据）。针对不同类型的数据源，知识抽取所需要的技术不同，技术难点也不同。通常情况下，一个知识图谱构建过程面对的数据源不会是单一类型数据源。

本节重点介绍针对非结构化文本数据进行信息抽取的技术。如上文所述，实体和属性间的界线比较模糊，故可以用一套抽取技术实现，所以下文如果不做特殊说明，实体抽取泛指实体、属性抽取。

（1）实体抽取

实体抽取技术历史比较久远，具有成体系、成熟度高的特点。早期的实体抽取也称为命名实体识别（Named Entity Recognition，NER）[一]，指的是从原始语料中自动识别出命名实体。命名实体指的是具有特定意义的实体名词，如人名、机构名、地名等专有名词。实体是知识图谱中的最基本的元素，其性能将直接影响知识库的质量。按照 NER 抽取技术特点，可以将实体抽取技术分为基于规则的方法、基于统计机器学习的方法[二]和基于深度学习[三]的方法。

1）基于规则的方法

基于规则的方法首先需要人工构建大量的实体抽取规则，然后利用这些规则在

[一]　Nadeau D, Sekine S. A survey of named entity recognition and classification[J]. Lingvisticae Investigationes, 2007, 30(1): 3-26.

[二]　Lample G, Ballesteros M, Subramanian S, et al. Neural architectures for named entity recognition[J]. arXiv preprint arXiv:1603.01360, 2016.

[三]　Chiu J P C, Nichols E. Named entity recognition with bidirectional LSTM-CNNs[J]. Transactions of the Association for Computational Linguistics, 2016, 4: 357-370.

文本中进行匹配。虽然这种方法对领域知识要求较高，设计起来会非常复杂，且实现规则的全覆盖比较困难，移植性比较差，但是在启动的时候可以通过这个方法可以快速得到一批标注语料。

2）基于统计机器学习的方法

既然是机器学习的方法，就需要标注语料，高质量的标注语料是通过这类方法得到好的效果的重要保障。该方法的实现过程为：在高质量的标注语料的基础上，通过人工设计的特征模板构造特征，然后通过序列标注模型，如隐马尔可夫模型（Hidden Markov Model，HMM）、最大熵模型（Maximum Entropy Model，MEM）和条件随机场模型（Conditional Random Fields，CRF）进行训练和识别。

模型特征的设计需要较强的领域知识，需要针对对应实体类型的特点进行设计。例如，在人名识别任务中，一个中文人名本身的显著特点是一般由姓和一两个汉字组成，并且人名的上下文也有一些规律，如"×××教授""他叫×××"。在有了高质量的标注语料的基础上，合适的特征设计是得到好的序列标注模型效果的又一重要保障。

对于序列标注模型，一般我们对需要识别的目标字符串片段（实体）通过 SBIEO（Single、Begin、Inside、End、Other）或者 SBIO（Single、Begin、Inside、Other）标注体系进行标注。命名实体标注由实体的起始字符（B）、中间字符（I）、结束字符（E）、单独成实体的字符（S）、其他字符（O）等组成，如图 7-2 所示。

```
      日期           组织       地名
在 2019 年 11 月 30 日，阿里巴巴在香港第二次上市
O  B I I I I E O B I I E O B E O O O O O
```

图 7-2　命名实体标注

为了区分实体的类型，会在标注体系上带上对应的类型标签，例如 ORG-B、ORG-I、ORG-E。

在实体抽取中，我们最常用的基于统计的序列标注学习模型是 HMM、CRF。其中，HMM 描述由隐藏的隐马尔可夫随机生成观测序列的联合分布的 P(X,Y) 过程，属于生成模型（Generative Model），CRF 则是描述一组输入随机变量条件下另一组构成马尔可夫随机场的数据变量的条件概率分布 P(Y|X)，属于判别模型（Discrimination

Model）。

以 HMM 为例，模型可形式化表示为 $\lambda = (A,B,\pi)$，设 I 是长度为 T 的状态序列，O 是对应长度的观测序列，M 为所有可能的观测数（对应于词典集合大小），N 为所有状态数（对应标注的类别数），A 是状态转移矩阵：

$$A = [a_{ij}]_{N*N}$$

其中：

$$a_{ij} = P(i_{t+1} = q_j \mid i_t = q_i),\ i = 1,2,\cdots,N$$
$$j = 1,2,\cdots,N$$

a_{ij} 表示在时刻 t 处于 q_i 的条件下在时刻 $t+1$ 转移到 q_j 的概率。

B 是观测概率矩阵：

$$B = [b_j(k)]_{N*M}$$

其中：

$$b_j(k) = P(o_t = v_k \mid i_t = q_j),\ k = 1,2,\cdots,M$$
$$j = 1,2,\cdots,N$$

π 是初始状态概率向量：

$$\pi = (\pi_i)$$

其中：

$$\pi_i = P(i_1 = q_i),\ i = 1,2,\cdots,N$$

π_i 表示在时刻 $t=1$ 处于状态 q_i 的概率。

HMM 模型的参数学习即学习上面的 A, B, π 矩阵，有很多实现方法，比如 EM 和最大似然估计。一般在语料充足的情况下，为了简化过程，采用最大似然估计，例如：

$$\pi_i = P(i_1 = q_i) = \frac{\sum q_i}{\sum \sum q_k}$$

序列标注任务可以抽象为求解给定观察序列 $O = (o_1, o_2, \cdots, o_T)$ 和模型 $\lambda = (A, B, \pi)$ ，也就是计算在模型 λ 下使给定观测序列条件概率 $P(I \mid O)$ 最大的观测序列 $I = (i_1, i_2, \cdots, i_T)$ ，即在给定观测序列（即原始字符串文本）中求最有可能的对应的状态序列（标注结构）。一般采用维特比算法，这是一种通过动态规划方法求概率最大路径的算法，一条路径对应一个状态序列。

定义在时刻 t 状态为 i 的所有单个路径 $(i_1, i_2, \cdots, i_t)$ 中概率最大值为：

$$\delta_t(i) = \max_{i_1, i_2, \cdots, i_{t-1}} P(i_t = i, i_{t-1}, \cdots, i_1, o_t, \cdots, o_1 \mid \lambda), \ i = 1, 2, \cdots, N$$

可以得到变量 δ 的递推公式：

$$\begin{aligned}
\delta_{t+1}(i) &= \max_{i_1, i_2, \cdots, i_t} P(i_{t+1} = i, i_t, \cdots, i_1, o_{t+1}, \cdots, o_1 \mid \lambda) \\
&= \max_{1 \leqslant j \leqslant N} [\delta_t(j) a_{ji}] b_i(o_{t+1}), \ i = 1, 2, \cdots, N, \ t = 1, 2, \cdots, T-1
\end{aligned}$$

定义在时刻 t 状态为 i 的所有单个路径 $(i_1, i_2, \cdots, i_{t-1}, i)$ 中概率最大的路径的第 $t-1$ 个节点为：

$$\psi_t(i) = \arg\max_{1 \leqslant j \leqslant N} [\delta_{t-1}(j) a_{ji}], \ i = 1, 2, \cdots, N$$

维特比算法在初始化 $\delta_1(i) = \pi_i b_i(o_1), \psi_1(i) = 0, \ i = 1, 2, \cdots, N$ 之后，通过上述递推公式，得到最优序列。

CRF 算法与维特比算法类似，其得到在各个位置上的非规范化概率的最大值，同时记录该路径：

$$\delta_i(l) = \max_{1 \leqslant j \leqslant m} \{\delta_{i-i}(j) + w F_i(y_{i-1} = j, y_i = l, x)\}, \ l = 1, 2, \cdots, m$$

$$\psi_i(l) = \arg\max_{1 \leqslant j \leqslant m} \{\delta_{i-i}(j) + w F_i(y_{i-1} = j, y_i = l, x)\}, \ l = 1, 2, \cdots, m$$

3）基于深度学习的方法

在上面介绍用统计机器学习的方法构造特征的时候，我们发现实体在原始文本中的上下文特征非常重要。构建上下文特征需要大量的领域知识，且要在特征工程上下不少功夫。随着深度学习的方法在自然语言处理上的广泛应用，构建上下文特征开始变得简单了。深度学习的方法直接以词／字向量作为输入，一些模型（如RNN、Transformer 等）本身就能很好地学习到上下文信息，并且不需要专门设计特征来捕捉各种语义信息，相比传统的统计机器学习模型，性能都得到了显著提高。这一类模型的通用结构基本都是一个深度神经网络 +CRF，如 bi-LSTM-CRF[⊖]、IDCNN-CRF[⊖]、LSTM-CNN-CRF[⊜]、Bert-biLSTM-CRF[⊛]等，模型可以基于字或词输入（一般来说，基于字的模型性能更加优秀，它可以有效解决 OOV 问题）。这个 DNN模型可以学习上下文语义特征、预测各个位置上输出各个标签的概率，然后再接入CRF 层来学习各标签之间的依赖关系，得到最终的标注结果。

（2）关系抽取

关系抽取的目标是抽取两个或者多个实体间的语义关系，从而使得知识图谱真正成为一张图。关系抽取的研究是以 MUC（Message Understanding Conference）评测会议和后来取代 MUC 的 ACE（Automatic Content Extraction）评测会议为主线进行的。ACE 会议会提供测评数据，现在许多先进的算法已经被提出。

一般关系抽取的顺序是，先识别实体，再抽取实体之间可能存在的关系。其实也可以把实体抽取、关系抽取联合在一起同时完成。目前，关系抽取方法可以分为基于模板的关系抽取和基于监督学习的关系抽取两种方法。

1）基于模板的关系抽取

基于模板的关系抽取，即由人工设计模板，再结合语言学知识和具体关系的语料特点，采用 boot-strap 思路到语料里匹配并进行抽取关系。这种方法适用于小规模、特定领域任务冷启动时的关系抽取，这种场景下效果比较稳定。

⊖　Qiu J, Zhou Y, Wang Q, et al. Chinese Clinical Named Entity Recognition Using Residual Dilated Convolutional Neural Network with Conditional Random Field[J]. IEEE Transactions on Nano-Bioscience, 2019.

⊖　Ma X, Hovy E. End-to-end sequence labeling via bi-directional lstm-cnns-crf[J]. arXiv preprint arXiv: 1603.01354, 2016.

⊜　Huo C, Nian X, Xiong D, et al. A BERT-Based Neural System for Chinese Short Text Entity Linking*[J], 2019.

⊛　Zhou P, Shi W, Tian J, et al. Attention-based bidirectional long short-term memory networks for relation classification[C]//Proceedings of the 54th Annual Meeting of the Association for Computational Linguistics (Volume 2: Short Papers). 2016: 207-212.

2）基于监督学习的关系抽取

基于监督学习的关系抽取方法一般把关系抽取任务当作一系列的分类问题处理。即基于大规模的标注语料，针对实体所在的句子训练有监督的分类模型。分类模型有很多，例如统计机器学习方法 SVM 及深度学习方法（如 CNN）等。

传统的机器学习方法重点在特征选择上，除了实体本身的词特征，还包括实体词本身、实体类型、两个实体间的词以及实体距离等特征。很多研究都引入了依存句法特征，用以引入实体间的线性依赖关系。基于深度学习的关系抽取方法则不需要人工构建各种特征，输入一般只要包括句子中的词及其位置的向量表示特征。目前基于深度学习的关系抽取方法可以分为流水线方法（Pipeline）和联合抽取方法（Jointly）。前者是将实体识别和关系抽取作为两个前后依赖的分离过程；后者则把两个方法相结合，在统一模型中同时完成，从而避免流水线方法中存在的错误累计问题。

在经典的深度学习关系抽取方法中[⊖]，输入层采用的就是词、位置信息，将在 Embedding 层得到的向量作为模型的输入，经过一个 BI-LSTM 层和 Attention 层，输出得到各个关系的概率，如图 7-3 所示。

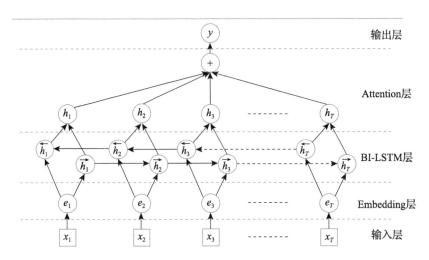

图 7-3　经典深度学习关系抽取模型架构

⊖　Zhou P, Shi W, Tian J, et al. Attention-based bidirectional long short-term memory networks for relation classification[C]//Proceedings of the 54th Annual Meeting of the Association for Computational Linguistics (Volume 2: Short Papers). 2016: 207-212.

（3）知识融合

通过知识抽取，我们得到大量实体（属性）和关系，但是由于描述、写法的不同，结果中存在大量冗余和错误信息，有必要对这些数据进行消歧、清洗和整合处理。作为知识融合的重点技术，实体链接（Entity Linking）的目的是将在文本中抽取得到的实体对象链接到知识库中与之对应的唯一确定的实体对象，以实现实体消歧和共指消解。

实体消歧（Entity Disambiguation）专门用于解决同名实体的歧义问题，最简单的方法是通过实体的属性、周边的词构成特征向量，通过向量的余弦相似度评估两个实体的相似度。基于这个思想，我们可以有更多的基于语义的方法来表征目标实体，从而评估两个实体是否是同一个。

共指消解（Entity Resolution）是指解决多个不同写法的实体指向同一个实体的问题。一般这类问题可以参考实体消歧方法解决，也可以具体问题具体分析，通过一些规则方法解决。

2. 知识推理

知识推理是基于现有的知识图谱结构，进一步挖掘隐含的知识，用来补全现有知识图谱属性、关系，从而发现新的知识，拓展和丰富图谱。例如可以通过推理发现新属性，如由已知实体的出生年月属性推理出年龄；也可以发现新关系，例如，已知（A，股东，B 公司）、（C，股东，B 公司）可以推理得出（A，合作伙伴，C）。知识推理的方法可以分为两大类：基于逻辑的推理和基于图的推理。

（1）基于逻辑的推理

基于逻辑的推理主要包括一阶谓词逻辑（First Order Logic）推理、描述逻辑（Description Logic）推理。一阶谓词对应着知识库里的实体对象和关系，通过谓词之间的"与"和"或"的关系来表示知识变迁从而实现推理。例如通过"妈妈是女人""女人是人"可以推理得到"妈妈是人"。描述逻辑则是在一阶谓词的基础上，解决一阶谓词逻辑的表示能力有限的问题，通过 TBox（Terminology Box）和 ABox（Assertion Box），可以将知识图谱中复杂的实体关系推理转化为一致性的检验问题，从而简化推理。

（2）基于图的推理

基于图的推理方法，主要借助图的结构特征，通过路径游走的方法，如 Path Ranking 算法[⊖]和神经网络图向量表示方法，进行基于图的推理。Path Ranking 算法的基本思想是从图谱的一个节点出发，经过边在图上游走，如果能够通过一个路径到达目标节点，则推测源节点和目标节点存在关系。神经网络图向量表示方法则是对通过向量表示后的图节点、关系进行相似度运算，推理节点之间是否存在关系。

3. 知识图谱存储

知识图谱中的信息可以用 RDF 结构表示，它的主要组成成分是三元组，主要包括实体及其属性、关系三类元素。在实际应用中，按照底层数据库的存储方式不同，可以分成基于表结构的存储和基于图结构的存储。基于表结构的存储可以理解为一般的关系型数据库，常见的如 MySQL、Oracle，基于图存储的数据库常见的有 Neo4j、OrientDB、GraphDB 等。

（1）基于表结构的存储

基于表结构的知识图谱存储利用二维数据表对知识图谱中的数据进行存储，有 3 种常见的设计方案：基于三元组的存储、基于类型表的存储和基于关系型数据库的存储。

1）基于三元组的存储

因为知识图谱可以由三元组描述，所以我们可以把知识图谱转化成三元组的描述方式，将其放到一张数据表中。例如可以类似表 7-1 所示的形式。

表 7-1　三元组存储示例

Head	R	Tail	Head	R	Tail
阿里巴巴	创始人	马云	阿里巴巴	总部	杭州
阿里巴巴	CEO	张勇	阿里巴巴	成立时间	1999

这种存储的优点很明显，结构比较简单，可以通过再加一些字段来增强对关系的信息的描述，例如区分是属性还是关系。其缺点也很明显：首先，这样有很高的

⊖　Wang Q, Liu J, Luo Y, et al. Knowledge base completion via coupled path ranking[C]//Proceedings of the 54th Annual Meeting of the Association for Computational Linguistics (Volume 1: Long Papers). 2016: 1308-1318.

冗余，存储开销很大；其次，因修改、删除和更新操作带来的操作开销也很大；最后，由于所有的知识都是以一行一个三元组的方式存储的，因此所有的复杂查询都要拆分为对三元组的查找才能得到答案。

2）基于类型表的存储

针对上述方案存在的缺点，可以为每一种实体类型设计一张数据库表，把所有同一类型的实体都放在同一张表中，用表的字段来表示实体的属性 / 关系。这种方案可解决上面存储简单、冗余度高的问题，但是缺点也很明显：首先，表字段必须事先确定，所以要求穷举实体的属性 / 关系，且无法新增（否则需要修改表结构）；其次，因为属性 / 关系都是存储在特定列中的，所以无法支持对不确定类型的属性和关系的查找；最后，因为数据按照类型放在对应表中，所以在查询之前就需要事先知道实体的类型。

3）基于关系型数据库存储

关系型数据库通过表的属性来实现对现实世界的描述。我们可以在第二种方案的基础上设计实体表（用于存储实体属性）、关系表（用于存储实体间的关系），这一定程度上可以解决表结构固定、无法新增关系的问题，因为一般我们认为实体的属性可以在 Schema 设计时事先枚举完。例如表 7-1，可以拆分为 3 张表（见表 7-2、表 7-3 和表 7-4）。

表 7-2　组织机构表

主键	名称	总部	成立时间
10001	阿里巴巴	杭州	1999

表 7-3　人物表

主键	姓名	性别	主键	姓名	性别
20001	马云	男	20002	张勇	男

表 7-4　关系表

主键	head 外键	外键 tail	关系类型
30001	10001	20001	创始人
30002	10001	20002	CEO

4. 基于图结构的存储

知识图谱本身就是图结构的，实体可以看作图的节点，关系可以看作图的关系，基于图的方式存储知识，可以直接、准确地反映知识图谱内部结构，有利于知识的查询、游走。基于图谱的结构进行存储，可以借用图论的相关算法进行知识推理。常见的图数据库有 Neo4j、OrientDB、GraphDb、GDB（阿里云）等。

Neo4j 是一个开源的图数据库，它将结构化的数据以图的形式存储，基于 Java 实现（现在也提供 Python 接口），是一个具备完全事务特性的高性能数据系统，具有成熟数据库的所有特性。Neo4j 分为商业版和社区版。其中社区版是开源的，是一个本地数据库；商业版则实现了分布式功能，能够将多台机器构造成数据库集群来提供服务。它采用的查询语言是 cypher，可以通过 Neo4j 实现知识图谱节点、关系的创建（create 命令）和查询（match 命令）。

Neo4j 在 Linux 上的安装非常简单，到官网上下载对应的安装包，解压后安装到 bin 目录，然后通过 ./neo4j start 命令启动。我们可以在 http://localhost:7474/browser/ 中访问可视化界面（见图 7-4），可以在这个 Web 页面上通过 cypher 和图数据库进行交互。

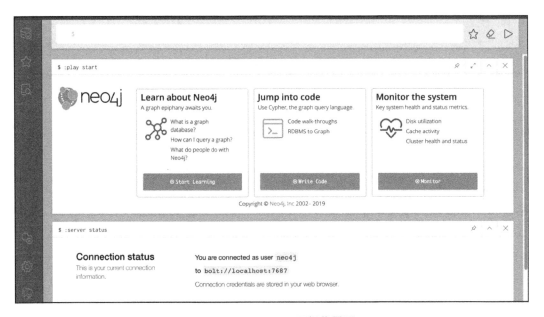

图 7-4 Neo4j Web 可视化界面

阿里巴巴内部也研发了图数据库用于存储知识图谱数据，如 GDB、iGraph 等，其中 GDB（Graph Database，图数据库）是由阿里云自主研发的，是一种支持 Property Graph 图模型、用于处理高度连接数据查询与存储的实时、可靠的在线数据库。它支持 Apache TinkerPop Gremlin 查询语言，可以快速构建基于高度连接的数据集的应用程序。GDB 非常适合用于社交网络、欺诈检测、推荐引擎、实时图谱、网络 /IT 运营这类需要用到高度互连数据集的场景。目前 GDB 正处于公测期间，阿里巴巴内部很多知识图谱业务都基于 GDB 存储，它具备如下优势：

- ❏ 标准图查询语言：支持属性图，高度兼容 Gremlin 图查询语言。
- ❏ 高度优化的自研引擎：高度优化的自研图计算层和存储层，通过云盘多副本方案保障数据超高可靠性，支持 ACID 事务。
- ❏ 服务高可用：支持高可用实例，单节点出故障后业务会迅速转移到其他节点，从而保障了业务的连续性。
- ❏ 易运维：提供备份恢复、自动升级、监控告警、故障切换等丰富的运维功能，大幅降低运维成本。

7.1.4　知识表示

知识表示是指在不同的语义环境下有不同的含义，例如在图谱构建阶段，知识表示可以认为是基于 RDF 用三元组形式，如"＜实体，属性，值＞"或者"＜实体，关系，实体＞"（也有描述为＜主语，谓词，宾语＞）来表征知识图谱的语义信息的。在知识图谱接入上层应用场景后，尤其是随着深度学习方法的广泛采用，如何将知识图谱和深度学习模型融合，借助知识图谱引入领域知识来提升深度学习模型性能，引起了学术界和工业界的广泛关注。

本节将重点介绍基于知识表示的学习方法，介绍如何将知识图谱中的高度稀疏的实体、关系表示成一个低维、稠密向量[⊖]。

1. 距离模型

结构表示（Structured Embedding，SE）[⊖]，将每个实体用 d 维的向量表示，所有实

⊖ 刘知远，孙茂松，林衍凯，等 . 知识表示学习研究进展 [J]. 计算机研究与发展，2016, 53(2): 247-261.

⊖ Caruana R, Niculescu-Mizil A. An empirical comparison of supervised learning algorithms [C]//Proceedings of the 23rd international conference on Machine learning. ACM, 2006: 161-168.

体被投影到同一个 d 维向量空间中，同时，为了区分关系的有向特征，为每个关系 r 定义了 2 个矩阵 $M_{r,1}, M_{r,2} \in R^{d*d}$，用于三元组中头实体和尾实体的投影操作，将头实体、尾实体投影到关系 r 的空间中来计算两个向量的距离，公式为：

$$f_r(h,t) = | M_{r,1}l_h - M_{r,2}l_t |$$

$f_r(h,t)$ 用以反映 2 个实体在关系 r 下的语义相关度，距离越小，说明这 2 个实体存在这种关系的可能性越大。然而该模型有一个重要缺陷，它使用头、尾两个不同的矩阵进行投影，这个矩阵相互独立没有协同，往往无法精确刻画两个实体基于关系的语义联系。为了解决这个问题，后续出现了单层神经网络模型（Single Layer Model，SLM）、语义匹配能量模型（Semantic Matching Energy，SME）等方法，如 RESCAL。RESACL 模型是一个基于矩阵分解的模型，在该模型中，将整个知识图谱编码为一个三维张量 X，如果三元组 $<h,r,t>$ 存在，则 $X_{hrt}=1$，否则为 0。张量分解的目标是要将每个三元组对应的张量分解为实体和关系，使得 X_{hrt} 尽量接近 $l_h M_r l_t$，函数可表示为：

$$f_r(h,t) = l_h M_r l_t = \sum_{i=0}^{d-1} \sum_{j=0}^{d-1} [M_r]_{ij} \cdot [l_h]_i \cdot [l_t]_j$$

2. 翻译模型

自从 Mikolov 等人于 2013 年提出 word2vec 模型开始，表示学习 Embedding 在自然语言处理领域受到广泛关注，该模型发现在词向量空间中平移（加减）不变现象，即：

$$C(\text{king}) - C(\text{queen}) \approx C(\text{man}) - C(\text{woman})$$

其中 $C(w)$ 表示 w 通过 word2vec 得到的词向量。受这类类比推理实验启发，Bordes 等人提出了 TransE 模型，之后又出现多种衍生模型，如 TransH、TransR 等。TransE 将知识库中的关系看作实体间的平移向量，对于每个三元组 $<h,r,t>$，TransE 希望：

$$l_h + l_r \approx l_t$$

即期望头节点向量沿关系平移后，尽量和尾节点向量重合（见图 7-5）。

模型的损失函数定义如下：

$$f_r(h,t) = |\, \boldsymbol{l}_h + \boldsymbol{l}_r - \boldsymbol{l}_t \,|$$

"||"表示取模运算，如 L_2 距离。

在实际学习过程中，为了增强模型知识表示的区分
能力，TransE 采用了最大间隔，目标函数为：

$$L = \sum_{(h,r,t)\in S} \sum_{(h',r',t')\in S^-} \max(0, f_r(h,t) + \gamma - f_r(h',t'))$$

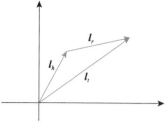

图 7-5　TransE 模型

其中，S 是正确的三元组集合，S^- 是错误的三元组集合，γ 为正确三元组得分和
错误三元组得分之间的间隔距离，是一个超参数。S^- 的产生与负样本的生成方式不
同，不通过直接随机采样三元组，而是将 S 中每一个三元组的头实体、关系、尾实
体其中之一随机替换成其他实体或关系来构造。

TransE 模型简单有效，后续很多知识表示学习方法都是以此为代表进行拓展的。
例如 TransH 模型，为了解决 TransE 在处理 $1-N$、$N-1$、$N-N$ 复杂关系时的局限
性，提出让一个实体在不同关系下拥有不同的表示。另外，虽然 TransH 模型使得每
个实体在不同关系下拥有了不同的表示，但是它仍然假设实体和关系处于统一语义
空间中，这和我们一般的认知有点不同，于是有学者提出了 TransR 模型。TransR 模
型首先通过一个投影矩阵 $\boldsymbol{M}_r$ 把实体投影到关系的语义空间，然后再进行关系类比推
理（见图 7-6）：

$$\boldsymbol{l}_{h_r} = \boldsymbol{l}_h \boldsymbol{M}_r, \boldsymbol{l}_{t_r} = \boldsymbol{l}_t \boldsymbol{M}_r$$

$$\boldsymbol{l}_{h_r} + \boldsymbol{l}_r \approx \boldsymbol{l}_{t_r}$$

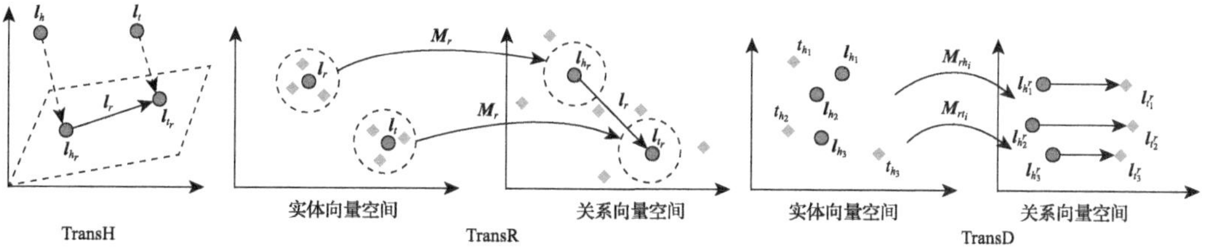

图 7-6　各种翻译模型

7.2　知识图谱主题会场

知识图谱提供了一种更好的组织、管理和利用海量信息的方式，描述了现实世界中的概念、实体以及它们之间的关系。自从谷歌提出知识图谱并应用在搜索引擎中，用以提升搜索引擎使用体验，提高搜索引擎质量以后，知识图谱在各种垂直领域场景中都扮演了重要的角色。

随着消费升级，行业会场＋爆款的导购模式已经无法满足消费者心智，人们对货品的需求逐渐转化为对场景的需求。通过场景重新定义货品的需求产生，场景运营平台应运而生。场景运营平台通过对商品知识的挖掘，将具有共同特征的商品通过算法模型聚合在一起，形成事实上的跨品类商品搭配。在算法端完成场景 – 商品知识图谱的建设后，通过当前诉求挖掘消费者深层次诉求，推荐某个场景下互相搭配的商品，给予消费者对应场景下一站式的购物体验，达到鼓励消费者跨类目购买行为及提升客单价的目的。例如在阿里电商平台，导购场景就有了很好的应用，并取得了不错的效果。

1688 团队在阿里内部数据和算法基建的基础上，基于 B 类商品特征，构建了自己的商品知识图谱，以 CPV 的方式表征一个商品，具体商品表征如图 7-7 所示。

图 7-7　商品 CPV 表征示意图

任何知识图谱应用的构建，整体上都要经历如下几个步骤：文本等非结构化或半结构化信息→结构化的知识图谱→知识图谱表征→特定应用场景。1688 的商品知识图谱，在阿里通用的电商 NLP 技术的基础上，完成了半结构化信息向结构化的知识图谱转化的步骤，但是中间存在大量质量较差、语义模糊甚至错误的数据。为了优化这部分数据，阿里做了大量的工作，包括实体合并、消歧、长尾数据裁剪等。

针对初步加工过的数据，还需要大量的人工来标注清洗，以发挥数据的价值。而数据标注清洗这种累活一般是找专门的数据标注公司外包完成的。为了减少专门标注的成本，我们采用了"以战养兵"的思路，让运营直接使用这份经过初步加工的数据，通过收集运营的操作数据，快速反馈到算法模型中并不断优化结果，形成运营 – 数据的相互反馈，如图 7-8 所示，让工具越用越顺手，越用越好。

图 7-8　主题会场搭建流程示意图

具体的主题录入方式是：运营指定一个主题场景，比如婚庆主题，在指定主题下涵盖商品的类目、属性、属性值。比如列举一组配置，可以搭配后台配置截图。通过行业运营专家的经验将主题和相应的商品图谱关联起来，我们可以明确哪些 CPV 数据存在业务关联，以及运营认为哪些数据是有效的。除了主题数据的人工录入，我们还配套了相关的自动化页面搭建方案。

电商经常需要做促销活动，活动会场页面的制作需要投入大量人力，常见的活动页面如图 7-9 所示。

图 7-9　常见电商促销活动页面图

这种活动类导购页面的搭建，核心是站在买家的角度帮助他们发现和选择商品，如图 7-10 所示。其中，什么商品、如何挑选、怎样呈现就是导购页面包含的核心要素和业务流程。映射到技术领域，则会涉及建立页面、数据分析、投放策略的三个方面。

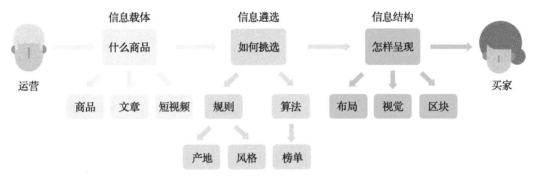

图 7-10　活动类导购页面搭建流程示意图

1688 在活动页面制作方面沉淀多年，有众多实用的技术和工具供运营使用，如页面组件化搭建产品（积木盒子、奇美拉）、指标选品工具（选品库）、商品排序投放产品（投放平台）等。这些产品都有各自的细分业务域，运营通常需要跳转到多个平台进行配置，才能完成一张活动页面的搭建，整体流程如图 7-11 所示。

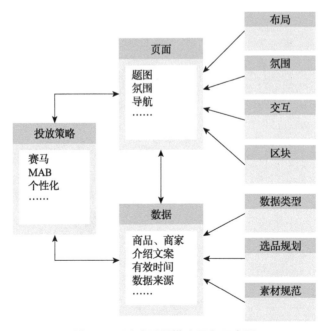

图 7-11　活动页面搭建平台示意图

这就像是办证件，A 窗口让你去 B 窗口登记，B 窗口让你去 C 窗口填表。我们都围着一个个的"窗口"转，这是一种以资源为中心的工作方式。以前让用户围绕着资源转，是为了最大化资源的使用效率，但是在今天这个人力成本高的时代，需要从资源视角转向用户视角，让资源围着用户转，这样可以最大化价值流动效率。

我们通过几个月的努力，将十余个系统打通，实现了数据源标准化方案、数据页面绑定方案、页面自动多端搭建方案、投放自动化方案等，形成了如图 7-12 所示的产品体系。

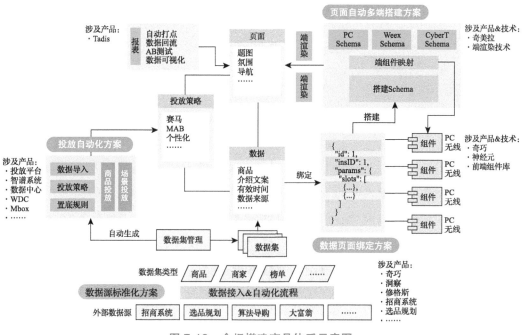

图 7-12 会场搭建产品体系示意图

通过将系统打通，使得运营搭建一个页面的配置工作量减少了 83.2%。而在剩余的 16.8% 的工作里，有 87% 是选品工作。借助主题会场，我们希望将运营选品的工作量也降低 50% 以上，并借助数据和算法，实现智能选品、智能搭建、智能投放。

7.3 知识蒸馏

随着深度学习的高速发展，人们为了实现更好的模型效果，往往采用参数更多、层数更深的复杂模型的方案，或多模型组合为集成模型的方案。这两种方案通常都具有较高的时间复杂度和空间复杂度，线上预测时往往会产生较高的时延，且难以在移动端部署。模型压缩的动力就此产生。

如何让一个规模较小的模型达到与大模型相当的效果，一直是人们探寻的方向。2006 年，Rich Caruana 等人针对这一问题提出了一个解决思路，即将大模型学习得到的函数压缩到参数量较小、速度更快的模型中[⊖]。在机器学习问题中，我们假设输出 y 和输入 x 存在一个潜在的函数关系 $y = f(x)$，这相比于通过给定的数据训练一个小模型去拟合一个未知的函数，训练一个小模型去拟合一个已知的大模型，这项任务显然要容易得多。这里将训练好的大模型称为"教师模型"（Teacher Model），需要去做拟合的小模型称为"学生模型"（Student Model）。

7.3.1 知识蒸馏的起源

针对上述问题，杰弗里·辛顿（Geoffrey Hinton）等人在 2015 年提出了具体的解决方案，即知识蒸馏（Knowledge Distillation）技术。其核心思想是硬标签（hard target）与软标签（soft target）结合，即让学生模型输出的 softmax 分布同时与真实标签及教师模型在给定输入下的 softmax 分布匹配。硬标签是 one-hot 编码形式，只在正确的类别对应的位置有值，信息熵很低，含有的信息量小。而软标签含有更多的信息量，拥有不同类之间关系的信息。比如一张宝马汽车的图像，从软标签中我们可以得知，它有较小的可能性被错分为垃圾车，但这一可能性仍然比被错分为胡萝卜大得多。softmax 函数的定义如下：

$$q_i = \frac{e^{z_i}}{\sum_j e^{z_j}}$$

可以看到，函数首先通过自然指数 e 拉大了不同分类概率的差距，然后做归一化，因此得到的是一个近似 one-hot 的分布，在其中一个类别对应的位置具有很大的值，其他位置值都很小。为了解决这一问题，使教师模型输出的信息更丰富，Hinton 等人在文章[⊖]中给出了广义 softmax 函数的定义：

⊖ Caruana R, Niculescu-Mizil A. An empirical comparison of supervised learning algorithms [C]//Proceedings of the 23rd international conference on Machine learning. ACM, 2006: 161-168.

⊖ Hinton G, Vinyals O, Dean J. Distilling the knowledge in a neural network[J]. arXiv preprint arXiv:1503. 02531, 2015.

$$q_i = \frac{e^{z_i/T}}{\sum_j e^{z_j/T}}$$

借用统计力学中玻尔兹曼分布中的概念，这里的 T 被定义为知识蒸馏的温度。当温度 T 趋向于 0 时，广义 softmax 的输出将收敛为一个 one-hot 向量；当温度 T 趋向于无穷时，广义 softmax 的输出则更软，带有更丰富的类别分布概率信息。在采用训练好的教师模型指导学生模型训练时，我们选择较高的温度 T，使得广义 softmax 产生的分布足够软，让学生模型学习得到的 softmax 分布尽可能近似教师模型，在训练结束后再使用正常的温度 $T = 1$ 进行预测。这一原理与化学中定义的先升温使低沸点的组分汽化，再降温冷凝的蒸馏操作十分类似，通过先升高温度 T 再降低温度的预测，将模型中的知识提取出来。知识蒸馏的名称即由此而来。

具体来说，在训练时，我们需要最小化教师模型与学生模型通过广义 softmax 函数产生的两个分布的交叉熵（Cross-entropy）以及学生模型通过原 softmax 函数产生的分布与真实标签数据的交叉熵。教师模型产生的分布记为 p，学生模型产生的分布记为 q，为使软标签的交叉熵与硬标签的交叉熵的梯度在同一数量级上，软性交叉熵计算公式定义为：

$$L^{(\text{soft})} = -T^2 p^{\mathrm{T}} \log q$$

最终学生模型训练的目标函数就是两个交叉熵的加权结合：

$$L = \alpha L^{(\text{soft})} + (1 - \alpha) L^{(\text{hard})}$$

通过 α 来调节两项交叉熵的权重。通常认为，软性交叉熵的权重需要设置得大一些。

知识蒸馏的算法如图 7-13 所示，具体流程如下：

（1）通过真实硬标签训练教师模型；

（2）利用训练好的教师模型计算软标签，即采用广义 softmax 函数计算教师模型得到的概率分布；

（3）利用真实硬标签和教师模型得到的软标签共同指导学生模型的训练；

（4）使用学生模型进行预测时，选用传统的 softmax 函数得到概率最高的类目。

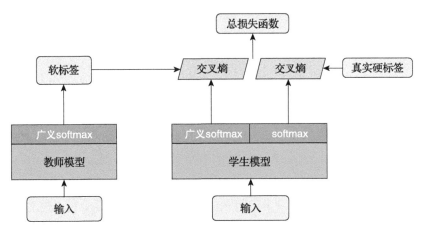

图 7-13　知识蒸馏算法示意图

7.3.2　多种传递形式的知识蒸馏

知识蒸馏的本质是将教师模型学到的信息传递给学生模型，通常是将通过教师模型预测得到的软标签引入到学生模型以实现信息传递。

1. 基于中间层特征传递的知识蒸馏

在约书亚·本吉奥（Yoshua Bengio）等人提出的 FitNets 网络中，为了训练比教师模型更窄、更深的网络，不仅采用教师模型输出的软标签指导学生模型训练，还加入了教师模型的中间层输出，以此指导新模型进行学习。

如图 7-14 所示，在 FitNets 网络中，学生模型的训练过程被分为两个阶段：

（1）提示训练（Hints Training）。这一阶段，选取教师模型的中间层输出结果指导学生模型的中间层进行学习，使教师模型的中间层输出与学生模型的中间层输出的距离 L_2 尽可能小。这一阶段的损失函数定义如下：

$$L_{\mathrm{HT}}(W_{\mathrm{Guided}}, W_r) = \frac{1}{2} \| u_h(x; W_{\mathrm{Hint}}) - r(v_g(x; W_{\mathrm{Guided}}); W_r) \|^2$$

（2）知识蒸馏。这一阶段仍然采用传统的知识蒸馏方式，将教师模型通过广义 softmax 的输出结果作为软标签，指导学生模型进行训练。

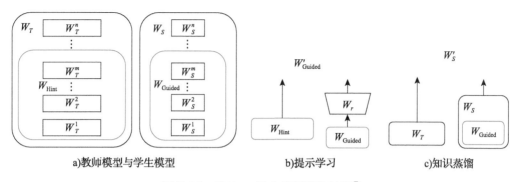

a)教师模型与学生模型　　　　　b)提示学习　　　　　c)知识蒸馏

图 7-14　FitNets 学生模型训练过程[一]

2. 基于注意力信息传递的知识蒸馏

Zagoruyko 等人提出了一种将原模型的注意力信息传递给新模型的方式，以进行知识蒸馏，目的是将教师模型某层的注意力以映射的方式传递给学生模型，使学生模型相应层的注意力映射矩阵可以模仿教师模型，从而达到知识蒸馏的目的。基于注意力信息传递的知识蒸馏框架设计如图 7-15 所示。

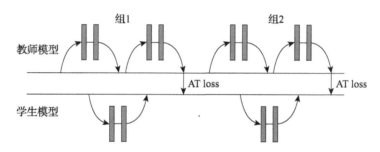

图 7-15　基于注意力信息传递的知识蒸馏框架设计图[二]

定义一个 Attention 映射，将尺寸为 $C \times H \times W$ 的一个 3 维张量 A 映射为 2 维：

$$\mathcal{F}: R^{C \times H \times W} \to R^{H \times W}$$

这个映射有 3 种形式可供选择：

⊖　Romero A, Ballas N, Kahou S E, et al. Fitnets: Hints for thin deep nets[J]. arXiv preprint arXiv:1412. 6550, 2014.

⊖　Zagoruyko S, Komodakis N. Paying more attention to attention: Improving the performance of convolutional neural networks via attention transfer[J]. arXiv preprint arXiv:1612.03928, 2016.

（1）将特征图张量各通道的绝对值相加：

$$F_{\text{sum}}(\boldsymbol{A}) = \sum_{i=1}^{C} |\boldsymbol{A}_i|$$

（2）将特征图张量各通道绝对值的 p 次幂相加：

$$F_{\text{sum}}^{p}(\boldsymbol{A}) = \sum_{i=1}^{C} |\boldsymbol{A}_i|^p \ (p>1)$$

（3）取特征图张量各通道绝对值 p 次幂最大值：

$$F_{\max}^{p}(\boldsymbol{A}) = \max_{i=1,C} |\boldsymbol{A}_i|^p \sum_{i=1}^{C} |\boldsymbol{A}_i|^p \ (p>1)$$

将教师模型与学生模型对应的注意力映射的距离 L_2 作为注意力损失函数：

$$\mathcal{L}_{\text{AT}} = \mathcal{L}(W_S, x) + \frac{\beta}{2} \sum_{j \in \mathcal{Z}} \left\| \frac{Q_S^j}{\|Q_S^j\|_2} - \frac{Q_T^j}{\|Q_T^j\|_2} \right\|_p$$

最后拉近学生模型和教师模型的注意力映射之间的距离，注意力映射可以看作全激活特征图的集合，因此这种方式会比直接传递特征图的效果更好。

3. 基于层与层之间特征关系传递的知识蒸馏

Yim 等人认为，神经网络的知识是从输入到输出的映射，即层到层之间的特征传输。教师模型需要将这种传输方式传递给学生模型。学习层与层之间的特征传输方式，是学习一种特征提取的手段，让学生模型去学习这种手段，而不是直接学习教师模型的输出。

该蒸馏方式定义了 FSP 矩阵如何刻画层与层之间的特征关系，具体的做法是：对于具有相同分辨率的低层和高层特征图的通道，两两做内积，然后将结果填入 FSP 矩阵对应位置。FSP 矩阵的计算过程为：

$$G_{i,j}(x;W) = \sum_{s=1}^{h} \sum_{t=1}^{w} \frac{F_{s,t,i}^1(x;W) \times F_{s,t,j}^2(x;)}{h \times w}$$

其中，F^1、F^2 分别为相同分辨率的低层、高层特征图，h、w 是特征图的长和宽，i、j 分别是低层、高层特征图的通道序号，x 和 W 是当前的输入和参数。

然后用 L_2 损失函数去拉近教师模型和学生模型的 FSP 矩阵之间的距离，定义如下：

$$L_{\text{FSP}}(W_t, W_s) = \frac{1}{N} \sum_x \sum_{i=1}^n \lambda_i \times \| G_i^T(x; W_t) - G_i^S(x; W_s) \|_2^2$$

从而达到知识蒸馏的目的。对学生模型进行初始化，该过程的示意如图 7-16 所示。

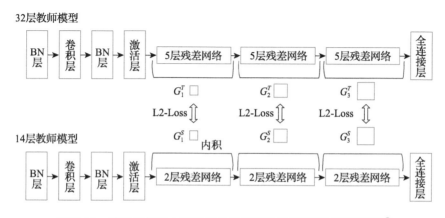

图 7-16　基于层与层之间特征关系传递的知识蒸馏过程示意图[⊖]

这一步骤完成后，就可采用传统的训练方法了，即拟合硬标签训练学生模型。

7.3.3　知识蒸馏应用于自然语言生成

我们希望用智能文案生成技术赋能导购场景。对于传统的基于 Sequence to Sequence 的生成模型，计算词表分布时的时间复杂度为 $O(M^2N)$，其中 M 为连接 softmax 层的隐藏层节点数，N 为词表大小。这种操作方式非常费时，会在线上带来较大的时延，因此我们希望通过知识蒸馏的方式，降低隐藏层的节点数，但保持生成效果不变。

⊖　Yim J, Joo D, Bae J, et al. A gift from knowledge distillation: Fast optimization, network minimization and transfer learning[C]//Proceedings of the IEEE Conference on Computer Vision and Pattern Recognition. 2017: 4133-4141.

Kim 等人在 2016 年提出了一种序列问题的知识蒸馏方式，可用于解决 Sequence to Sequence 模型的蒸馏问题。如图 7-17 所示，序列问题的知识蒸馏可以以词级别知识蒸馏、序列级别知识蒸馏与序列级别差值蒸馏 3 种方式解决。

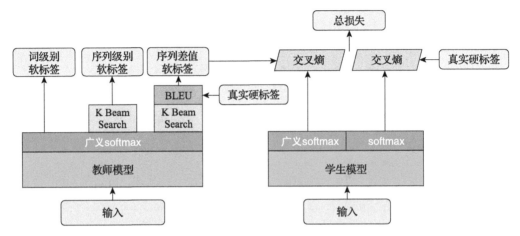

图 7-17　序列问题的知识蒸馏方法[⊖]

1. 词级别的知识蒸馏

我们采用传统的多分类问题知识蒸馏的方式计算教师模型和学生模型的词表概率分布。首先定义学生模型输出的 softmax 分布与真实标签以及教师模型 softmax 分布的交叉熵为损失函数：

$$\mathcal{L} = (1 - \alpha)\mathcal{L}_{\text{WORD-NLL}} + \alpha\mathcal{L}_{\text{WORD-KD}}$$

其中 $\mathcal{L}_{\text{WORD-NLL}}$ 为学生模型输出的 softmax 分布与真实标签的交叉熵，$t_{<j}$ 是指小于 j 的变量遍历：

$$\mathcal{L}_{\text{WORD-NLL}} = -\sum_{j=1}^{J} \mathbb{I}\{t_j = y_j\} \log p(t_j = y_j \mid s, t_{<j})$$

$\mathcal{L}_{\text{WORD-KD}}$ 为学生模型输出的 softmax 分布与教师模型 softmax 分布的交叉熵：

$$\mathcal{L}_{\text{WORD-KD}} = -\sum_{j=1}^{J} \sum_{k=1}^{|\mathcal{V}|} q(t_j = k \mid s, t_{<j}) \log p(t_j = k \mid s, t_{<j})$$

⊖　Kim Y, Rush A M. Sequence-level knowledge distillation[J]. arXiv preprint arXiv:1606.07947, 2016.

其中 $\mathcal{V}$ 为词表集合。

2. 序列级别的知识蒸馏

词级别的知识蒸馏传递的是当前位置上词的概率分布信息。在理想状态下，我们希望学生模型在序列级别上可以模仿教师模型的行为。对于 Sequence to Sequence 模型而言，序列分布尤其重要，因为词级别的错误预测会在向前传递时累积。

定义学生模型在所有可能序列上的序列级分布：$t \in \mathcal{T}$，

$$p(t \mid s) = \prod_{j=1}^{J} p(t_j \mid s, t_{<j})$$

序列级别的负对数似然衡量的是所有完整序列的 one-hot 分布。

$$\mathcal{L}_{\text{SEQ-NLL}} = -\sum_{t \in \mathcal{T}} \mathbb{I}\{t = y\} \log p(t \mid s) = -\sum_{j=1}^{J} \sum_{k=1}^{|\mathcal{V}|} \mathbb{I}\{y_j = k\} \log p(t_j = k \mid s, t_{<j})$$
$$= \mathcal{L}_{\text{WORD-NLL}}$$

其中，$y = [y_1, \cdots, y_J]$ 为观测的序列，序列级别的负对数似然等于词级别的负对数似然。

使用 $q(t \mid s)$ 表示教师序列在所有可能序列上的分布，序列级别知识蒸馏的交叉熵可以由候选序列中分数最高的序列的词级别负对数似然近似：

$$\mathcal{L}_{\text{SEQ-KD}} = -\sum_{t \in \mathcal{T}} q(t \mid s) \log p(t \mid s) \approx -\sum_{t \in \mathcal{T}} \mathbb{I}\{t = \hat{y}\} \log p(t \mid s) = -\log p(t = \hat{y} \mid s)$$

其中，$\hat{y}$ 为教师模型通过 k-Beam Search 得到的 k 个候选序列中概率最大的序列。

（3）序列级别的差值蒸馏

将序列级别的教师模型生成数据和原始训练数据混合进行学生模型的训练：

$$\mathcal{L} = (1-\alpha)\mathcal{L}_{\text{SEQ-NLL}} + \alpha\mathcal{L}_{\text{SEQ-KD}}$$
$$= (1-\alpha) \log p(y \mid s) - \alpha \log p(t = \hat{y} \mid s)$$

其中 y 为标签序列，$\hat{y}$ 为教师模型得到的概率最大的序列。但是此过程的训练效果并不理想，主要原因有两个：一是它使训练数据大小增加了 1 倍；二是教师模型生成的序列 $\hat{y}$ 与标签序列 y 往往差异巨大，这一点尤为严重。

为了解决这一问题，我们在选择教师模型生成的序列时，应选择尽可能接近标签序列 y 且概率较高的序列。

$$\tilde{y} = \arg\max_{t \in T} sim(t, y) q(t \mid s)$$

其中 sim 为度量相似度的函数，如 Jaccard 相似度或 BLEU，可先通过 k-Beam Search 选择概率最大的 k 个序列，再通过相似度度量函数得到其中与标签序列 y 最相似的序列。

通过上述知识蒸馏的策略，可将学生模型的隐藏层节点数降至教师模型的 1/4，同时保持相似的生成表现，大幅降低线上时延。

7.3.4　BERT 模型蒸馏

最近，BERT 等大规模预训练模型在自然语言处理的多个领域取得了令人惊艳的效果，预训练加微调的训练方式被证明极其有效。但是由于 BERT 等模型的参数量巨大，在实际应用中常常面临计算资源和时延等方面的限制。

Tang 等人提出了将 BERT 中的知识蒸馏到一个单层的 Bi-LSTM 中的方案[⊖]。将 BERT 加分类层作为教师模型。对于单句分类和句对分类两种不同的任务，需要分别采用不同的办法：对于单句分类任务，将 BERT 输出的句子的向量表示为全连接层和 softmax 层，得到输出的分布；对于句对分类任务，分别将两个句子通过 BERT 得到各自的向量表示，然后将两个向量拼接起来通过全连接层和 softmax 层。

在蒸馏训练学生模型的过程中，对 BERT 和分类层的参数进行微调。将单层的 Bi-LSTM 作为学生模型。对于单句分类任务，直接采用一个 Bi-LSTM 模型编码后通过两层全连接层和 softmax 层；对于句对分类任务，则将两个句子各自通过 Bi-LSTM 模型编码，拼接后再通过全连接层和 softmax 层。训练过程的损失函数定义如下：

⊖　Tang R, Lu Y, Liu L, et al. Distilling Task-Specific Knowledge from BERT into Simple Neural Networks[J]. arXiv preprint arXiv:1903.12136, 2019.

$$\mathcal{L} = \alpha \mathcal{L}_{\text{CE}} + (1-\alpha) \mathcal{L}_{\text{distill}} = -\alpha \sum_i t_i \log y_i^{(s)} - (1-\alpha) \| z^{(B)} - z^{(S)} \|_2^2$$

其中，y 为学生模型的 softmax 输出；t 为 one-hot 形式的标签，若训练数据是无标注的，则 t 采用教师模型 softmax 对应的 one-hot 向量。

在蒸馏过程中，小数据集可能无法完全表达教师模型的知识。那就可以通过以下任务无关的数据增强方法来人为扩充数据集，防止过拟合：

（1）以一定概率，用 [MASK] 模板标签来取代句子中的某个单词。

（2）以一定概率，用同词性的词取代当前词。根据原始训练集中同词性词语的词频来确定取代词。

（3）以一定概率，用 n-gram 取代原始的句子。n 的取值范围是 [1, 5]。这个操作相当于 dropout，是升级版的 Masking。

实验表明，蒸馏后的模型效果超过了基于 ELMo 词向量的双向 LSTM 的效果，相同条件下其速度是 ELMo 的 15 倍，是 BERT 教师模型的 434 倍。

7.4　组货推荐

7.4.1　同款匹配

商品的同款匹配旨在通过主 / 副图、品牌、型号、单位、规格等商品信息，挖掘出同款商品。商品的同款信息在多个场景下都有广泛应用，比如在搜索 / 推荐场景下进行同款去重（以提升用户体验）、同款商品间的筛选比较及同款比价等。商品同款匹配是网站的基础能力之一，也是比较重要且有一定难度的一环。

商品同款匹配主要是基于图片、标题、品牌和型号等的匹配。基于图片的同款匹配，主要依赖于商品的主图、副图及 SKU 图，首先对图片进行 ROI 区域的划分，得到若干个子图（平均一张图片大约会被划分为 2.7 个 ROI 子图，子图之间可能存在交叠），再利用 CNN 网络对子图进行处理，得到图片的向量表征，最后基于此向量表征完成图片的同款匹配。图片的同款匹配主要依赖于阿里内部皮卡丘引擎的同源图识别能力，流程如图 7-18 所示。

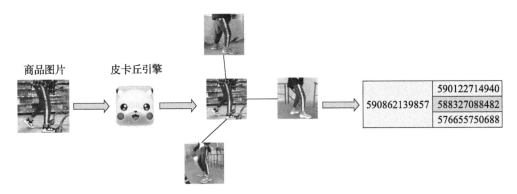

图 7-18　阿里皮卡丘引擎

　　另外，在很多场景下，可能由于图片拍摄角度不佳、图片变形等原因，导致无法通过图片识别到同款。为了尽可能提升同款商品的召回率，我们从文本同款匹配的角度着手，挖掘更多的同款商品。文本同款匹配主要依赖于商品的核心属性：品牌、类目、型号、货号等。由于商品的属性参差不齐，且部分商品的属性值在填写时毫无章法、数据较乱，所以我们优先对商品的异常属性信息做了清洗和过滤，异常属性信息主要有"其他/Other""咨询客服""未定""&&""##"等。文本同款匹配的流程如图 7-19 所示。基于属性的同款匹配，相比于纯图片的同款匹配，可以带来更多的同款覆盖。

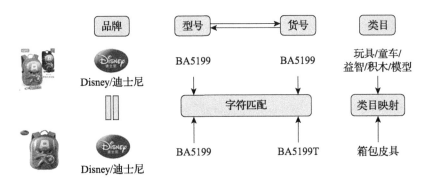

图 7-19　基于图片和文本的同款匹配

　　基于图片和文本的同款匹配，我们能够挖掘出更多的同款商品。但由于在匹配时没有考虑商品的售卖单位、规格等信息，因此可能导致匹配到的并非可比价的同款商品，比如一瓶啤酒和一箱啤酒、一斤苹果和 1kg 苹果。可能导致同款匹配不精准的部分原因如下：

- 商品单位不一致（一瓶与一箱，一组与一个）；
- 商品重量不一致（1 克拉的钻石与 30 分的钻石）；
- 商品规格不一致（30mm×2.5m 的胶带与 20mm×3m 的胶带）；
- 商品存在搭配关系（营养液和花卉、吹风机和吹风机架，图片一致，但售卖主体不同）。

商品单位不一致、规格不统一等可能导致同款匹配不精准，进而使应用场景受限。为了提升同款商品识别的精确度，基于商品的单位、类目、标题、规格和价格等，我们构建了同款异常检测模型，如图 7-20 所示。首先对商品的单位、类目、标题做 Embedding，再以两个商品的单位、类目、标题 Embedding 的相似度和价格差异倍数作为特征，训练异常检测的模型，流程大致如图 7-20 所示。通过同款异常检测模型进行抽样评估，发现高异常度的样本中有 99% 为非同款，而次高异常度的样本中有 85% 左右为非同款。另外，在低异常度中，仍有非同款的样本，有待算法持续迭代。

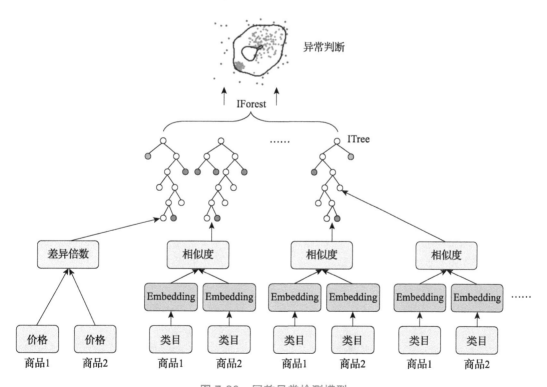

图 7-20　同款异常检测模型

7.4.2 组货搭配

商品组货搭配是指从商品池 I 中挑选出符合用户相关性偏好且搭配互补的 T 个商品，并将其作为一个组合在前端展示售卖。组货求解表达式为：

$$\bar{b} = \arg\max_{b \in B} P(b = \{i_1, i_2, ..., i_T\} \mid C_u)$$

其中 i 表示单个商品，T 个商品可构成商品组合 b，C_u 则表示用户的上下文信息。即依据用户的上下文信息推荐 T 个适合搭配组合的商品。

组货搭配策略可以在商品推荐会场的多个场景中应用，比如购后链路、优惠券凑单及发现性召回等。

本节主要介绍基于共购图关系挖掘的组货搭配策略。我们将组货搭配推荐问题分解为组货生成和组货个性化推荐两部分。组货的基本思路为：以两件商品被同一买家加购 / 下单的次数作为两件商品间的关联权重，形成会场下商品的无向有权图；再采用图聚类的方式对其进行聚类分割，将每个聚类结果视为可能的组合；最后再利用类目搭配进行限制，避免出现奇怪的组合。

我们以两件商品被同一用户加购的次数作为这两件商品的关联度，由此可以得到商品的关联图。在构建商品间的关联关系时，要求商品关联度必须大于等于 w_1，以避免异常加购行为的影响，否则容易出现大部分商品在同一个聚类中的情况。部分商品间的共同加购行为关系如图 7-21 所示。

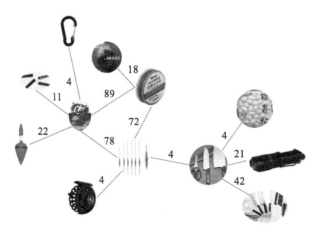

图 7-21　共同加购行为示意图

得到商品的关联图后,我们基于图聚类算法(比如标签传播聚类算法)对商品的关联权重图进行聚类切分,得到 N_g 组组合,这是基于用户加购行为得到的组合。两件商品被同时加购的次数越多,就越可能出现在同一个组合中,被用户同时下单的可能性也就越大。对商品的关联权重图进行聚类切分后,认为同一聚类中的商品中的任意 T 件都能进行组合。采用聚类的方式,可能挖掘出一些新奇的组合。比如钓鱼竿和鱼饵经常被一起买,鱼竿和鱼漂也经常被一起购买,通过聚类,鱼竿、鱼饵、鱼漂可能在同一组合中,得到一些符合相关性和发现性的组合。上面商品的图聚类切分结果如图 7-22 所示。

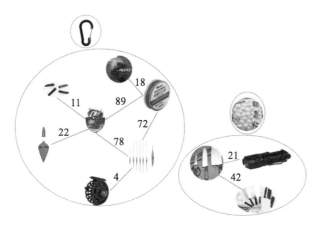

图 7-22　共同加购行为聚类示意

商品关联图是基于两件商品同时被同一用户加购的次数得到的,这就可能出现不相关的搭配,比如小龙虾和 T 恤,因此,要对组货连拍的商品做类目搭配限制。得到叶子类目间的关联度后,对每个聚类组合中的商品做类目限制,同一聚类组合中商品 i 和商品 j 的权重为:

$$wc_{ij} = c_{ij} * w_{ij}$$

即商品 i 和商品 j 的权重等于 i、j 被同时加购的权重 w_{ij}(若 i, j 无同时加购记录,则视为 $w_{ij} = 1$)和 i、j 类目关联度 c_{ij} 的乘积。类目关联度 $c_{ij} = 0$ 的商品不能构成组货搭配。

通过图聚类和类目搭配的方式,可为部分商品搭配相关的商品。在给用户做个性化组合推荐时,首先采用召回、排序、打散的推品策略,得到用户偏好的商品后,再判断该商品是否有对应的组合。若有，则取出 1～3 件和该商品搭配度最高且类目不同的商品。大致流程如图 7-23 所示。

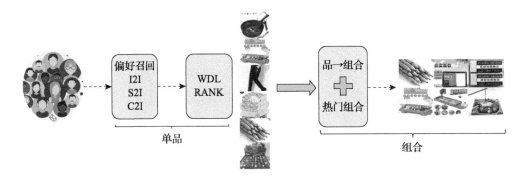

图 7-23　商品搭配流程

通过组货搭配推荐的形式，得到一些比较符合相关性和发现性的组合，例如铅笔、橡皮和记事本的组合，T恤和牛仔裤的组合，鱼竿、鱼饵和鱼线的组合等，在线场景效果如图 7-24 所示。

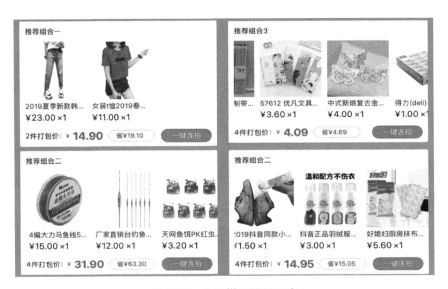

图 7-24　商品搭配结果示意

7.4.3　服饰搭配

部分用户在购买衣服时，会因为不知道买什么类型、款式的衣服而烦恼，也可能为了选一套搭配的服饰而花费数小时。针对用户需求，我们的算法希望利用机器为用户智能推荐一套搭配的服饰，一方面可以方便用户购买，提高用户网站购物体验；另一方面可以增加用户对平台的依赖性。不同于搜索这种带有明确目的的行为，搭配推荐是在用户没有明确目的的情况下，智能推荐出一系列的搭配商品供用户选择购买，以极大地增强用户的购物体验。

我们的服饰搭配方案是基于商品标题做的，利用 siamese 结构的特点将不同商品映射到同一个风格特征空间，通过计算特征向量间的距离来判断搭与不搭。主要思路是使用一个类似于 textCNN 的网络特征编码器，从商品标题中提取商品的风格信息，再经由 sigmoid 激活函数得到两件商品搭配的概率值，最后通过交叉熵损失优化整个模型。另外，我们结合了多个特征表征，使我们的模型取得了不错的效果。我们的网络结构框架如图 7-25 所示。其中融合的特征由 3 部分构成，分别是 textCNN 信息、textRNN 信息和 word2vector 的相似度信息。这 3 个部分分别表征了不同的特征信息，通过特征融合的方式，将输出的特征使用 contrastive 损失函数优化模型参数。这里我们使用的是相对距离函数 $D(x_1, x_2)$，x_1, x_2 分别代表商品 1 和商品 2 的特征，用特征之间的欧式距离 $x_1 - x_2$ 除以特征向量的模之和 $|x_1| + |x_2|$，具体公式如下：

$$D(x_1, x_2) = \frac{|x_1 - x_2|}{|x_1| + |x_2|}$$

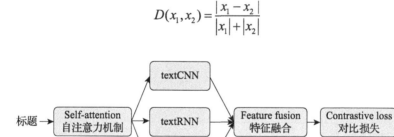

图 7-25 服饰搭配模型结构

接下来看一下 contrastive 损失函数的设置，其中 y 是搭配标签，搭配则为 1，不搭则为 0。D 是上式的相对距离，c 是一个超参数，具体公式如下：

$$(1 - y)\frac{1}{2}D^2 + y\frac{1}{2}\{\max(0, c - D)\}^2$$

另外，我们也利用了余弦损失，原则是在一个 mini-batch 中拉近正样本的余弦距离，拉大负样本的余弦距离。f 和 v 分别对应正样本的上、下衣特征，f_k 和 v_k 分别代表不搭配的上、下衣特征。$d(f,v)$ 表示特征 f 和特征 v 的余弦距离，m 是一个超参数，具体如下：

$$\Theta_e = \sum_f \sum_k \max(0, m - d(f,v) + d(f,v_k)) + \sum_v \sum_k \max(0, m - d(v,f) + d(v,f_k))$$

我们从搭配的服饰中筛选出上衣 + 下衣的搭配组合作为正样本，然后以正负样本 1∶1 的比例随机生成负样本。

数据集训练：验证：测试的比例为 8∶1∶1。训练数据来源于 https://github.com/wenyuer/POG/blob/master/README.md。对标题做如下相关预处理：

（1）商品标题经 Ali_NLP 分词处理后，进行词频统计，保留词频大于 50 的词，并滤除"又""的"等无关词，最后得到过滤后的词集合；

（2）词集合经过 Ali_NLP 的 word2vector 处理得到特征为 100 维的词向量字典，用来初始化模型词字典参数。

部分组合效果展示如图 7-26 所示，另外我们做了如下实验评估：给定 1 件上衣和 4 件下装，从下装中选择和上衣最搭配的。针对 25 982 个测试样例，准确率结果见表 7-5。

表 7-5　不同方法结果头部准确率

方　　法	Top1 Acc	Top2 Acc	Top3 Acc
siamese+TextCNN	67.3%	88.5%	97.1%
siamese+TextCNN+TextRNN	68.7%	88.7%	96.9%
siamese+TextCNN+TextRNN+cos_loss	70.2%	89.4%	97.3%
siamese+TextCNN+TextRNN+cos_loss+Sim	71.0%	89.6%	97.5%

AUC 和 Accuracy 为指标评估，测试数据包含 6 万多套服饰搭配方案，其中正负样本比例为 1∶1。Accuracy 是以 0.5 为阈值判断是否搭配的——相对特征距离小于 0.5 为搭配的，大于 0.5 为不搭配，根据模型预测的搭配标签和真实标签计算得到准确率，如表 7-6 所示。

图 7-26　服装搭配示意图

表 7-6　不同方法结果头部准确率

方　　法	Accuracy(threshold = 0.5)	AUC
siamese+TextCNN	76.6%	0.851
siamese+TextCNN+TextRNN	77.6%	0.862
siamese+TextCNN+TextRNN+cos_loss	78.9%	0.873
siamese+TextCNN+TextRNN+cos_loss+Sim	79.2%	0.879

　　商品的组合搭配策略可以用在购后链路、凑单以及发现性召回等推荐场景中。我们主要从商品共购图中挖掘搭配关系，另外针对服饰类商品，通过图片和标题信息构建上下装的搭配方案。后续我们将继续迭代商品的组合搭配算法，包括类目搭配等。

第 8 章

全 域 中 控

对于任何一个电商平台而言，只有均衡处理买家、商家、平台这三者之间的关系，才能够长久发展。从买家体验角度出发，需要通过数据挖掘、洞察用户意图，基于搜索和推荐个性化机制提升买家体验。从商家视角看，需要有类似于广告的方式，快速获得绿通流量，提升商品曝光量和销售量。从平台视角看，需要保障流量使用效率和财务营收，均衡买家体验和商家诉求、短期发展和长期发展。本章试图以全域中控为切入点进行阐述，分享相关的实践工作。

8.1　流量中控

在前面的章节中，已经详细介绍了目前 CBU 网站中有关搜索、推荐、广告的内容，主要是帮助用户在网站上看到更符合其需求的商品。如果简单地对整体过程进行描述，可以抽象为：网站依据用户行为进行建模，挖掘识别用户意图，从而向用户展示更多的商品；用户对这些商品进行操作，为网站积累更多的数据，进一步提升用户意图识别准确性，形成正向反馈。

我们分析上述整个过程，会发现存在如下 3 个问题：

❑ 容易形成马太效应，没有经过市场检验的商品很难获得曝光的机会，从平台长远发展的角度来看，这在引导的商品结构及更丰富的新品方面有很大问题，不能带来长期优化的结果。

- ☐ 平台缺乏宏观上的控制能力，随着技术的发展，对用户的建模越来越精准，对商品流量的确定性却会随之减弱。目前 1688 仍处于快速发展阶段，完全的市场竞争机制不利于吸引新的优质商家进入市场，以满足更多用户的需求。
- ☐ 网站中存在很多场景，如搜索、推荐、首页的频道等，各个场景通常独立进行优化，缺少联动作战的机制。

为了缓解上述问题，在传统的方案中，我们通常采用在各场景中对商品或商家直接加权或者降权，但是应用这种方式，首先需要人工确定系数，其次缺乏对线上效果的实时调控，也无法保证最终的效果。在此基础上，我们尝试建设流量中控平台，将市场竞争与宏观调控相结合，不再人工确定系数，而是将目标作为系统的输入，由系统在全站范围内进行细粒度的实时调控。对于平台的业务决策，从流量方面给予精准的支持，同时将网站短期指标保持在可接受的止损范围内。

处于不同阶段的网站，对于业务的发展有着不同的诉求，对于流量的需求也不尽相同。在下面的章节中，我们抽象出具有确定性流量目标的算法流程，并进行详细介绍。

确定性目标指的是，希望通过调控的手段满足商品、商家在一段时间内在流量或者成交等方面的明确诉求。系统整体的流程为：圈定商品和调控场景→设定确定性目标→拆分场景总目标→拆分各场景内分钟级目标→实时线上调控→效果反馈。

下面对主要流程进行介绍。

（1）圈品圈人：对接站内投放平台、选品规划及圈人平台，可以通过设定的条件进行商家、商品和用户的实时圈定，并将结果实时推送到流量中控平台。

（2）设定目标：对圈出的商品或商家设定要调控的目标（如对一批商品设定全部场景下的目标为 10000 PV，或流量提升 20%、降低 40% 等）、生效的场景以及具体的生效时间。

（3）场景目标拆分：将总目标拆分为不同的小目标，将现有数据拆分结果发至不同的渠道下（如搜索 4000 PV，推荐 4000 PV，其他 2000 PV），并实时监控各渠道的完成情况，根据具体情况进行调配（如某一段时间内搜索完成了目标的 20%，推荐完成了目标的 60%，则会重新规划搜索和推荐的目标，变为搜索 3000 PV，推荐 5000 PV）。在这里，主要的求解目标为以下 3 点：

- ❑ 各个场景的流量效率最大化；
- ❑ 目标完成度的最大化；
- ❑ 流量分配的目标尽可能平缓。

最终我们的最优化求解公式如下所示，其中 $x_{i,k}$ 即为我们要求解的商品或商家 i 在场景 k 中分配到的目标。

$$\min -\alpha \sum_k \sum_j lo_{j,k} w_{j,k} + \beta \sum_{i \in N_k, j} c_{i,k} \left(g_i - \sum_k x_{i,k} \right) + \lambda \sum_{i \in N_k, j} \sum_k (x_{i,k} - g_i p_{i,k})^2$$

s.t.

$$g_i - \sum_k x_{i,k} \geqslant 0$$

$$lo_{j,k} \leqslant 0.9 * LO_{j,k}$$

$$x_{i,k} \leqslant pv_{i,j,k}$$

$$lo_{j,k} = \sum_i \frac{LO_{i,j,k} pv_{i,j,k}}{pv_{j,k}} - LO_m \frac{\sum_i pv_{i,j,k}}{pv_{j,k}} + LO_m$$

- ❑ $lo_{j,k}$：调控状态下类目 j 在场景 k 下面的平均曝光列表到下单购买的转化率，简称 lo。
- ❑ $w_{j,k}$：场景 k 下类目 j 的权重。
- ❑ $c_{i,k}$：商品 i 在场景 k 下的流量价值。
- ❑ g_i：商品 i 需求的总流量目标。
- ❑ $x_{i,k}$：商品 i 在场景 k 下所需要的流量。
- ❑ $p_{i,k}$：商品 i 在场景 k 的流量在商品 i 所有调控场景下的占比。
- ❑ $LO_{j,k}$：调控前类目 j 在场景 k 下面的平均 lo。
- ❑ $LO_{i,j,k}$：调控前类目 j 的商品 i 在场景 k 下面的平均 lo。
- ❑ LO_m：调控前类目 j 在场景 k 下面所有非调控商品的平均 lo。
- ❑ $pv_{i,j,k}$：类目 j 的商品 i 在场景 k 下面的流量上限。

❑ $pv_{j,k}$：类目 j 在场景 k 下面的总的流量上限。

（4）各场景下分钟级目标拆分：判断是否需要给予额外的流量。

在刚开始接收到目标时，预测当前的商品在无流量倾斜的条件下正常的流量，并不断监控当天的完成情况（如当天预测的流量为 5000，则不需要做特别处理；如当天预测的流量为 2000，则需要进行相关的加权）。

实时监控线上的完成情况，依据对当天流量分布的预测，以及当前场景和被调控商品的情况，将全天的目标拆分到每小时乃至每分钟级别，具体的分配算法如下：

$$\min - \alpha \sum_i \sum_t w_{i,t}(r_{i,t} - R_{i,t})^2 + \beta \sum_i \sum_t r_{i,t}g_i c_{i,t} + \lambda \sum_i \sum_{j \neq i} \sum_t \min(g_i r_{i,t}, g_j r_{j,t})$$

s.t.

$$\sum_t r_{i,t} = 1$$

其中，i 表示商家或者商品，t 表示需要分配目标的时刻，$r_{i,t}$ 表示在 t 时刻商品 i 分配到的目标占比，$R_{i,t}$ 表示在 t 时刻 i 原来的流量占比，g_i 表示 i 的目标，$c_{i,t}$ 表示 i 的流量价值，j 表示除 i 外会与 i 有流量竞争的商品或者商家。

该公式的最优化求解目标为：将最有价值的流量分配给价值最高的商家或商品，以及在同一个时间点有竞争的商家或商品尽可能少。

（5）流量识别：判断当前的流量下能够出现的商家和商品，如果当前流量下有多家商品或商家可被召回，则依据目前的情况，选择其中的排在前 N 位的商品或商家，进行后面的调控，保证同一个页面上加权的商品不会过多。我们使用过的召回分数的计算公式如下：

$$score = \alpha * ctr_{i,q,u} + \beta * ctr_i + \lambda * (1 - rate_i)$$

其中 $ctr_{i,q,u}$ 表示商品 i 在用户 u 搜索 q 的时候预估的点击率（ctr），$rate_i$ 表示商品 i 当天在场景下的实时 ctr，$rate_i$ 表示商品 i 到当前时刻为止的目标完成度。该公式综合考虑了商品的效能，让转化更好或完成度更高，商品有更大被调控的可能性。

（6）分数计算：依据最终的目标、目前的达成情况及商品的情况，计算加权的系数或者加权分数，将 PID 的算法迭代为深度强化学习的算法。PID 算法具有更好的鲁棒性，而深度强化学习算法在数据较充足的情况下，收敛速度更快。

我们首先介绍一下 PID（Proportion Integral Differential）算法。PID 算法是经典的控制算法，其原理如图 8-1 所示。

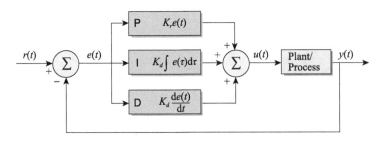

图 8-1　PID 算法原理图

在特定的 t 时刻，对应的计算公式为：

$$U_{i,t} = \mathrm{kp}\left(\mathrm{err}_{i,t} + \frac{1}{T_I}\int \mathrm{err}_{i,t}\mathrm{d}t + \frac{T_D \mathrm{derr}_{i,t}}{\mathrm{d}t} \right)$$

其中主要需要计算 3 个部分：

- 比例项：$\mathrm{err}_{i,t}$ 为真实值与预测值之间的误差。
- 积分项：主要用于消除稳态误差，计算方式为将每个计算时刻的误差进行累加。
- 微分项：可以降低过程中的震荡，计算 t 时刻的误差与 $t-1$ 时刻的误差的差值，进行控制。

3 个参数系数参考临界比例度法进行确定，在初始阶段使用一小批商品进行系数的确定。为了控制整体分数的稳定性，在计算出的分数中加入上下限的限制，可以计算出商品 i 在 t 时刻的得分 $T_{i,t}$。

在此基础上，我们尝试使用强化学习的思想，对于 $t + 1$ 时刻的目标，直接对最合适的分数进行建模，具体的网络结构如图 8-2 所示。

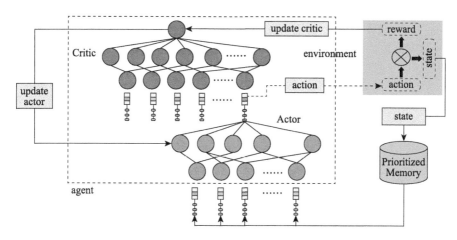

图 8-2　基于强化学习的模型结构图

我们将不同的场景作为不同的交互环境。上图中：action 为最终要学习的分数或者权重；state 为当前的状态，如当前的时间，之前几轮调控的流量、分数，调控后的流量，以及在此时刻前累积的误差、误差的积分和微分等。使用 Actor 网络学习出 action，并用 Critic 网络对结果进行评估。

在网络中，我们最终的 reward 定义为：

$$r(s_t, a_t) = \frac{\sum_t (\text{target}_t - \text{recieve}_t)}{\sum_t \text{target}_t}$$

Actor 网络的 loss 为：

$$L_{\text{actor}} = \frac{1}{N} \sum_i Q(s_i, a_i) + \frac{\alpha}{N} \sum_i | \mathbb{I}_{\text{type}_i=0} * \mathbb{I}_{\text{action}_i>0} + \mathbb{I}_{\text{type}_i=1} * \mathbb{I}_{\text{action}_i<0} |$$

$$+ \frac{\beta}{N} \sum_i \mathbb{I}_{(\text{pre}_{\text{action}_i} - \text{action}_i)*(\text{pre}_{\text{all}_{\text{receive}_i}} - \text{pre}_{\text{all}_{\text{target}_i}})>0}$$

$$+ \frac{\gamma}{N} \sum_i (\text{pre}_{\text{all}_{\text{receive}_i}} * \text{action}_i - \text{pre}_{\text{all}_{\text{target}}} * \text{pre}_{\text{action}_i})^2$$

其中，

$$\mathbb{I} : x \mapsto \mathbb{I}_x = \begin{cases} 1 & \text{条件成立} \\ 0 & \text{其他} \end{cases}$$

损失函数 loss 的设计思路主要是加入了业务的目标，以此来指导网络参数的更新，希望优化的方向为最终结果尽可能靠近目标的调整方向，能够依据目标调控方向限制分数的正负，使分数的变化方向和幅度与之前完成情况的变化方向和幅度相适应。

Critic 网络的 loss 为：

$$L_{\text{critic}} = E[(Q(s_t, a_t) - y_t)^2]$$

其中，

$$y_t = r(s_t, a_t) + \gamma Q'(s_{t+1}, \mu'(s_{t+1} \mid \theta^{\mu}) \mid \theta^{Q'})$$

在实际上线过程中，我们主要遇到的问题是需要调控的商品量过多，很多商品无法得到预期中的曝光。所以我们在此基础上又增加了上提与止损的模块。

- ❑ 上提：设定更高的上限，可以在商品曝光达不到商品预设阈值的情况下，突破原有的阈值限定，以快速增加商品的曝光机会，尽早得到市场的检测。
- ❑ 止损：加入止损因子，在商品得到充足的曝光之后，使用线上转化作为考核的指标。对于止损因子主要有两方面的考虑，一是随着商品自身承接力的下降，进行止损；二是将该商品的转化与市场上同类目的商品的转化进行对比，依据其差距进行止损，目的是加快扶持商品在市场上的流动，并尽快找到真正适合市场的商品。

商品 i 在 t 时刻具体的止损因子定义如下：

$$B_{i,t} = \frac{1}{1 + e^{\alpha * \left(1 - \frac{\text{ctr}_{i,t}}{\text{ctr}_{i,t-1}}\right) + \beta * \left(1 - \frac{\text{ctr}_{i,t}}{\text{ctr}_{c,t}}\right)}}$$

其中 $\text{ctr}_{i,t}$ 表示商品的 ctr，$\text{ctr}_{c,t}$ 表示商品 i 所在类目的平均 ctr。

当止损因子大于或等于 0.5 的时候，表示该值是正向的，不进行止损；当止损因子小于 0.5 的时候，将范围扩大至 [0, 1] 进行止损，最终的分数为：

$$S_{i,t} = \begin{cases} T_{i,t}, & B_{i,t} \geq 0.5 \\ T_{i,t} * B_{i,t} * 2, & B_{i,t} < 0.5 \end{cases}$$

（7）反馈数据监控：线上实时监控调控情况，并将实时的结果沉淀在操作平台中，供设定的业务同学查看，为后续调整提供参考。

8.2 在线动态广告分配

在广告投放系统中，相关性分数是一个衡量用户对广告活动反应的指标。当用户键入查询时，高于事先定义的相关性阈值的广告将有机会得到展示，然后根据期望收益进行排名，并以自上而下的模式显示在给定的广告位中。在这种设定下，降低阈值可能会带来更高的收益，但也有可能会损害用户体验（用户体验可以通过广告的平均点击率来评估）。为了权衡这两者，我们从运筹优化的角度对这一问题进行研究。

我们将该问题转换成一个线性规划问题，并提出了一种基于对偶理论的在线求解方法。该方法有助于进行广告排序和广告数量的决策，而不是简单地填充所有广告位。离线和在线实验验证了该方法的可行性和有效性，结果表明，该方法在对 1688 平台用户体验影响不大的情况下，能够增加 1%～5% 的收益。

1. 背景

搜索广告是由搜索关键词驱动的广告。广告主选择一个"竞价词"，当用户触发某个搜索请求时，广告主的广告得以展现。

平台通常需要决定如何分配广告的展示资源以最大化收入。在点击付费（Pay Per Click，PPC）广告模式下，用户点击广告会给搜索引擎带来一笔固定的收入（与广告的竞价高低和拍卖机制相关）。因此，总收入是点击次数乘以单次点击成本（Cost Per Click，CPC）。在没有其他限制的情况下，以收入最大化为目标的最佳分配机制是，简单地将广告分配给曝光预期收入最高的广告（eRPI = CTR · CPC）并填满所有广告位。

然而，可以很容易看出，以上的简单分配策略不适用于受约束的环境。在广告投放系统中，相关性分数是一个度量标准，它显示了受众对广告活动的反应。当且仅当广告的相关性分数不低于给定阈值时，才可以展示该广告。在这种设定中，某些请求对应的广告数量可能不足以填满所有位置，这会阻碍达到收入最大化的目的。

对于电商平台，降低这个阈值意味着更多的可展示广告，从而拥有增加利润的潜力。然而，简单地填满所有位置会导致有损害用户体验的风险（用户体验由广告的平均点击率表示），因为广告质量一般来说会低于自然搜索结果的质量。从长远来看，这可能会导致平台流量损失，这促使我们在追求收入最大化的同时不得不考虑用户体验满意度。

在这种情况下，主要有两个问题需要解决：展示多少广告和展示哪些广告。除了传统的广告排名系统外，我们还需要设计广告数量确定机制。在大多数现有的搜索引擎中，这个问题被视为一个工程问题。例如，大多数搜索引擎总是显示固定数量的广告中，或者使用启发式规则确定广告的数量，而我们从运筹优化的角度来研究这个问题，希望能够根据用户搜索时的上下文信息，动态地调整广告数量。总体来说我们的贡献如下：

（1）我们提出了一个带有用户体验约束的收入最大化模型，其灵感来自列生成的建模技巧，该模型是对在线广告分配问题家族的一个补充。

（2）我们的方法在一个统一的优化框架中兼顾了广告数量决策和广告排序问题。我们在中国最大的 B2B 电子商务平台 1688 上进行了实验，结果表明，该方法在电子商务平台上实现了 1%～5% 的收入增长，同时只牺牲了少量大盘点击率。

2. 问题描述和数学模型

基于上述背景，我们的目标是在广告大盘点击率约束下实现收益的最大化。为了形式化表达该问题，这里引入一些符号：用 Q 表示搜索请求的集合，对于每一个搜索请求 $i \in Q$；受到列生成建模技巧的启发，用 $\varphi(i)$ 表示可以展示的广告列表的集合；每一个广告列表 j 包含固定的广告数量 k_{ij} 并且期望收益为 REV_{ij}，其中 $j \in \varphi(i)$；广告列表的总体点击率为 $oCTR_{ij}$；设定一个大盘目标 T 作为所有广告的大盘平均最小 CTR；最后，定义 0-1 变量 x_{ij}，当广告列表 j 分配给 Query i 时取 1，否则为 0。

利用以上符号，全局最优化问题可以建模为一个整数线性规划（Integer Linear Programming，ILP）问题：

$$\max \sum_{i \in Q, j \in \varphi(i)} REV_{ij} * x_{ij}$$

$$\text{s.t.} \quad \frac{\sum_{i \in Q, j \in \varphi(i)} o\mathrm{CTR}_{ij} * x_{ij}}{\sum_{i \in Q, j \in \varphi(i)} k_{ij} * x_{ij}} \geq T,$$

$$\sum_{j \in \varphi(i)} x_{ij} = 1, \forall i \in Q,$$

$$x_{ij} \in \{0,1\}, \forall i \in Q, j \in \varphi(i).$$

目标函数表示最大化总收益；3 个约束条件分别代表了广告大盘平均点击率约束、一个搜索请求只能返回一个广告列表，以及变量的 0-1 约束。

然而，在直接求解上述问题时面临两个困难：首先，在我们的电商平台中，每天都有数百万个搜索请求，对于每个搜索请求，要选择数千个相应的广告作为分配组合。因此，组合的阶乘增长以及巨大的请求量使得在解决这个问题时在计算时间和存储方面会出现新问题。其次，候选广告随着广告主偏好（如策略和预算）的变化及用户个性化而动态变化。即使对于相同的请求，候选广告也总是不同的。因此，离线问题的解决方案无法指导在线广告分配。

我们需要设计相应的算法来解决以上两个困难。

3. 算法设计

在这一小节中，我们将给出一种基于对偶理论的在线广告分配的算法。

（1）对偶问题

因为广告列表 j 是不可分割的，所以原问题实际上是整数线性规划问题。然而，它的线性规划松弛在实践中不会引发什么问题。对于搜索查询 i，分数 x_{ij} 可以被认为是一种概率分配，即以概率 x_{ij} 将广告列表 j 分配给查询 i。

对于线性规划松弛问题，若引入约束的对偶变量 α 和 β_i，则可以将原问题的对偶问题写成如下形式：

$$\min \sum_{i \in Q} \theta_i$$

$$\text{s.t.} \quad \theta_i \geq \mathrm{REV}_{ij} + \alpha * (o\mathrm{CTR}_{ij} - T * k_{ij}), \ \forall i \in Q, \ j \in \varphi(i),$$

$$\alpha \geq 0.$$

这个对偶问题可以进一步简化，并将其定义为：

$$j^* = \text{argmax}_j[\text{REV}_{ij} + \alpha * (o\text{CTR}_{ij} - T * k_{ij})]$$

因此对偶问题可以表示为：

$$\min_{\alpha \geq 0} \sum_{i \in Q} \text{REV}_{ij^*} + \alpha * (o\text{CTR}_{ij^*} - T * k_{ij^*})$$

从而通过 Algorithm 1（见图 8-3）的梯度下降可以获得全局最优解。

Algorithm 1：Offline Gradient Descent for α

Input：$\alpha = 0$, T, η
Output：α
while *the convergence condition is not satisfied* do
  Derive j^* based on current α
  $\alpha \leftarrow \max[0, \alpha - \eta \cdot \sum_{i \in Q}(o\text{CTR}_{ij^*} - T \cdot k_{ij^*})]$
end
return α

图 8-3　离线梯度下降求解算法

与直接求解原始问题相比，我们提出的迭代算法只需要存储一个对偶变量 α。对偶变量的物理意义是：利润和平均 CTR 的加权因子。剩下的问题就是如何有效地得到 j^*，以及如何利用最优解以一种在线的方式得到原始的最优解。

（2）子问题

根据 j^* 的定义，它实际上代表给定 α 时的最佳广告列表。因此，j^* 不仅是离线阶段计算对偶变量的重要部分，也是在线阶段向用户显示的广告列表的关键。

为了求得 j^*，我们需要弄清楚如何计算在这个问题中起关键作用的参数：$o\text{CTR}_{ij}$ 和 REV_{ij}。忽略广告和其他自然搜索结果之间的交互，一个直观的想法是将广告的点击率加和，具体如下：

$$o\text{CTR}_{ij} = \sum_{k=1}^{|j|} p\text{CTR}_{ij_k}$$

其中 $p\mathrm{CTR}_{ij_k}$ 是请求对应的广告列表的第 k 个广告的预估 CTR。

在按点击付费模式下，类似的有：

$$\mathrm{REV}_{\{ij\}} = \sum_{k=1}^{|j|} e\mathrm{RPI}_{ij_k} = \sum_{k=1}^{|j|} p\mathrm{CTR}_{ij_k}\,\mathrm{clickprice}_{ij_k}$$

其中 $\mathrm{clickprice}_{j_k}$ 是用户点击第 k 个广告产生的真实扣费。

当用户在网页上看到内容列表时，显而易见，点击会有很强的位置效应。用户更可能点击比较靠前的商品，靠后的商品往往得到的曝光也会相对少一些，这表明每个位置的点击率都包含了一定的先验知识。用 N 表示广告位的集合，每个位置都有一个因子 pos_n 通过乘法去修正 $p\mathrm{CTR} = p\mathrm{CTR} * \mathrm{pos}_n$。

基于以上分析，我们能重新构建这个子问题。对任意请求 i，用 M 表示与其对应的可展示广告。我们定义 0-1 决策变量 y_{ij}，当且仅当广告 m 在第 n 个位置展示时为 1，否则为 0。求解 j^* 相当于在求解以下整数线性规划问题：

$$\max \sum_{m,n} y_{mn} * e\mathrm{RPI}_m * \mathrm{pos}_n + \alpha * \left(\sum_{m,n} y_{mn} * p\mathrm{CTR}_m * \mathrm{pos}_n - T * \sum_{m,n} y_{mn} \right)$$

$$\mathrm{s.t.} \quad \sum_m y_{mn} \leqslant 1, \ \forall n \in N,$$

$$\sum_m y_{mn} \leqslant 1, \ \forall m \in M,$$

$$\sum_{m,n} y_{mn} \leqslant |N|,$$

$$\sum_m y_{mn} \in \{0,1\}. \ \forall m \in M, \forall n \in N$$

目标函数与 j^* 的表达一致。3 个约束分别确保在一个位置上最多显示一个广告；一个广告最多可以被递送一次；展示的广告总数不大于广告位的数量；y_{mn} 是 0-1 变量。

考虑到约束矩阵是完全单模的，其线性规划松弛的最优解实际上是整数解。我们可以很容易地使用线性规划求解器获得最优解，然而，我们可以用基于排序的更快的方法解决它。

$\sum_{m,n} y_{mn} = k$ 为固定展示广告的个数，子问题的目标函数可变为：

$$\max \sum_{m,n} y_{mn} * (e\mathrm{RPI}_m + \alpha * p\mathrm{CTR}_m) * \mathrm{pos}_n - \alpha * T * k$$

它包含了两项：$\sum_{m,n} y_{mn} * (e\mathrm{RPI}_m + \alpha * p\mathrm{CTR}_m) * \mathrm{pos}_n$ 和 $\alpha * T * k$。由于后者是一个定值，所以目标函数的值取决于前者。前者的目标是最大化 k 项的加权和。通过著名的排序不等式，可以按照 $e\mathrm{RPI} + \alpha * p\mathrm{CTR}$ 的降序分别选择广告和位置以实现最大化的目的。全局最优可以通过从 1 到 $|N|$ 遍历的值得到，广告个数也可由此确定。用这种方法，我们通过排序大大降低了计算的复杂性。总结而言，获得 j^* 的方法如 Algorithm 2 所示（见图 8-4）。

（3）整体框架

我们提出的方法的整个框架如图 8-5 所示。注意，广告排序和广告数量决策问题在一个统一的框架中自然地得到了解决。使用列生成建模技巧（让 $\varphi(i)$ 表示广告列表而不是广告）的优势在于，我们可以在子问题中独立地选择广告。即使 $o\mathrm{CTR}_{ij}$ 或者 REV_{ij} 的计算方法不仅仅是其各部分的总和，我们的框架仍然不变，而是对子问题进行调整。

Algorithm 2：Derive the optimal ad list j^*
Input: $\alpha, T, j^* = \emptyset$
Output: j^*
Ads←Ad candidates sorted in descending order of
$\quad e\mathrm{RPI} + \alpha \cdot p\mathrm{CTR}$;
$\quad$ Ad positions←positions sorted in descending
$\quad$ order of pos;
for $k = 1$; $k \leqslant |N|$ **do**
$\quad$ **if** $(e\mathrm{RPI}_k + \alpha \cdot p\mathrm{CTR}_k) \cdot \mathrm{pos}_k - \alpha \cdot T \geqslant 0$ **then**
$\quad\quad$ $j^* \leftarrow j^* \cup$ *the kth ad*
$\quad$ **else**
$\quad\quad$ break
$\quad$ **end**
end
return j^*

图 8-4　最优展示序列求解算法

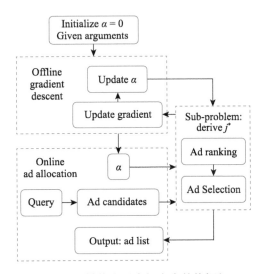

图 8-5　最优序列求解方案整体框架

4. 实验结果

为了验证该方法的可行性和有效性，我们进行了一套完整的实验，包括离线仿真和在线生产环境的测试。

（1）实验设置

我们的实验基于 1688 的点击日志数据展开，这些数据清晰处理后涵盖了每天数百万次的查询。每个请求包含 2000 多个广告候选，其中给出了每个广告的竞标价格和预测点击率。阿里巴巴的相关性得分是 1～8 分，显示了用户对广告活动的反应。在传统设置中，相关性得分不低于 6 分的广告有机会被展示。正如我们在开始时所建议的，将门槛从 6 分降低到 5 分有可能带来更多收入。在离线和在线实验中，我们控制相关性阈值、α 值以及是否填充所有广告位来评估效果。我们比较了 4 种不同参数设置的方法。

- ❑ BASELINE 是基础对照组，广告按 eRPI 排名，相关性阈值设置为 6。我们用尽可能多的广告填充广告位，直到它达到允许的最大数量。
- ❑ LAB 1 仅在相关性阈值方面与 BASELINE 不同，其相关性阈值设置为 5。
- ❑ LAB 2 使用了我们的方法框架，相关性阈值设置为 5，但是仍尽量填满广告位。
- ❑ LAB 3 使用了我们提出的方法，相关性阈值设置为 5，广告个数是动态调整的。

至于评估指标，我们主要关注实际展示的平均广告个数（AAN）、平均点击率（aCTR）和利润（REV）。

（2）离线模拟

在离线模拟中，我们考察了影子价格的稳定性、降低关联阈值的影响、提出方法的有效性以及调整广告数量的影响。由于数据的敏感性，我们只给出相对性能。

（3）对偶变量的稳定性

理论上，应该利用尽可能多的历史数据来计算对偶变量。然而，由于计算复杂性和存储的限制，我们实际上使用了采样数据。为了确保对偶变量的稳定性和可靠性，我们用不同大小的样本研究了 LAB 3（即所提出的方法）的性能。图 8-6 显示了双重价格 α 如何作为请求数量变化的函数，我们看到实验中对偶变量稳定在大约 200 000 个查询。

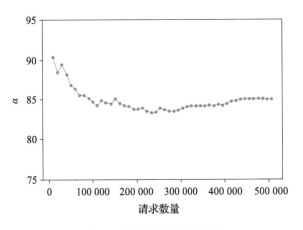

图 8-6 数据仿真性能实验

（4）相关性阈值的影响

我们通过将 LAB 1 的性能与 BASELINE 进行比较来展示相关性阈值的影响，BASELINE 使用原始的分配方法，唯一的区别是其在相关性阈值方面与原始分配方法不同。结果表明，AAN 保持不变，REV 上升 8.43%，aCTR 下降 4.55%。这验证了我们的推测，即降低相关性阈值可能会以降低点击率为代价来增加收入。

（5）算法性能

我们将通过检验 LAB 3 与 BASELINE 的性能的方式证明我们方法的优势。由于我们想要保持某一水平的 aCTR，参数 T 被设置为不小于基线的 aCTR，BASELINE 的 aCTR 由 T_B 为下限。我们逐渐增加 T，直到 REV 小于 BASELINE——我们可以得到 T 的上限。结果表明，该算法可以同时获得更高的利润和更大的 aCTR，如图 8-7 所示。我们可以根据平台的实际需求，在下限和上限之间进行调整，找到利润和 aCTR 之间的平衡点。

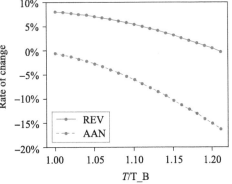

图 8-7 利润和 aCTR 关系

（6）广告数量的影响

最后，我们通过比较 LAB 2 和 LAB 3 来说明广告数量的影响。Baseline 的 ANN、REV 来自 LAB 1，在这组实验中，测试的范围为 1TB 到 1.2TB。REV、ANN 和 Alpha 的性能比较如图 8-8 所示。LAB 3 优于 LAB 2，LAB 2 验证了广告数量调整的关键作用。当参数 T 逐渐增大时，LAB 3 中观察到的 REV 损失随着 AAN 的减小而减小。尤其是当我们对 aCTR 有更高的要求时，这种优势更为显著。值得注意的是，当 T 设置为接近 T_B 时，它们具有相似的性能。

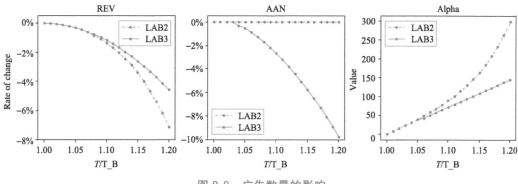

图 8-8　广告数量的影响

（7）在线评估

我们在 2018 年 8 月下旬，在生产环境中连续 10 天对 1688 的移动客户端进行了 A/B 测试。测试了 3 个桶，包括 BASELINE、LAB 1 和 LAB 3，流量分别为 60%、20% 和 20%。在 LAB 3 中，T 设定为 2018 年 8 月初两周的平均点击率。对偶变量是根据相同的数据计算得到的。表 8-1 显示了与 BASELINE 相比的相对性能。

表 8-1　与 BASELINE 的实验对比

Day	AAN		aCTR		REV	
	LAB 1	LAB 3	LAB 1	LAB 3	LAB 1	LAB 3
Day 1	1.57%	1.27%	−3.97%	0.30%	2.43%	1.96%
Day 2	1.47%	1.37%	−2.93%	−0.46%	3.48%	1.21%
Day 3	2.16%	1.96%	−4.31%	−1.84%	4.15%	2.53%
Day 4	2.26%	2.16%	−2.40%	1.29%	3.15%	3.05%
Day 5	1.46%	1.46%	−2.69%	0.25%	3.47%	2.87%
Day 6	1.38%	1.52%	−3.39%	1.50%	3.64%	3.25%
Day 7	1.24%	0.97%	−1.93%	1.18%	4.80%	4.48%
Day 8	1.38%	1.38%	−2.63%	−1.32%	4.02%	3.30%
Day 9	1.52%	1.66%	−2.05%	0.68%	2.04%	1.94%
Day 10	1.38%	1.24%	−2.17%	0.14%	3.58%	3.64%

上表中 LAB 1 的结果验证了我们的推测，即平均点击率下降，总收入增加。理论上，aCTR 减量和 REV 增量分别是我们可以达到的下限和上限。对偶变量是它们之间的加权因子。

LAB 3 的结果与我们的预期一致。相对 aCTR 波动在 –1%～1% 左右，REV 从 1% 增加到 5%。正如我们在离线模拟中所观察到的，当 T 设为接近 T_B 时，AAN 几乎没有减少。因此，LAB 1 和 LAB 3 的 AAN 是相似的。

5. 开放性问题

在本小节中，我们将讨论一些受实验结果启发而得到的开放性问题。

（1）CTR 预估

由于 pCTR 在我们的方法中起着关键作用，因此提高预测精度是非常重要的。这里将 CTR 分解为 pCTR 和位置效应，但忽略了商品之间的相互影响。电商平台中的相互影响表明，如果一个商品被质量相似但价格高得多的其他商品包围，那么它被点击的概率就会很高，反之亦然。点击率预测误差可能导致在线环境中排序公式 $eRPI + \alpha * pCTR$ 的偏差。学术界和工业界的一些研究已经考虑了 pCTR 在电商搜索中的效果，这可能有助于改进我们的方法。

（2）在线更新

我们方法中的一个重要假设是数据分布是平稳的，这意味着在给定足够的历史数据的情况下，我们可以通过求解离线对偶问题来学习最优的 α。然而，在实践中，由于供应方和需求方都是动态的，用户到达是非静态的，广告主的活动会随着时间而改变，互补松弛条件被违反，因此 α 对于未来来说不是最佳的。从实验中观察到我们的结果是波动的，这表明更新 α 是必要的。本小节提出的方法可以理解为给了一个合理的初值。

一个直观的想法是使用小批量梯度下降的方式获得间隔，以特定的间隔更新 α。另一种流行的方法是 PID 控制。更新的目的是保持大盘平均点击率的稳定水平。我们还认为强化学习也是一种有潜力的动态更新 α 的方法。此外，值得注意的是，这种更新机制可以在一定程度上减小点击率预测误差的影响。

（3）约束扩展

我们在本次研究中关注广告的平均点击率，平均点击率可被认为是用户体验的一种表现。我们可以整合来自不同利益相关者的更多因素，例如广告主希望收到更多的曝光 / 点击，而用户参与度需要最大化。一个考虑各方利益的公平排序系统将为商家在平台上的营销活动提供激励。

（4）广告位数量

广告数量的作用启发我们考虑一些有趣的问题：多少广告位足够？我们需要限制广告位的数量吗？在我们的场景中，1688 的广告位是有限的。在实践中，我们使用启发式规则或经验来确定广告位的数量。然而，更多的广告位意味着进一步增加利润的可能性。同时，我们必须保证大盘平均点击率，因为太多的广告可能会惹恼用户。这一问题的潜在解决方案是结合自然搜索结果来评估整页的性能。

6. 小结

本次的研究探索了 1688 平台在搜索中如何在兼顾用户体验的情况下进行在线广告分配。为了权衡收益最大化和用户体验满意度，提出了一种新的数学模型。为了以在线方式解决这个问题，我们提出了一套基于对偶理论的算法。这个方法解决了两个问题：向用户展示多少广告以及哪些广告。实验表明，该方法可以在不影响用户体验的情况下获得较高的利润。此外，我们还讨论了一些有待解决的开放性问题，这些问题将是今后工作的方向。

8.3 目标动态规划

1. 问题描述

阿里强于运营，运营的本质是刺激一个商业形态的非自然成长，而刺激成长的核心手段就是对资源合理分配。流量是电商最重要的资源之一，如何最优分配流量，助力运营达到业务指标，是一个十分重要的问题。

一个常见的场景是给个别商品分配额外的非自然流量，以达到针对市场需求定向牵引流量、增加目标商品销量、孵化直至推爆部分商品等业务目标，同时需要保证大盘转化下降最少（或者提升最多）。

业务目标可以用一个通用的函数 f 表示，某个调控商品 i 对于某个用户 j 的非自然曝光增加用决策变量 x_{ij} 表示，大盘转化下降量用函数 g 表示，流量优化分配的通用数学模型表示如下：

$$\max f(x_{ij})$$

$$\text{s.t.} \begin{cases} g(x_{ij}) \leqslant \Delta \\ x_{ij} \geqslant 0 \end{cases}, \ i = 1 \sim n, \ j = 1 \sim m$$

即在大盘下跌不超过 Δ 的情况下，最大化业务目标。

2. 单用户决策模型

（1）描述

对于某一个用户，改变推荐商品的排序，可以使得在该用户期望点击下降但不超过某个约束值的情况下，调控商品的期望点击使其达到最大。

（2）符号表示

后续内容所涉及的符号及其含义如表 8-2 所示。

表 8-2　符号定义

变　量	含　义	备　注
$EPV_i, i = 1, 2, \cdots, P$（简记为 λ_i）	第 i 个坑位的期望曝光 $0 \leqslant EPV_i \leqslant 1$，$EPV_1 \leqslant EPV_2 \leqslant EPV_3 \cdots$	商品列表展示从上向下滑动时，第一个坑位一定会曝光，因此曝光期望是 1，后面的曝光概率依次递减
$CTR_i, i = 1, 2, \cdots, P$（简记为 C_i）	第 i 个商品的预估点击率 $0 \leqslant CTR_i \leqslant 1$，$CTR_1 \leqslant CTR_2 \leqslant CTR_3 \cdots$	常规的推荐逻辑是按照点击率从大到小对商品排序

EPV_i 相当于第 i 个位置的权重，简记为 λ_i；CTR_i 表示商品 i 的点击率，简记为 C_i。例如在某个场景的瀑布流推荐中，EPV 随位置变化的规律如图 8-9 所示。用形如 $\dfrac{a}{(x+d)^b} + c$ 的函数做离线拟合或做成哈希表，然后在线查 EPV 值即可。

（3）模型

按照 CTR 从大到小的顺序排序（常规推荐的顺序），期望点击为 $D = \sum_i \lambda_i C_i$。对于某个用户的某次召回，这个期望点击是一个定值。

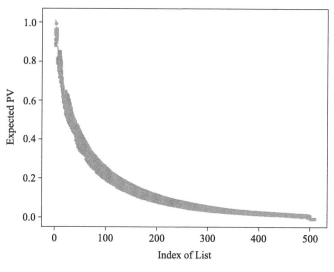

图 8-9　EPV 随位置的变化规律图

假设调整调控品的位置后，商品的顺序为 $n_1, n_2, \cdots, n_P$，此时期望点击为 $\sum_i \lambda_i C_{n_i}$，造成的 CTR 绝对下降为 $\sum_i \lambda_i C_i - \sum_i \lambda_i C_{n_i} = \sum_i \lambda_i (C_i - C_{n_i})$。

调控商品的下标记为 $n_{m_1}, n_{m_2}, \cdots, n_{m_c}$，这些商品的期望点击为 $\sum_k \lambda_{m_k} C_{n_{m_k}}$。

以调控品的期望点击最大化为目标，优化模型如下：

$$\max_{n_1, n_2, \cdots, n_P \in \Theta} \sum_k \lambda_{m_k} C_{n_{m_k}}$$
$$\text{s.t.} \quad \frac{D - \sum_i \lambda_i C_{n_i}}{D} \leqslant \varepsilon$$

其中 Θ 表示 1 到 P 的所有可能排序。

决定商品的排序，相当于给每个商品指定一个位置，上述问题也可以表示为一个指派问题。对于 n 个位置 $\lambda_1, \lambda_2, \cdots, \lambda_n$，以及 n 个商品 $C_1, C_2, \cdots, C_n$，决策变量 x_{ij} 表示把 C_i 放到 λ_j 处。不失一般性，假定需要扶持的品是 $C_1, C_2, \cdots, C_k$，则指派模型如下：

$$\max \sum_{i=1}^{k} \sum_{j=1}^{n} C_i \lambda_j x_{ij}$$

$$\text{s.t.} \quad \sum_{i=1}^{n} \sum_{j=1}^{n} C_i \lambda_j x_{ij} \geq D(1-\varepsilon)$$

$$\sum_{j=1}^{n} x_{ij} = 1, \ \forall i$$

$$\sum_{i=1}^{n} x_{ij} = 1, \ \forall j$$

$$x_{ij} = 0,1, \ \forall i,j$$

上面的两个模型是单用户决策模型的基本形式,实际上最终呈现给用户的商品列表并非严格按照点击率预估值从大到小排序的,而是会在原来的基础上进行"类目打散"动作,也就是相同类目的商品区隔开展示。所以我们需要刻画类目内调控模型。

3. 单用户分类目决策模型

（1）描述

假设对商品列表估计 CTR,并做类目打散后,结果为 A1, B1, C1, D1, A2, B2, C2, D2, A3, B3, C3, D3, A4, B4, C4, D4, A5, B5, C5, D5, A6, B6, C6, D6。其中 A、B、C、D 代表类目,B5 是需要扶持调控的商品。对 B5 的调控不应影响其他品类,且不改变各类目所处的位置,因此可接受的结果调控结果是如下:

A1, B5, C1, D1, A2, B1, C2, D2, A3, B2, C3, D3, A4, B3, C4, D4, A5, B4, C5, D5, A6, B6, C6, D6

（2）符号表示

单用户分类和决策模型的符号表示为:共 m 个类目,第 g 个类目内有 n_g 个商品,有 k_g 个需要加权的商品,不失一般性,假设第 g 个类目内要扶持的商品为前 k_g 个。

（3）模型

进行类目内调控,同样要控制整个列表的点击率损失,以及最大化调控商品的点击率。与前面的模型不同的是,商品的指派位置有更严格的约束:

$$\max \sum_{g=1}^{m} \sum_{i=1}^{k_g} \sum_{j=1}^{n_g} C_i^{(g)} \lambda_j^{(g)} x_{ij}^{(g)}$$

$$\text{s.t.} \quad \sum_{g=1}^{m} \sum_{i=1}^{n_g} \sum_{j=1}^{n_g} C_i^{(g)} \lambda_j^{(g)} x_{ij}^{(g)} \geqslant D(1-\varepsilon)$$

$$\sum_{j=1}^{n_g} x_{ij}^{(g)} = 1, \ \forall i, g$$

$$\sum_{i=1}^{n_g} x_{ij}^{(g)} = 1, \ \forall j, g$$

$$x_{ij}^{(g)} = 0, 1$$

其中，商品和位置的指派约束在类目内，大盘的下降为所有类目下降之和，调控品的总收益为所有类目各自收益之和。

4. 启发式快速解法

使用匈牙利算法求解指派问题的复杂度得到 $O(n^3)$，商品列表过长时，在线求解会增加推荐系统的时延，引发不稳定问题。可以进一步把上面的问题转化成一个背包问题：依次调整扶持品的位置，检查 CTR 下降是否满足约束，若超出约束，则停止调整。

（1）描述

将扶持品 i 的 EPV 调整到 q_i 倍的位置，翻 q_i 倍时，扶持品带来的期望点击增加 G_i，以及带来的大盘期望点击损失 L_i。期望点击增加 G_i 视为一个物品的价值，损失 L_i 视为物品的体积。

（2）模型

根据以上描述，问题可以表示成如下模型。

$$\max \sum_{i=1}^{k} x_i G_i$$

$$\text{s.t.} \quad \sum_{i=1}^{k} x_i L_i \leqslant D\varepsilon$$

$$x_i = 0, 1, \ \forall i$$

根据经验，商品的品效 / 转化率表现好时，可以加大推品的力度，而且对大盘影响较小，因此 q_i 可设置成与品效正相关的值。而对于品效存在的置信度的问题，当商品的曝光量足够大时，品效置信度高；反之亦然。可参考 UCB（Upper Confidence Bound）算法，q_i 正比于下面的值：

$$\text{score} = \widehat{\text{CTR}} + \sqrt{\frac{2\ln t}{T_{j,t}}}$$

其中 t 表示所有商品的展示次数，$T_{j,t}$ 表示当前商品的展示次数。当 q_i 的值确定时，就可以使用贪心策略等方法快速求解。